A SPANISH REVIEW GRAMMAR

Theory and Practice

JAMES S. HOLTON
University of Hawaii
ROGER L. HADLICH
University of Hawaii
NORHMA GOMEZ-ESTRADA
Iolani School

Prentice-Hall, Inc., *Englewood Cliffs, New Jersey*

Library of Congress Cataloging in Publication Data

HOLTON, JAMES S
   A Spanish review grammar.

   Includes index.
   1. Spanish language—Grammar—1950–
I. Hadlich, Roger L., joint author. II. Gomez-
Estrada, Norhma, joint author. III. Title.
PC4112.H6 1977   465   76-219
ISBN 0-13-824409-X

Printed in the United States of America

10 9

Prentice-Hall International, Inc., *London*
Prentice-Hall of Australia Pty. Limited, *Sydney*
Prentice-Hall of Canada, Ltd., *Toronto*
Prentice-Hall of India Private Limited, *New Delhi*
Prentice-Hall of Japan, Inc., *Tokyo*
Prentice-Hall of Southeast Asia Pte. Ltd., *Singapore*

Contents

UNIT 7   THE SUBJUNCTIVE IN NOUN CLAUSES

UNIT 8   THE SUBJUNCTIVE IN ADVERBIAL CLAUSES

UNIT 9   THE SUBJUNCTIVE IN ADJECTIVE CLAUSES

UNIT 10   SENTENCES WITH *SI*

UNIT 11   COMMANDS

UNIT 12   VERB-OBJECT PRONOUNS

Preface

A Spanish Review Grammar provides the grammar component of second or third year college courses in such a way as to be maximally flexible in its application. The book contains grammatical analyses of the structure of Spanish plus practice exercises of the self-checking variety. Since these explanations and practices are not based on any other material, the book may be combined with whatever short story anthology, play, civilization or conversation manual the instructor prefers. Because the drills are self-checking and progressive, *A Spanish Review Grammar* is very appropriate for different kinds of individualized or self-paced instruction.

The grammatical units are grouped in a manner which places similar topics together, not on a recommended teaching sequence. Units, or topics within units, should be taken up as individual or class needs dictate. Within each unit, the material is presented in order of difficulty and progresses from the most basic concepts to less essential ones. We have not attempted to be exhaustive in the coverage of topics but have dealt with all those aspects which seem appropriate for second or third year college work.

All those drills which lend themselves to being done in the language laboratory have been recorded on tape. However, the presence of answers for all drill items makes the book usable outside of class without the need of a laboratory.

Acknowledgements

We would like to thank Herschel Frey, who used the text in classes under his supervision and gave us encouragement and many useful comments. At the University of Hawaii, a number of instructors have been helpful with their advice and suggestions, especially Austin Dias and Edgar Knowlton. For the errors and inadequacies which survived, only we are responsible.

J. S. H.
R. L. H.
N. G.-E.

Adiós, Blas, ya comiste ya te vas.

UNIT 1

Verb Form Review: Present, Preterit and Imperfect Indicative

Note that Units 1–3 deal only with the forms of verbs. The usage of the various tenses, moods, and aspects is dealt with in later units.

I. PRESENT INDICATIVE

A. Regular Verbs

Regular verbs have forms like these:

	tomar	**aprender**	**vivir**
yo	tomo	aprendo	vivo
tú	tomas	aprendes	vives
él, ella, Ud.	toma	aprende	vive
nosotros	tomamos	aprendemos	vivimos
vosotros	tomáis	aprendéis	vivís
ellos, ellas, Uds.	toman	aprenden	viven

PRACTICE. Vary the sentence by making the verb agree with the subjects given. Cover the answer on the line below with a piece of paper. After deciding on your response, slide the paper down to reveal the correct response plus a new subject. Repeat the practice until you can do it without hesitation.

1. Cantamos pero no tocamos la guitarra.   (yo)
   Canto pero no toco la guitarra.   (Ringo)
   Canta pero no toca la guitarra.   (tú)
   Cantas pero no tocas la guitarra.   (los chinos)
   Cantan pero no tocan la guitarra.   (mis hermanos y yo)
   Cantamos pero no tocamos la guitarra.   (usted)
   Canta pero no toca la guitarra.

2. Rosa nunca mete el dinero en el banco. (los indios)
Nunca meten el dinero en el banco. (mi familia y yo)
Nunca metemos el dinero en el banco. (tú)
Nunca metes el dinero en el banco. (mi padre)
Nunca mete el dinero en el banco. (yo)
Nunca meto el dinero en el banco. (usted)
Nunca mete el dinero en el banco. (ustedes)
Nunca meten el dinero en el banco.

3. No permiten que hable en alta voz. (yo)
No permito que hable en alta voz. (ustedes)
No permiten que hable en alta voz. (mis padres)
No permiten que hable en alta voz. (tú y yo)
No permitimos que hable en alta voz. (tú)
No permites que hable en alta voz. (nosotros)
No permitimos que hable en alta voz.

B.   Stem-Changing Verbs

Many verbs which have *o* or *e* as the last vowel of the stem (i.e., *recordar*) have a regular pattern of change of this vowel. The *-ar* and *-er* verbs change the vowel as follows, having a diphthong in forms where the syllable in question is stressed:

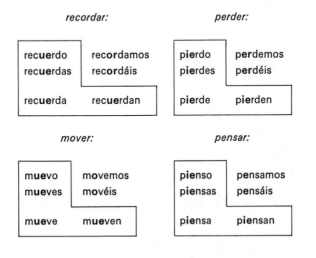

recordar:		*perder:*	
recuerdo	recordamos	pierdo	perdemos
recuerdas	recordáis	pierdes	perdéis
recuerda	recuerdan	pierde	pierden

mover:		*pensar:*	
muevo	movemos	pienso	pensamos
mueves	movéis	piensas	pensáis
mueve	mueven	piensa	piensan

-ir verbs which are stem-changing fall into two categories in the present indicative. Most (i.e., *sentir, morir*) change as do the *-ar* and *-er* verbs above. A few, however, change *e* to *i* rather than *ie*:

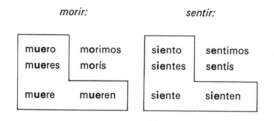

morir:

muero	morimos
mueres	morís
muere	mueren

sentir:

siento	sentimos
sientes	sentís
siente	sienten

pedir:

pido	pedimos
pides	pedís
pide	piden

PRACTICE 1.   Vary as before.

1. Rosa siempre pierde las llaves.   (yo)
   Siempre pierdo las llaves.   (nosotros)
   Siempre perdemos las llaves.   (usted)
   Siempre pierde las llaves   (David y yo)
   Siempre perdemos las llaves.   (tú)
   Siempre pierdes las llaves.   (ustedes)
   Siempre pierden las llaves.

2. Duermo muy poco.   (nosotros)
   Dormimos muy poco.   (tú)
   Duermes muy poco.   (ustedes)
   Duermen muy poco.   (yo)
   Duermo muy poco.   (mi compañero y yo)
   Dormimos muy poco.   (usted)
   Duerme muy poco.

3. Pido más dinero.   (los obreros)
   Piden más dinero.   (yo)
   Pido más dinero.   (ustedes)
   Piden más dinero.   (tú)
   Pides más dinero.   (usted)
   Pide más dinero.   (tú y yo)
   Pedimos más dinero.   (los campesinos)
   Piden más dinero.

4. Seguimos practicando tenis.   (Billie Jean King)
   Sigue practicando tenis.   (yo)

Sigo practicando tenis.   (nosotros)
Seguimos practicando tenis.   (tú)
Sigues practicando tenis.

5. Mamá siempre llora cuando se despide.   (nosotros)
   Siempre lloramos cuando nos despedimos.   (ustedes)
   Siempre lloran cuando se despiden.   (tú)
   Siempre lloras cuando te despides.

6. Elegimos al presidente cada cuatro años.   (ellos)
   Eligen al presidente cada cuatro años.   (usted)
   Elige al presidente cada cuatro años.   (nosotros)
   Elegimos al presidente cada cuatro años.

7. La ignorancia impide el progreso del   (nosotros)
   mundo.
   Impedimos el progreso del mundo.   (los dictadores)
   Impiden el progreso del mundo.   (la guerra)
   Impide el progreso del mundo.

8. Siempre repetimos los ejercicios dos veces.   (el profesor)
   Siempre repite los ejercicios dos veces.   (yo)
   Siempre repito los ejercicios dos veces.   (nosotros)
   Siempre repetimos los ejercicios dos veces.

9. Los franceses no sirven leche.   (yo)
   No sirvo leche.   (nosotros)
   No servimos leche.   (ese chino)
   No sirve leche.

10. Si conseguimos la paz, está bien.   (ustedes)
    Si consiguen la paz, está bien.   (yo)
    Si consigo la paz, está bien.   (los rusos y nosotros)
    Si conseguimos la paz, está bien.

11. Los filipinos siempre se visten con   (nosotros)
    elegancia.
    Siempre nos vestimos con elegancia.   (yo)
    Siempre me visto con elegancia.   (tú)
    Siempre te vistes con elegancia.

PRACTICE 2.   Drills 2 and 3 contain all the commonest stem-changing verbs, together with other verbs which do not change. Answer the question saying that you don't do anything, but Sancho does do it. Sancho does everything. Check your answers as before, covering the line below until you know the answer.

Model: ¿Ustedes van a contar las páginas?
Nosotros no las contamos pero Sancho sí las cuenta.

1. ¿Ustedes van a cerrar las puertas?
Nosotros no las cerramos pero Sancho sí las cierra.

2. ¿Ustedes van a dormir aquí?
Nosotros no dormimos aquí pero Sancho sí duerme aquí.

3. ¿Ustedes van a despertarse temprano?
Nosotros no nos despertamos temprano pero Sancho sí se despierta temprano.

4. ¿Ustedes van a empezar clases mañana?
Nosotros no empezamos clases mañana pero Sancho sí empieza clases mañana.

5. ¿Ustedes van a entender los problemas?
Nosotros no los entendemos pero Sancho sí los entiende.

6. ¿Ustedes van a entregar los cheques?
Nosotros no los entregamos pero Sancho sí los entrega.

7. ¿Ustedes van a morirse de risa?
Nosotros no nos morimos de risa pero Sancho sí se muere de risa.

8. ¿Ustedes van a mover esa mesa?
Nosotros no la movemos pero Sancho sí la mueve.

9. ¿Ustedes van a negar la verdad?
Nosotros no la negamos pero Sancho sí la niega.

10. ¿Ustedes van a pedir otra cerveza?
Nosotros no la pedimos pero Sancho sí la pide.

11. ¿Ustedes van a pensar en el futuro?
Nosotros no pensamos en el futuro pero Sancho sí piensa en el futuro.

12. ¿Ustedes van a perder el tiempo?
Nosotros no lo perdemos pero Sancho sí lo pierde.

13. ¿Ustedes van a poder ir a esa fiesta?
Nosotros no podemos ir pero Sancho sí puede.

14. ¿Ustedes van a querer estudiar?
Nosotros no queremos estudiar pero Sancho sí quiere.

15. ¿Ustedes van a seguir fumando?
Nosotros no seguimos fumando pero Sancho sí sigue fumando.

16. ¿Ustedes van a servir platos vegetarianos?
Nosotros no los servimos pero Sancho sí los sirve.

17. ¿Ustedes van a volver a casa después del almuerzo?
Nosotros no volvemos pero Sancho sí vuelve.

18. ¿Ustedes van a atender a los clientes?
    Nosotros no los atendemos pero Sancho sí los atiende.

19. ¿Ustedes van a colgar las cortinas?
    Nosotros no las colgamos pero Sancho sí las cuelga.

20. ¿Ustedes van a conseguir dinero hoy?
    Nosotros no lo conseguimos pero Sancho sí lo consigue.

21. ¿Ustedes van a despedirse ahora?
    Nosotros no nos despedimos ahora pero Sancho sí se despide.

22. ¿Ustedes van a recordar todos estos verbos?
    Nosotros no los recordamos pero Sancho sí los recuerda.

23. ¿Ustedes van a probar estos vinos franceses?
    Nosotros no los probamos pero Sancho sí los prueba.

24. ¿Ustedes van a rogar que los dejen en paz?
    Nosotros no les rogamos pero Sancho sí les ruega.

25. ¿Ustedes van a vestirse en el gimnasio?
    Nosotros no nos vestimos allí pero Sancho sí se viste.

PRACTICE 3. Rephrase as in the model.

Model: ¿Cuánto va a costar ese radio?
         ¿Cuánto cuesta ese radio?

         Todos vamos a prestar atención.
         Todos prestamos atención.

1. ¿A qué programa van a referirse ustedes?
   ¿A qué programa se refieren ustedes?

2. Ya va a sonar el timbre.
   Ya suena el timbre.

3. La ciudad va a extenderse hasta la montaña.
   La ciudad se extiende hasta la montaña.

4. Estos zapatos no van a servir.
   Estos zapatos no sirven.

5. Un tocadiscos como el de Pablo va a costar mucho.
   Un tocadiscos como el de Pablo cuesta mucho.

C. Irregular Verbs

Most irregularities follow some kind of pattern and, consequently, it is useful to group them instead of learning them one by one.

1. Verbs with a *g* in the first person singular only:

poner:	pongo, pones . . .	(plus compounds like *disponer, oponer, componer, proponer*)
salir:	salgo, sales . . .	
valer:	valgo, vales . . .	
hacer:	hago, haces . . .	(plus compounds like *deshacer* and *rehacer,* etc.)
traer:	traigo, traes . . .	(plus compounds like *distraer* and *atraer*)
caer:	caigo, caes . . .	

2. Verbs like the first group but also stem-changing in their other forms are these:

venir:	vengo	venimos	(plus compounds like *convenir*)
	vienes	venís	
	viene	vienen	
tener:	tengo	tenemos	(plus compounds like *detener, contener, obtener, sostener*)
	tienes	tenéis	
	tiene	tienen	
decir:	digo	decimos	(plus compounds like *predecir, contradecir*)
	dices	decís	
	dice	dicen	

After looking carefully at the forms listed above, do this practice drill which will use some verbs with irregularities and some of the kinds practiced earlier, just to keep you on your toes. Cover the answers and repeat the drill until you can do it easily. Be sure you think about what you are saying.

PRACTICE.

Model: (decir) ¿Ustedes _____ la verdad?
¿Ustedes dicen la verdad?
No, nunca la decimos.
Yo sí digo la verdad.

1. (salir) ¿Ustedes _____ solas de noche?
¿Ustedes salen solas de noche?

No, nunca salimos solas de noche.
Yo sí salgo sola de noche.

2. (tener) ¿Ustedes _____ tiempo para dormir?
¿Ustedes tienen tiempo para dormir?
No, nunca lo tenemos.
Yo sí tengo tiempo para dormir.

3. (vestirse) ¿Ustedes _____ antes del desayuno?
¿Ustedes se visten antes del desayuno?
No, nunca nos vestimos antes del desayuno.
Yo sí me visto antes del desayuno.

4. (traer) ¿_____ ustedes mucha plata hoy?
¿Traen ustedes mucha plata hoy?
No, nunca traemos mucha.
Yo sí traigo mucha plata.

5. (venir) ¿_____ ustedes aquí después de las clases?
¿Vienen ustedes aquí después de las clases?
No, nunca venimos aquí.
Yo sí vengo aquí después de las clases.

6. (hallar) ¿Ustedes _____ monedas en los teléfonos públicos?
¿Ustedes hallan monedas en los teléfonos públicos?
No, nunca las hallamos.
Yo sí hallo monedas.

7. (poner) ¿Ustedes _____ los zapatos debajo de la cama?
¿Ustedes ponen los zapatos debajo de la cama?
No, nunca los ponemos allí.
Yo sí los pongo debajo de la cama.

8. (caerse) ¿Ustedes _____ al subir las escaleras?
¿Ustedes se caen al subir las escaleras?
No, nunca nos caemos.
Yo sí me caigo al subir las escaleras.

9. (pedir) ¿_____ ustedes otra porción de ensalada?
¿Piden ustedes otra porción de ensalada?
No, nunca la pedimos.
Yo sí pido otra porción de ensalada.

10. (valer) ¿_____ ustedes más muertos que vivos?
¿Valen ustedes más muertos que vivos?
No, no valemos más muertos.
Yo sí valgo más muerto que vivo. (*muerta . . . viva* if you are a girl)

11. (decir) ¿Ustedes _____ cosas tontas a veces?
    ¿Ustedes dicen cosas tontas a veces?
    No, nunca decimos cosas tontas.
    Yo sí digo cosas tontas.

12. (hacer) ¿_____ ustedes todo este trabajo sin parar?
    ¿Hacen ustedes todo este trabajo sin parar?
    No, nunca lo hacemos.
    Yo sí lo hago sin parar.

13. (oponerse) ¿_____ ustedes a las ideas nuevas?
    ¿Se oponen ustedes a las ideas nuevas?
    No, nunca nos oponemos.
    Yo sí me opongo a las ideas nuevas.

14. (contradecir) ¿_____ ustedes a sus profesores?
    ¿Contradicen ustedes a sus profesores?
    No, nunca los contradecimos.
    Yo sí contradigo a los profesores.

15. (obtener) ¿Ustedes _____ puestos bien pagados?
    ¿Ustedes obtienen puestos bien pagados?
    No, nunca los obtenemos.
    Yo sí obtengo puestos bien pagados.

D. Other Groups of Present Tense Irregulars

3. Verbs ending with a vowel plus -*cer* or -*cir* have forms with -*zco* in the first person singular:

conocer: conozco, conoces, conoce . . .
merecer: merezco, mereces, merece . . .

Others of this type are *nacer, ofrecer, perecer, agradecer, permanecer, lucir, producir* (but not *mecer* or *cocer*).

4. Four important verbs end in -*y* in the first person singular. Two of these have other irregularities also.

dar:	doy	damos	**ir:**	voy	vamos
	das	dais		vas	vais
	da	dan		va	van
ser:	soy	somos	**estar:**	estoy	estamos
	eres	sois		estás	estáis
	es	son		está	están

5. A few verbs carry accent marks on four forms to show that *i* or *u* doesn't form a diphthong with the following vowels:

enviar:	envío	enviamos
	envías	enviáis
	envía	envían
		(*confiar* also)
continuar:	continúo	continuamos
	continúas	continuáis
	continúa	continúan

6. A few verbs are not readily grouped with others:

oír:	oigo	oímos	**reír:**	río	reímos
	oyes	oís		ríes	reís
	oye	oyen		ríe	ríen
huir:	huyo	huimos	**Sonreír** is like *reír*.		
	huyes	huís			
	huye	huyen			

Construir, destruir, influir and others like them behave in the same way.

7. *Jugar* and *adquirir* have irregular stems. They act like stem-changing verbs but they have *u* and *i* instead of *o* and *e* in the stem:

jugar: juego, juegas, juega, jugamos, jugáis, juegan
adquirir: adquiero, adquieres, adquiere, adquirimos, adquirís, adquieren

PRACTICE.   Follow the same procedure as in the previous drill. Remember to be sure you know what you are saying, or the practice will be ineffective. But try to think in Spanish, not in English. Repeat the practice until you control it.

1. (conocer) ¿Ustedes _____ a esos militares?
    ¿Ustedes conocen a esos militares?
    No, no los conocemos.
    Yo sí los conozco.

2. (continuar) ¿Ustedes _____ con los ejercicios?
¿Ustedes continúan con los ejercicios?
No, no continuamos.
Yo sí continúo.

3. (dar) ¿_____ ustedes ropa a los pobres?
¿Dan ustedes ropa a los pobres?
No, no damos.
Yo sí doy.

4. (oír) ¿_____ ustedes esa sirena?
¿Oyen ustedes esa sirena?
No, no la oímos.
Yo sí la oigo.

5. (huir) ¿Ustedes _____ al Canadá?
¿Ustedes huyen al Canadá?
No, no huimos al Canadá.
Yo si huyo al Canadá.

6. (producir) ¿_____ ustedes frases cómicas?
¿Producen ustedes frases cómicas?
No, no las producimos.
Yo sí las produzco.

7. (ir) ¿_____ ustedes al laboratorio en este curso?
¿Van ustedes al laboratorio en este curso?
No, no vamos.
Yo sí voy.

8. (adquirir) ¿_____ ustedes objetos de arte?
¿Adquieren ustedes objetos de arte?
No, no los adquirimos.
Yo sí los adquiero.

9. (parecer) ¿_____ ustedes estudiantes típicos?
¿Parecen ustedes estudiantes típicos?
No, no parecemos estudiantes típicos.
Yo sí parezco estudiante típico. (or *típica* if you are a woman)

10. (reírse) ¿_____ ustedes de Carlitos Brown?
¿Se ríen ustedes de Carlitos Brown?
No, no nos reímos de él.
Yo sí me río.

11. (estar) ¿_____ ustedes en casa ahora?
¿Están ustedes en casa ahora?
No, no estamos.
Yo sí estoy.

12. (merecer) ¿_____ ustedes un premio por su patriotismo?
¿Merecen ustedes un premio por su patriotismo?

No, no lo merecemos.
Yo sí lo merezco.

13. (crecer) ¿_____ ustedes más cada día?
¿Crecen ustedes más cada día?
No, no crecemos más.
Yo sí crezco más.

14. (confiar) ¿_____ ustedes en el gobierno?
¿Confían ustedes en el gobierno?
No, no confiamos en el gobierno.
Yo sí confío.

15. (jugar) ¿_____ ustedes a las cartas en el café?
¿Ustedes juegan a las cartas en el café?
No, no jugamos.
Yo sí juego.

16. (despertarse) ¿_____ ustedes cuando termina la clase?
¿Se despiertan ustedes cuando termina la clase?
No, no nos despertamos.
Yo sí me despierto.

17. (componer) ¿_____ ustedes sinfonías pastorales?
¿Componen ustedes sinfonías pastorales?
No, no las componemos.
Yo sí las compongo.

18. (conocer) ¿_____ ustedes a la hija del patrón?
¿Conocen ustedes a la hija del patrón?
No, no la conocemos.
Yo sí la conozco.

19. (ser) ¿Ustedes _____ latinoamericanos?
¿Ustedes son latinoamericanos?
No, no lo somos.
Yo sí lo soy.

20. (sonreír) ¿_____ ustedes al leer las historietas cómicas?
¿Sonríen ustedes al leer las historietas cómicas?
No, no sonreímos al leerlas.
Yo sí sonrío.

21. (negar) ¿_____ ustedes haber aprendido algo?
¿Niegan ustedes haber aprendido algo?
No, no lo negamos.
Yo sí lo niego.

22. (meter) ¿_____ ustedes papeles en sus libros?
¿Meten ustedes papeles en sus libros?
No, no los metemos.
Yo sí los meto.

23. (agradecer) ¿_____ ustedes los favores recibidos?
    ¿Agradecen ustedes los favores recibidos?
    No, no los agradecemos.
    Yo sí los agradezco.

24. (contradecir) ¿Ustedes _____ a los ancianos?
    ¿Ustedes contradicen a los ancianos?
    No, no los contradecimos.
    Yo sí los contradigo.

25. (sostener) ¿_____ ustedes sus derechos de ciudadanos?
    ¿Sostienen ustedes sus derechos de ciudadanos?
    No, no los sostenemos.
    Yo sí los sostengo.

26. (oír) ¿_____ ustedes la lluvia afuera?
    ¿Oyen ustedes la lluvia afuera?
    No, no la oímos.
    Yo sí la oigo.

27. (vestirse) ¿_____ ustedes en el cuarto de baño?
    ¿Se visten ustedes en el cuarto de baño?
    No, no nos vestimos allí.
    Yo sí me visto allí.

28. (conseguir) ¿_____ ustedes sacar buenas notas en todas
    las clases?
    ¿Consiguen ustedes sacar buenas notas en todas las clases?
    No, no lo conseguimos.
    Yo sí lo consigo.

29. (alegrarse) ¿_____ ustedes en tiempo de Navidad?
    ¿Se alegran ustedes en tiempo de Navidad?
    No, no nos alegramos.
    Yo sí me alegro.

30. (permanecer) ¿_____ ustedes en la biblioteca hasta
    tarde?
    ¿Permanecen ustedes en la biblioteca hasta tarde?
    No, no permanecemos hasta tarde.
    Yo sí permanezco hasta tarde.

E. Verbs with Spelling Changes in the Present Indicative

In the present indicative, there are two types of verbs which require variations in spelling. Because different vowels follow the stem, it is necessary to
modify the spelling in order to represent correctly the sound of the stem.
Thus, since g before a, o, or u represents one sound and before e and i a
different sound, it is necessary to use g sometimes and j sometimes in a verb
like *dirigir* in order to represent the same consonant sound.

ge = [he] or [xe]   ga = [ga]
gi = [hi] or [xi]   go = [go]
                      gu = [gu]

Types:

   1.   In verbs such as **dirigir, escoger, coger,** and **exigir,** letter **g** becomes **j** when an **o** follows, since "dirigo" would sound wrong.

dirijo   dirigimos
diriges   dirigís
dirige   dirigen

   2.   **Distinguir, perseguir,** and others which end in **guir** remove the **u** when **o** follows, because the **u** preceded by **g** has no sound before **e** or **i** but does before **a** or **o**.

distingo   distinguimos
distingues distinguís
distingue   distinguen

PRACTICE.   Write the answers on scratch paper the first time, then check your responses. Some will have spelling changes; some will not. Then fill in the blanks on this page. Write the form which corresponds to the subject provided.

Answers			
dirige	1. dirigir	él	_____
dirijo	2. dirigir	yo	_____
dirigimos	3. dirigir	nosotros	_____
pagan	4. pagar	ellos	_____
pago	5. pagar	yo	_____
escogemos	6. escoger	nosotros	_____
escojo	7. escoger	yo	_____
escogen	8. escoger	ustedes	_____
explico	9. explicar	yo	_____
explicas	10. explicar	tú	_____
distingue	11. distinguir	usted	_____
distinguimos	12. distinguir	nosotros	_____
distingo	13. distinguir	yo	_____
exijo	14. exigir	yo	_____
exigen	15. exigir	ustedes	_____
distingo	15. distinguir	yo	_____
exigimos	17. exigir	nosotros	_____
dirijo	18. dirigir	yo	_____

F. *Vosotros* Forms

If you are learning peninsular Spanish, you will be using a verb form not used in American Spanish. In Spain, the plural of *tú* is *vosotros* whereas in Spanish America it is *ustedes*.

Because this book uses American Spanish, the *vosotros* forms were not practiced in the previous drills. However, they are easy to learn:

hablar:	vosotros habláis	**servir:**	vosotros servís
sentarse:	vosotros os sentáis	**haber:**	vosotros habéis
aprender:	vosotros aprendéis	**ser:**	vosotros sois

PRACTICE. Change the sentence to the plural, using *vosotros* forms.

1. Tienes que aprender esto.
   Tenéis que aprender esto.

2. Estás estudiando mucho.
   Estáis estudiando mucho.

3. Te despiertas fácilmente.
   Os despertáis fácilmente.

4. ¿Te mueres de hambre?
   ¿Os morís de hambre?

5. Conoces a mucha gente aquí.
   Conocéis a mucha gente aquí.

6. ¿Oyes esa música?
   ¿Oís esa música?

7. ¿Te ríes de mí?
   ¿Os reís de mí?

8. ¿Piensas en español?
   ¿Pensáis en español?

9. Besas con entusiasmo.
   Besáis con entusiasmo.

10. Sigues practicando.
    Seguís practicando.

11. Puedes entenderlo todo.
    Podéis entenderlo todo.

12. Te acuestas muy tarde.
    Os acostáis muy tarde.

13. Eres inteligente pero perezoso.
   Sois inteligentes pero perezosos.

14. ¿Traes dinero?
   ¿Traéis dinero?

15. ¿Sales ahora?
   ¿Salís ahora?

16. ¿Vives cerca?
   ¿Vivís cerca?

17. ¿Vas a comer?
   ¿Vais a comer?

18. ¿Prefieres vino o cerveza?
   ¿Preferís vino o cerveza?

19. ¿Te diviertes fumando?
   ¿Os divertís fumando?

20. ¿Por qué huyes cuando llega la profesora?
   ¿Por qué huís cuando llega la profesora?

II. IMPERFECT INDICATIVE

A. Regular Verbs

Regular verbs have forms like these:

hablar:	comer:	escribir:
hablaba	comía	escribía
hablabas	comías	escribías
hablaba	comía	escribía
hablábamos	comíamos	escribíamos
hablabais	comíais	escribíais
hablaban	comían	escribían

PRACTICE. Vary the sentence by making it agree with the new subject provided. The proper answer is the next sentence below.

1. José hablaba español pero no comía tacos.　　(tú)
   Hablabas español pero no comías tacos.　　(mi amigo y yo)
   Hablábamos español pero no comíamos tacos.　　(yo)

Hablaba español pero no comía tacos. (ustedes)
Hablaban español pero no comían tacos.

2. En ese tiempo vivía en Los Angeles. (nosotros)
En ese tiempo vivíamos en Los Angeles. (yo)
En ese tiempo vivía en Los Angeles. (mis padres)
En ese tiempo vivían en Los Angeles. (tú)
En ese tiempo vivías en Los Angeles. (ustedes)
En ese tiempo vivían en Los Angeles.

B. Irregular Verbs

Stem-changing verbs have no changes in the imperfect and there are only three irregular verbs:

ser:	era	éramos	**ir:**	iba	íbamos	**ver:**	veía	veíamos
	eras	erais		ibas	ibais		veías	veíais
	era	eran		iba	iban		veía	veían

PRACTICE 1. Use the proper imperfect form of the verb in parentheses.

1. No me (gustar) estudiar en esos días.
No me gustaba estudiar en esos días.

2. Yo (ser) muy perezoso.
Yo era muy perezoso.

3. Mis padres (ir) a México cada año.
Mis padres iban a México cada año.

4. ¿Qué (hacer) usted cuando llamaron a la puerta?
¿Qué hacía usted cuando llamaron a la puerta?

5. Cuando eran niños, ¿(ver) ustedes mucha televisión?
Cuando eran niños, ¿veían ustedes mucha televisión?

6. ¿Cuántos años (tener) usted cuando entró a la universidad?
¿Cuántos años tenía usted cuando entró a la universidad?

7. ¿Dónde (estar) ustedes cuando llamé?
¿Dónde estaban ustedes cuando llamé?

8. Nosotros no (saber) que (venir) ustedes hoy.
Nosotros no sabíamos que venían ustedes hoy.

9. ¿Dices que tú me (ver) pasar todos los días?
¿Dices que tú me veías pasar todos los días?

10. Miguel y Luisa no (tener) mucho dinero cuando se casaron.
Miguel y Luisa no tenían mucho dinero cuando se casaron.

PRACTICE 2. Continue this practice following the same pattern of the previous drill.

1. Sancho Panza no (ser) caballero sino campesino.
Sancho Panza no era caballero sino campesino.

2. El y Don Quijote (hacer) cosas muy raras a veces.
El y Don Quijote hacían cosas muy raras a veces

3. Los dos (ir) combatiendo contra los malos y defendiendo a los buenos.
Los dos iban combatiendo contra los malos y defendiendo a los buenos.

4. Pero Don Quijote (ser) loco en el sentido de que no (ver) el mundo como los demás.
Pero Don Quijote era loco en el sentido de que no veía el mundo como los demás.

5. El no (pensar) que sus acciones fueran anacronismos.
El no pensaba que sus acciones fueran anacronismos.

PRACTICE 3. Change the sentence from present to imperfect.

1. Esas olas son magníficas.
Esas olas eran magníficas.

2. No voy a clases todos los días.
No iba a clases todos los días.

3. ¿Qué piensas del actual presidente?
¿Qué pensabas del actual presidente?

4. Prefiero no hablar de política.
Prefería no hablar de política.

5. Mi novia y yo somos estudiantes.
Mi novia y yo éramos estudiantes.

6. ¿Qué dicen ustedes?
¿Qué decían ustedes?

7. Nunca nos acordamos de los malditos verbos.
Nunca nos acordábamos de los malditos verbos.

8. Los perros en México se mueren de hambre.
Los perros en México se morían de hambre.

9. ¿Ven ustedes la explicación de eso?
¿Veían ustedes la explicación de eso?

10. Claro. Donde hay gente hambrienta, es lógico.
Claro. Donde había gente hambrienta, era lógico.

11. Pero no puedo menos de tenerles lástima.
Pero no podía menos de tenerles lástima.

12. Vamos a El Salvador el año siguiente.
Ibamos a El Salvador el año siguiente.

13. Este año tengo que trabajar.
Este año tenía que trabajar.

14. ¿Duermen ustedes en la playa?
¿Dormían ustedes en la playa?

PRACTICE 4. *Vosotros* forms in the imperfect. Change the *ustedes* forms to *vosotros* forms (if you are learning peninsular Spanish).

1. ¿Eran ustedes estudiantes?
¿Erais estudiantes?

2. ¿Iban ustedes a la Universidad de Salamanca?
¿Ibais a la Universidad de Salamanca?

3. ¿Vivían ustedes en casa?
¿Vivíais en casa?

4. ¿Comían ustedes en la universidad?
¿Comíais en la universidad?

5. ¿Viajaban ustedes durante las vacaciones?
¿Viajabais durante las vacaciones?

III. PRETERIT

A. Regular Verbs

Regular preterit verbs have the following forms:

cantar:	canté	**entender:**	entendí	**vivir:**	viví
	cantaste		entendiste		viviste
	cantó		entendió		vivió
	cantamos		entendimos		vivimos
	cantasteis		entendisteis		vivisteis
	cantaron		entendieron		vivieron

Note that both -er and -ir verbs have the -imos ending in the first person plural. Only in the -er verbs is this ending different from the present indicative ending: *comemos* present, *comimos* preterit.

PRACTICE. Vary the sentence in accord with the new subject provided.

1.	Los chicos guardaron el dinero para otro momento.	(yo)
2.	Guardé el dinero para otro momento.	(el ladrón)
3.	Guardó el dinero para otro momento.	(tú)
4.	Guardaste el dinero para otro momento.	(mi papá y yo)
5.	Mi papá y yo guardamos el dinero para otro momento.	(los mendigos)
6.	Los mendigos guardaron el dinero para otro momento.	

1.	Anoche Lisa y tú conocisteis al nuevo vecino.	(tú)
2.	Anoche conociste al nuevo vecino.	(yo)
3.	Anoche conocí al nuevo vecino.	(nosotros)
4.	Anoche conocimos al nuevo vecino.	(mis padres)
5.	Anoche mis padres conocieron al nuevo vecino.	(mi hermana)
6.	Anoche mi hermana conoció al nuevo vecino.	

1.	Ya compró Luis otro paquete de cigarros.	(tú)
2.	Ya compraste otro paquete de cigarros.	(los niños)
3.	Los niños ya compraron otro paquete de cigarros.	(el general)
4.	El general ya compró otro paquete de cigarros.	(nosotros)
5.	Ya compramos otro paquete de cigarros.	(yo)
6.	Ya compré otro paquete de cigarros.	

1.	Sufrí un ataque al corazón.	(el paciente)
2.	El paciente sufrió un ataque al corazón.	(los mellizos)
3.	Los mellizos sufrieron un ataque al corazón.	(nosotros los gordos)
4.	Nosotros los gordos sufrimos un ataque al corazón.	(yo)
5.	Sufrí un ataque al corazón.	(tú)
6.	Sufriste un ataque al corazón.	

B. Verbs with Spelling Changes in the Preterit

Certain types of verbs have spelling changes in the preterit, needed to keep the orthography and the sound (which is regular) in agreement.

1. *g* becomes *gu* before *e*:
   pagar has the form *pagué* because **pagé* would represent the wrong sound. (The star before **pagé* means that this form does not occur.) Other verbs in the same category are *negar, jugar, rogar, pegar,* etc.

2. *c* becomes *qu* before *e*:
   explicar has the form *expliqué* because **explicé* would represent the wrong sound.
   Other verbs in this category are *buscar, destacar, mascar, sacar,* etc.

3. *z* becomes *c* before *e*:
   rezar has the form *recé*. This change is not a logical one, since **rezé* would sound the same. However, by tradition, the Spanish orthographic system avoids *z* before *e*.
   Other verbs in the same category are *alzar, calzar, cazar,* etc.

4. *gu* becomes *gü* before *e*:
   averiguar has the form *averigüé* since **averigué* would represent the wrong sound.
   Other verbs in this category are *desaguar, apaciguar, santiguar, aguar,* etc.

5. Unaccented *i* becomes *y* between two vowels:
   creer becomes *creyó* and *creyeron*. **creió* and **creieron* are combinations unacceptable in Spanish orthography. Notice that the other forms of such verbs have accented *í*.

creer		*caer*		*oír*	
creí	creímos	caí	caímos	oí	oímos
creíste	creísteis	caíste	caísteis	oíste	oísteis
creyó	creyeron	cayó	cayeron	oyó	oyeron

This happens with otherwise regular -*er* and -*ir* verbs whose stem ends in a vowel, such as *leer*.

6. The preterit forms of *ver* (and the other monosyllabic preterit forms, e.g., *di, dio, fui, fue,* etc.) take no accent mark on the first and third person singular endings.

PRACTICE. Write the correct form of the preterit on scratch paper, then check your response. Some will show spelling changes; some will not. The second time, write here.

Answers	1. entregar	él	_____
entregó	2. entregar	yo	_____
entregué	3. aplicar	yo	_____
apliqué	4. construir	yo	_____
construí	5. construir	él	_____
construyó	6. construir	ellos	_____
construyeron	7. creer	nosotros	_____
creímos	8. creer	ellos	_____
creyeron	9. avanzar	yo	_____
avancé	10. averiguar	yo	_____
averigüé	11. averiguar	ellos	_____
averiguaron	12. dirigir	yo	_____
dirigí	13. masticar	yo	_____
mastiqué	14. masticar	tú	_____
masticaste	15. ofrecer	nosotros	_____
ofrecimos	16. caer	nosotros	_____
caímos	17. caer	tú	_____
caíste	18. caer	ellos	_____
cayeron	19. acercar	yo	_____
acerqué	20. seguir	yo	_____
seguí	21. cargar	yo	_____
cargué	22. ver	él	_____
vio	23. ver	yo	_____
vi	24. leer	ellos	_____
leyeron	25. leer	tú	_____
leíste	26. incluir	él	_____
incluyó	27. incluir	yo	_____
incluí	28. apagar	yo	_____
apagué	29. tocar	yo	_____
toqué	30. destruir	nosotros	_____
destruímos	31. destruir	ellos	_____
destruyeron	32. empezar	yo	_____
empecé	33. crear	él	_____
creó			_____

C. Stem-Changing Verbs in the Preterit

Of the verbs whose stem vowels change in the present, only the *-ir* verbs also have a change in the preterit. Notice that the change occurs only in the third person.

dormir:	dormí	sentir:	sentí	pedir:	pedí
	dormiste		sentiste		pediste
	durmió		*sintió*		*pidió*
	dormimos		sentimos		pedimos
	dormisteis		sentisteis		pedisteis
	durmieron		*sintieron*		*pidieron*

PRACTICE. Change the sentence from present to preterit. Orthographic and stem-changing verbs will be mixed with regular verbs.

1. El viejo muere de pulmonía.
   El viejo murió de pulmonía.

2. Ataco esta noche.
   Ataqué esta noche.

3. Leen poemas románticos.
   Leyeron poemas románticos.

4. El alcalde sigue la política del gobernador.
   El alcalde siguió la política del gobernador.

5. Pido otra cerveza.
   Pedí otra cerveza.

6. Averiguo la respuesta después de contestar.
   Averigüé la respuesta después de contestar.

7. Jamás duermo en esta clase.
   Jamás dormí en esta clase.

8. Las hojas se mueven con el viento.
   Las hojas se movieron con el viento.

9. Cuelgo los cuadros en la sala.
   Colgué los cuadros en la sala.

10. La mona se viste de seda pero mona queda.
    La mona se vistió de seda pero mona quedó.

11. Se divierten tomando y charlando.
    Se divirtieron tomando y charlando.

12. Elijo ropa sencilla pero elegante.
    Elegí ropa sencilla pero elegante.

13. ¿A qué se refiere esta pregunta?
    ¿A qué se refirió esta pregunta?

14. Me refiero a los países en desarrollo.
    Me referí a los países en desarrollo.

15. El problema no se resuelve fácilmente.
    El problema no se resolvió fácilmente.

16. No consiento tal falta de cortesía.
    No consentí tal falta de cortesía.

17. No duermes bastante.
    No dormiste bastante.

18. ¿Repites el ejercicio?
    ¿Repetiste el ejercicio?

19. No sirven pescado crudo.
    No sirvieron pescado crudo.

20. ¿Cuándo te despides de tu familia?
    ¿Cuándo te despediste de tu familia?

21. Me despido hoy por la tarde.
    Me despedí hoy por la tarde.

D. Irregular Verbs

1. A dozen very common verbs (and their compounds) exhibit two types of irregularities in the preterit: a variant stem and a variant set of endings.

venir:	vin - *e*
	vin - *iste*
	vin - *o*
	vin - *imos*
	vin - *isteis*
	vin - *ieron*

These endings are also found in the following verbs:

poder:	pud - *e*	caber:	cup - *e*	decir:	dij - *e*
poner:	pus - *e*	estar:	estuv - *e*	producir:	produj - *e*
saber:	sup - *e*	tener:	tuv - *e*	traer:	traj - *e*
venir:	vin - *e*	querer:	quis - *e*		
andar:	anduv - *e*	haber:	hub - *e*		

If the irregular stem ends in *j*, as in verbs such as *traer, decir, producir* and their compounds (*reproducir, contraproducir*, etc.) and other verbs which end in *ducir*, the third person plural ending has no *i: dijeron, produjeron, trajeron.*

The preterit verb form of *hacer* takes the endings indicated above, and in the third person singular, a spelling change is found.

hacer:	hic - e	hic - imos
	hic - iste	hic - isteis
	hiz - o	hic - ieron

2. **Ser** and **ir** have the same forms in the preterit:
   fui, fuiste, fue, fuimos, fuisteis, fueron.

3. **dar:** di, diste, dio, dimos, disteis, dieron.

PRACTICE 1. Repeat the sentence, changing to the preterit.

1. Pablo no trae dinero.
   Pablo no trajo dinero.

2. No saben nada.
   No supieron nada.

3. ¿Cuándo vienes?
   ¿Cuándo viniste?

4. Ya voy al laboratorio.
   Ya fui al laboratorio.

5. Mi abuelo es médico.
   Mi abuelo fue médico.

6. No caben todos en el Volkswagen.
   No cupieron todos en el Volkswagen.

7. Pablo anda muy rápido.
   Pablo anduvo muy rápido.

8. ¿Dónde pongo mis cosas?
   ¿Dónde puse mis cosas?

9. No me dan tiempo de contestar.
   No me dieron tiempo de contestar.

10. ¿Tienes que terminar pronto?
    ¿Tuviste que terminar pronto?

11. Yo hago lo que hace mi padre.
    Yo hice lo que hizo mi padre.

12. El negocio no produce mucho.
    El negocio no produjo mucho.

13. No pones atención.
    No pusiste atención.

14. Siempre traemos amigos.
    Siempre trajimos amigos.

15. Deducen el dinero de mi cuenta.
    Dedujeron el dinero de mi cuenta.

16. Nunca le contradigo.
    Nunca le contradije.

17. ¿Qué dicen ustedes?
    ¿Qué dijeron ustedes?

18. ¿Cómo sabe eso?
    ¿Cómo supo eso?

19. Sostienen opiniones heterodoxas.
    Sostuvieron opiniones heterodoxas.

20. ¿Vienes hoy?
    ¿Viniste hoy?

21. No tengo tiempo.
    No tuve tiempo.

22. Nunca están en el laboratorio.
    Nunca estuvieron en el laboratorio.

23. Por fin puedo expresar mi idea.
    Por fin pude expresar mi idea.

24. Se van temprano de la fiesta.
    Se fueron temprano de la fiesta.

25. ¿Qué haces allí?
    ¿Qué hiciste allí?

26. Mi gran danés no cabe en el Volkswagen.
    Mi gran danés no cupo en el Volkswagen.

27. Traduces mal esta frase.
    Tradujiste mal esta frase.

28. Hay un incendio atroz en Chinatown.
    Hubo un incendio atroz en Chinatown.

29. Doy poco tiempo para contestar.
    Di poco tiempo para contestar.

30. ¿No quieres oír el concierto?
    ¿No quisiste oír el concierto?

PRACTICE 2.   Regular and irregular verbs of all types are mixed.

1. Mis padres no me dan mucho dinero.
   Mis padres no me dieron mucho dinero.

2. ¿Creen Uds. ese cuento imposible?
   ¿Creyeron Uds. ese cuento imposible?

3. Pido más libertad.
   Pedí más libertad.

4. Rezo a solas con mi alma.
   Recé a solas con mi alma.

5. ¿Dónde pones la llave?
   ¿Dónde pusiste la llave?

6. Crea un mundo nuevo.
   Creó un mundo nuevo.

7. Soy independiente en mi trabajo.
   Fui independiente en mi trabajo.

8. Ofrecemos gangas fantásticas.
   Ofrecimos gangas fantásticas.

9. No puedes negar tu culpa.
   No pudiste negar tu culpa.

10. Hay poca gente en la fiesta.
    Hubo poca gente en la fiesta.

11. El chico huye del control de sus padres.
    El chico huyó del control de sus padres.

12. Le explico el problema en detalle.
    Le expliqué el problema en detalle.

13. Introducen mercancía de contrabando.
    Introdujeron mercancía de contrabando.

14. Pizarro nace en Extremadura.
    Pizarro nació en Extremadura.

15. Traemos ropa nueva.
    Trajimos ropa nueva.

16. Hoy vamos a ver la otra isla.
    Hoy fuimos a ver la otra isla.

17. Coloco los libros en los anaqueles.
    Coloqué los libros en los anaqueles.

18. Hacemos muchos errores por estar nerviosos.
    Hicimos muchos errores por estar nerviosos.

19. ¿Lees revistas de política?
    ¿Leíste revistas de política?

20. Sé que conoces a Ramón.
    Supe que conociste a Ramón.

21. Ella dice que el gobierno no miente.
    Ella dijo que el gobierno no mintió.

22. No creo en supersticiones.
    No creí en supersticiones.

23. ¿Oyen la sirena de la policía?
    ¿Oyeron la sirena de la policía?

24. Quieren preparar las cuentas.
    Quisieron preparar las cuentas.

25. Hoy averiguo la verdad.
    Hoy averigüé la verdad.

26. Veo que aprenden mucho.
    Vi que aprendieron mucho.

27. Llueve esta mañana.
    Llovió esta mañana.

28. Venimos a ayudarte para la fiesta.
    Vinimos a ayudarte para la fiesta.

29. ¿Te vistes de pirata o de bohemio?
    ¿Te vestiste de pirata o de bohemio?

30. Me visto de hombre de negocios.
    Me vestí de hombre de negocios.

31. ¿Dónde está Ud. todo el día?
    ¿Dónde estuvo Ud. todo el día?

32. Ando buscando casa.
    Anduve buscando casa.

33. ¿Pueden ustedes aguantar ese frío?
    ¿Pudieron ustedes aguantar ese frío?

34. Sí pero nos ponemos toda la ropa posible.
    Sí pero nos pusimos toda la ropa posible.

35. A la mañana siguiente se sienten mejor.
    A la mañana siguiente se sintieron mejor.

36. ¿Te despides de los tíos?
    ¿Te despediste de los tíos?

37. No, no hay tiempo.
    No, no hubo tiempo.

38. ¿Qué construyen?
    ¿Qué construyeron?

39. Hacen un parque público.
    Hicieron un parque público.

40. Es imposible usarlo.
    Fue imposible usarlo.

PRACTICE 3. (If you are learning peninsular Spanish.) Change to *vosotros* forms.

1. ¿Fuiste a la playa?
   ¿Fuisteis a la playa?

2. ¿Te divertiste mucho?
   ¿Os divertisteis mucho?

3. ¿Llamaste anoche?
   ¿Llamasteis anoche?

4. ¿A qué hora te levantaste?
   ¿A qué hora os levantasteis?

5. ¿Comiste en casa?
   ¿Comisteis en casa?

6. ¿Te pusiste rojo como un tomate?
   ¿Os pusisteis rojos como un tomate?

7. ¿Quisiste otra copita?
   ¿Quisisteis otra copita?

8. Pagaste las cuentas siempre.
   Pagasteis las cuentas siempre.

9. ¿Leíste o dormiste?
   ¿Leísteis o dormisteis?

10. Saludaste al gobernador.
    Saludasteis al gobernador.

Huyendo del fuego dio en las brasas.

UNIT 2

Verb Form Review:
The Subjunctive

A. Regular Forms

The stem of present subjunctive verb forms is the same as that of the first person singular of the indicative for almost all verbs:

tener:	*(teng - o)*	teng - *a*	teng - *amos*
		teng - *as*	teng - *áis*
		teng - *a*	teng - *an*
tomar:	*(tom - o)*	tom - *e*	tom - *emos*
		tom - *es*	tom - *éis*
		tom - *e*	tom - *en*
pedir:	*(pid - o)*	pid - *a*	pid - *amos*
		pid - *as*	pid - *áis*
		pid - *a*	pid - *an*

The present subjunctive forms have *e* as the theme vowel for verbs of the *-ar* type, while the *-er* and *-ir* type take *a*.

B. Irregular Forms

Exceptions to this pattern are those whose indicative form does not end in *-o*.

dar:	dé, des, dé, demos, deis, den
estar:	esté, estés, esté, estemos, estéis, estén
saber:	sepa, sepas, sepa, sepamos, sepáis, sepan
ser:	sea, seas, sea, seamos, seáis, sean
ir:	vaya, vayas, vaya, vayamos, vayáis, vayan
haber:	haya, hayas, haya, hayamos, hayáis, hayan

PRACTICE. Change the indicative construction to a subjunctive one by prefixing *Espero que . . .* to the sentence given.

1. Van a la conferencia esta noche.
   Espero que vayan a la conferencia esta noche.
2. No lo saben los profesores.
   Espero que no lo sepan los profesores.
3. Julio no se queja mucho.
   Espero que Julio no se queje mucho.
4. Le gusta esta cerveza.
   Espero que le guste esta cerveza.
5. No deben mucho dinero.
   Espero que no deban mucho dinero.
6. Conoces pilas de chicas bonitas.
   Espero que conozcas pilas de chicas bonitas.
7. No dicen nada a mis padres.
   Espero que no digan nada a mis padres.
8. No nos caemos del árbol.
   Espero que no nos caigamos del árbol.
9. Es mi jefe.
   Espero que sea mi jefe.
10. Están en casa.
    Espero que estén en casa.
11. Puedo convencer a mis amigos.
    Espero que pueda convencer a mis amigos.
12. Esa tierra produce café.
    Espero que esa tierra produzca café.
13. Hay tiempo.
    Espero que haya tiempo.
14. Ríen demasiado.
    Espero que rían demasiado.
15. Dan muchos premios.
    Espero que den muchos premios.
16. No nos ponemos mal después de comer los tacos.
    Espero que no nos pongamos mal después de comer los tacos.

C. Stem Changes in the Present Subjunctive

Stem-changing verbs have the same changes in the present subjunctive as in the indicative:

```
cerrar:  cierr-e    cerr-emos
         cierr-es   cerr-éis
         cierr-e    cierr-en
```

-*ir* stem changers have in addition another change in the first and second persons plural, which they do not have in the indicative, but the theme vowel *a* and the person markers remain constant, as explained in Section A.

```
dormir:  duerma     durmamos     sentir:  sienta   sintamos
         duermas    durmáis               sientas  síntáis
         duerma     duerman               sienta   sientan

         pedir:  pida   pidamos
                 pidas  pidáis
                 pida   pidan
```

Notice that the *pedir* type, which changes *e* > *i*, has the same stem vowel in all six forms in this tense.

PRACTICE 1.   Change the sentence in accord with the new subjects given.

1. Es posible que Pablo muera pronto.   (nosotros)
   Es posible que muramos pronto.   (tú)
   Es posible qu mueras pronto.   (yo)
   Es posible que muera pronto.   (vosotros)
   Es posible que muráis pronto.   (tú y yo)
   Es posible que muramos pronto.

2. Es dudoso que ellos sientan calor aquí.   (yo)
   Es dudoso que sienta calor aquí.   (tú y tu papá)
   Es dudoso que sientan calor aquí.   (tú y yo)
   Es dudoso que sintamos calor aquí.   (usted)
   Es dudoso que sienta calor aquí.   (vosotros)
   Es dudoso que sintáis calor aquí.

3. Dudan que ustedes sirvan comida africana.   (yo)
   Dudan que sirva comida africana.   (nosotros)
   Dudan que sirvamos comida africana.   (este restaurante)
   Dudan que sirva comida africana.   (vosotros)

Dudan que sirváis comida africana.   (tú)
Dudan que sirvas comida africana.

PRACTICE 2.   Repeat the sentence in the *nosotros* form:

1. Es difícil que duerma aquí.
   Es difícil que durmamos aquí.

2. Basta con que cierren la puerta exterior.
   Basta con que cerremos la puerta exterior.

3. Es necesario que se vista con elegancia.
   Es necesario que nos vistamos con elegancia.

4. No creen que pueda terminar eso.
   No creen que podamos terminar eso.

5. Esperan que no sigas ese ejemplo.
   Esperan que no sigamos ese ejemplo.

6. Parece raro que vuelva a tal hora.
   Parece raro que volvamos a tal hora.

7. Quieren que consiga un buen empleo.
   Quieren que consigamos un buen empleo.

D. Spelling Changes in the Present Subjunctive

Because the Spanish letters *c* and *g* represent one sound before *a*, *o*, and *u* and another before *i* and *e*, verbs whose stem ends in these letters must change their spelling in certain verb forms in order to reflect correctly their consistent pronunciation. Note the following spelling changes in the present subjunctive.

pagar: *pague* (not *page*)   **vencer:** *venza* (not *venca*)
explicar: *explique* (not *explice*)   **rezar:** *rece* (not *reze* [in this case, pro-
dirigir: *dirija* (not *diriga*)   nunciation is not affected])
seguir: *siga* (not *sigua*)   **averiguar:** *averigüe* (not *averigue*)

PRACTICE 1.   Write the appropriate form on scratch paper. Then check your answer.

1. Espero que no se (negar) a contestar.
   Espero que no se niegue a contestar.

2. Le pido que se (acercar) más al profesor.
   Le pido que se acerque más al profesor.

3. Es imposible que nadie (vencer) en tal guerra.
   Es imposible que nadie venza en tal guerra.

4. Es necesario que la policía (averiguar) la verdad.
   Es necesario que la policía averigüe la verdad.

5. Es costumbre que se (rezar) por los difuntos.
   Es costumbre que se rece por los difuntos.

6. Prefieren que tú y yo (buscar) otro empleo.
   Prefieren que tú y yo busquemos otro empleo.

7. El profesor pide que tú (entregar) tus exámenes.
   El profesor pide que tú entregues tus exámenes.

8. Es dudoso que David (seguir) toda la carrera.
   Es dudoso que David siga toda la carrera.

9. A mi amigo no le gusta que los hombres lo (abrazar).
   A mi amigo no le gusta que los hombres lo abracen.

10. Es mejor que Ud. (colgar) su uniforme allá.
    Es mejor que Ud. cuelgue su uniforme allá.

11. Prefiero que los chicos no (tocar) los platos.
    Prefiero que los chicos no toquen los platos.

12. Ojalá que ustedes (conseguir) otro apartamento.
    Ojalá que ustedes consigan otro apartamento.

13. Es mejor que el grupo le (exigir) su cooperación.
    Es mejor que el grupo le exija su cooperación.

PRACTICE 2.   Verbs with spelling changes are mixed with stem-changers and irregulars in this exercise. Follow the same pattern as in the foregoing exercise.

1. Espero que tu mamá (sentirse) mejor hoy.
   Espero que tu mamá se sienta mejor hoy.

2. Cuando nosotros (morirse) ¿a dónde iremos?
   Cuando nosotros nos muramos ¿a dónde iremos?

3. ¡Por favor, señorita, no (moverse)!
   ¡Por favor, señorita, no se mueva!

4. No creo que los muchachos te (oír).
   No creo que los muchachos te oigan.

5. Es necesario que ustedes (empezar) en seguida.
   Es necesario que ustedes empiecen en seguida.

6. Es mejor que ellos (pagar) en persona.
   Es mejor que ellos paguen en persona.

7. Dudo que (haber) otro hombre así.
   Dudo que haya otro hombre así.

8. Ojalá que el niño no (caerse).
   Ojalá que el niño no se caiga.

9. El policía le manda que (detenerse).
   El policía le manda que se detenga.

10. Nos lleva al aeropuerto para que (despedirse).
    Nos lleva al aeropuerto para que nos despidamos.

11. No (negar) usted eso.
    No niegue usted eso.

12. ¿Es posible que los rusos (avanzar) tanto como nosotros?
    ¿Es posible que los rusos avancen tanto como nosotros?

13. Antes de que (dormirse), tú debes limpiar la cocina.
    Antes de que te duermas, tú debes limpiar la cocina.

14. El ladrón entra sin que nadie lo (saber).
    El ladrón entra sin que nadie lo sepa.

15. Aunque no lo (parecer), Julio es de familia china.
    Aunque no lo parezca, Julio es de familia china.

16. ¿Dónde me dice Ud. que (poner) estos paquetes?
    ¿Dónde me dice Ud. que ponga estos paquetes?

17. En cuanto (llegar) Juana, todos irán a saludarla.
    En cuanto llegue Juana, todos irán a saludarla.

18. Quiero que Ud. me (explicar) la moraleja de este cuento.
    Quiero que Ud. me explique la moraleja de este cuento.

19. Espero que no te (ir) tan pronto.
    Espero que no te vayas tan pronto.

20. Al juez no le parece que Judas (merecer) esa sentencia.
    Al juez no le parece que Judas merezca esa sentencia.

21. Piden que nosotros (vestirse) de payasos.
    Piden que nosotros nos vistamos de payasos.

22. No (tocar) usted esos alambres eléctricos.
    No toque usted esos alambres eléctricos.

23. ¿Crees que el anillo (valer) mil dólares?
    ¿Crees que el anillo valga mil dólares?

24. Quiero que ustedes (entregar) sus temas mañana.
    Quiero que ustedes entreguen sus temas mañana.

25. No (ser) Ud. tan tímido.
    No sea Ud. tan tímido.

26. Ojalá que Inés y yo (conseguir) el contrato.
    Ojalá que Inés y yo consigamos el contrato.

27. Será mejor que ustedes (dirigirse) a la comisaría.
    Será mejor que ustedes se dirijan a la comisaría.

II. IMPERFECT SUBJUNCTIVE

The forms of this tense can be learned most conveniently by relating them to the preterit. Any irregularity found in the preterit is found also in the imperfect subjunctive. The third person plural is the form to be used as a referent.

tener	3rd pl. pret.	= *tuvier-on*
	Imperfect subj.	= *tuvier-a, tuvier-as, tuvier-a, tuviér-amos, tuvier-ais, tuvier-an*
dormir	3rd pl. pret.	= *durmier-on*
	Imperfect subj.	= *durmier-a, durmier-as, durmier-a, durmiér-amos, durmier-ais, durmier-an*
pasar	3rd pl. pret.	= *pasar-on*
	Imperfect subj.	= *pasar-a, pasar-as, pasar-a, pasár-amos, pasar-ais, pasaran*

For the alternative imperfect subjunctive form, the endings have the syllable *se* instead of *ra*: *tuviese, tuvieses, tuviese, durmiese, durmieses, durmiésemos, pasase, pasásemos*, etc.

PRACTICE 1. Repeat the following sentences using the imperfect subjunctive of the verb given in parentheses.

1. Pedían que ustedes no (dormir) en la biblioteca.
   Pedían que ustedes no durmieran en la biblioteca.

2. Parecía probable que todos nosotros (caerse).
   Parecía probable que todos nosotros nos cayéramos.

3. No creía que esa clase me (convenir).
   No creía que esa clase me conviniera.

4. No convenía que tú (negar) haber ido.
   No convenía que tú negaras haber ido.

5. Te ayudé para que tu trabajo (ser) menos penoso.
   Te ayudé para que tu trabajo fuera menos penoso.

6. Si (estar) presente tu papá, no hablarías así.
   Si estuviera presente tu papá, no hablarías así.

7. Si ustedes no (proponer) buenos candidatos ganaría el otro partido.
   Si ustedes no propusieran buenos candidatos ganaría el otro partido.

8. Si (caber), mil personas vendrían a ver el juego.
   Si cupieran, mil personas vendrían a ver el juego.

9. Antes que los ladrones (conseguir) abrir la puerta, llegó la policía.
   Antes que los ladrones consiguieran abrir la puerta, llegó la policía.

10. Si no me (sentir) tan mal, los acompañaría.
    Si no me sintiera tan mal, los acompañaría.

11. Parecía imposible que Romeo (vivir) sin Julieta.
    Parecía imposible que Romeo viviera sin Julieta.

12. Si no (haber) tantos verbos irregulares yo no sudaría tanto con ellos.
    Si no hubiera tantos verbos irregulares yo no sudaría tanto con ellos.

13. Para que la audiencia (reírse) el cómico hacía payasadas.
    Para que la audiencia se riera el cómico hacía payasadas.

14. Me sorprendió que tu hijo (andar) con tales gentes.
    Me sorprendió que tu hijo anduviera con tales gentes.

15. Por mucho que nosotros (querer) engañar al viejo, él era más listo.
    Por mucho que nosotros quisiéramos engañar al viejo, él era más listo.

PRACTICE 2.   *Vosotros* forms. Change the *tú* form to a *vosotros* form.

1. Si tuvieras tiempo, nos quedaríamos para charlar.
   Si tuvierais tempo, nos quedaríamos para charlar.

2. El vecino pidió que no le robaras las frutas.
   El vecino pidió que no le robarais las frutas.

3. Debieras pensar más en el futuro.
   Debierais pensar más en el futuro.

4. Sería mejor que no comieras tanto.
   Sería mejor que no comierais tanto.

5. Quisiera que vinieras más temprano.
   Quisiera que vinierais más temprano.

PRACTICE 3.   Change the *ustedes* forms to *vosotros* forms.

1. Quiero que se levanten temprano.
   Quiero que os levantéis temprano.

2. Es bueno que se vistan con calma.
   Es bueno que os vistáis con calma.

3. Pido que vayan directamente a la cafetería.
   Pido que vayáis directamente a la cafetería.

4. Prefiero que coman bien.
   Prefiero que comáis bien.

5. Es bueno que lean el periódico mientras comen.
   Es bueno que leáis el periódico mientras comen.

6. Espero que no se duerman en sus clases.
   Espero que no os durmáis en vuestras clases.

7. Deseo que se sientan bien.
   Deseo que os sintáis bien.

8. Espero que no se mueran de calor.
   Espero que no os muráis de calor.

9. Prefiero que vuelvan a casa a buena hora.
   Prefiero que volváis a casa a buena hora.

10. Y confío que piensen en lo que digo.
    Y confío que penséis en lo que digo.

Júntate con los buenos y serás uno de ellos.

UNIT 3

Verb Form Review:
Future,
Conditional,
Compound Tenses,
Imperative and Gerund

I. FUTURE TENSE

A. Regular Verbs

Regular futures are formed in all conjugations by adding a set of endings to the infinitive:

(yo)	hablar- comer- subir-	é	(tú)	hablar- comer- subir-	ás	(él, ella)	hablar- comer- subir-	á
(nosotros)	hablar- comer- subir-	emos	(vosotros)	hablar- comer- subir-	éis	(ellos, Uds.)	hablar- comer- subir-	án

PRACTICE. Modify the sentence to correspond with the new subject provided.

1. Mañana comeremos pollo frito.   (yo)
   Mañana comeré pollo frito.   (ustedes)
   Mañana comerán pollo frito.   (tú)
   Mañana comerás pollo frito.   (La Pachacha)
   Mañana comerá pollo frito.   (David y yo)
   Mañana comeremos pollo frito.

2. No empezarás a fumar marihuana.   (yo)
   No empezaré a fumar marihuana.   (nosotros)
   No empezaremos a fumar marihuana.   (mis hijos)
   No empezarán a fumar marihuana.   (Sir Walter Raleigh)
   No empezará a fumar marihuana.   (tú)
   No empezarás a fumar marihuana.

B. Irregular Verbs

A number of verbs have shortened or otherwise modified stems in the future:

tener:	tendr-*é, ás, á, emos, éis, án*
saber:	sabr-*é,*
venir:	vendr-*é*
caber:	cabr-*é*
poner:	pondr-*é*
poder:	podr-*é*
valer:	valdr-*é*
salir:	saldr-*é*
haber:	habr-*é*
decir:	dir-*é*
hacer:	har-*é*
querer:	querr-*é*

PRACTICE 1. Reply in the future, as in the model. Use a *tú* form to reply to first person questions. Use other persons when they are appropriate.

Model: ¿Voy a verte esta tarde?
No, pero me verás mañana.

1. ¿Voy a saber estos verbos hoy?
No, pero los sabrás mañana.

2. ¿Me lo vas a decir ahora?
No, pero te lo diré mañana.

3. ¿Van ustedes a detener el tren?
No, pero lo detendremos mañana.

4. ¿Va a haber mucha gente hoy?
No, pero la habrá mañana.

5. ¿Vamos a ser perezosos hoy tú y yo?
No, pero lo seremos mañana.

6. ¿Va a venir hoy tu compañero?
No, pero vendrá mañana.

7. ¿Vas a perder tu fortuna hoy?
No, pero la perderé mañana.

8. ¿Vale mucho dinero tu casa hoy?
No, pero lo valdrá mañana.

9. ¿Vamos a hacer el trabajo hoy?
    No, pero lo haremos mañana.

10. ¿Voy a tener tiempo para todo?
    No, pero lo tendrás mañana.

11. ¿Vas a salir esta noche?
    No, pero saldré mañana.

12. ¿Van a concedernos el permiso hoy?
    No, pero nos lo concederán mañana.

13. ¿Vamos a querer estudiar esta noche tú y yo?
    No, pero querremos estudiar mañana.

14. ¿Van a oponerse tus padres a que salgamos hoy?
    No, pero se opondrán mañana.

15. ¿Deben ustedes devolver esas cosas?
    No, pero las devolveremos mañana.

16. ¿Vamos a saber hoy tu respuesta?
    No, pero la sabrán mañana.

17. ¿Me conviene callarme?
    No, pero te convendrá mañana.

18. ¿Hay tiempo de terminar hoy?
    No, pero lo habrá mañana.

19. ¿Te pones hoy el traje nuevo?
    No, pero me lo pondré mañana.

20. ¿Podemos salir juntos tú y yo?
    No, pero saldremos mañana.

PRACTICE 2.   *Vosotros* forms. Change from *ustedes* forms to *vosotros* forms.

1. ¿Cuándo terminarán ustedes esta sección?
   ¿Cuándo terminaréis esta sección?

2. ¿Aprenderán algo de valor?
   ¿Aprenderéis algo de valor?

3. ¿Tendrán ganas de hacer otra cosa?
   ¿Tendréis ganas de hacer otra cosa?

4. ¿Cabrán todos ustedes en mi Volkswagen?
   ¿Cabréis todos en mi Volkswagen?

5. ¿Recordarán estas formas con tan poca práctica?
   ¿Recordaréis estas formas con tan poca práctica?

II. THE CONDITIONAL

The stem in the conditional is the same as that in the future tense.

escribir	tener
escribir-*ía*	tendr-*ía*
escribir-*ías*	tendr-*ías*
escribir-*ía*	tendr-*ía*
escribir-*íamos*	tendr-*íamos*
escribir-*íais*	tendr-*íais*
escribir-*ían*	tendr-*ían*

PRACTICE. Transform the following sentences to express contrary-to-fact condition by changing the first verb to the conditional and the second to the imperfect subjunctive.

1. Vamos a la playa hoy si podemos.
   Iríamos a la playa hoy si pudiéramos.

2. Salen de noche si les permiten.
   Saldrían de noche si les permitieran.

3. No puedo trabajar este año si quiero graduarme en junio.
   No podría trabajar este año si quisiera graduarme en junio.

4. Caben tres sillas aquí si sacamos esa mesa.
   Cabrían tres sillas aquí si sacáramos esa mesa.

5. Digo la verdad si la sé.
   Diría la verdad si la supiera.

6. Se oponen a nuestros planes si no pedimos permiso.
   Se opondrían a nuestros planes si no pidiéramos permiso.

7. Hay más tiempo de estudiar si uno no vive lejos.
   Habría más tiempo de estudiar si uno no viviera lejos.

8. Vale más la tierra si hay agua cerca.
   Valdría más la tierra si hubiera agua cerca.

9. No riego las matas si llueve.
   No regaría las matas si lloviera.

10. No podemos estudiar si escuchamos música popular.
    No podríamos estudiar si escucháramos música popular.

11. Quieres ver esa película si la pasan de día.
    Querrías ver esa película si la pasaran de día.

12. No me gusta bañarme si hay muchos chicos en el agua.
No me gustaría bañarme si hubiera muchos chicos en el agua.

13. Hace mucho calor si no hace viento.
Haría mucho calor si no hiciera viento.

III. THE PAST PARTICIPLE

Regular past participles are formed thus:
tomar: tomado; **comer:** comido; **salir:** salido.
The following have irregular forms:

abrir:	abierto	**morir:**	muerto
cubrir:	cubierto	**poner:**	puesto
decir:	dicho	**romper:**	roto
escribir:	escrito	**ver:**	visto
freír:	frito, (freído)	**volver:**	vuelto
hacer:	hecho		

PRACTICE. Answer the question saying that the action asked about is already done. Remember to make the participle agree with the subject.

Model: ¿Cuándo se terminarán los ejercicios?
Ya están terminados.

1. ¿Piensas abrir el regalo ahora?
Ya está abierto.

2. ¿Van a sacar las fotografías?
Ya están sacadas.

3. ¿Se descubrirá algún método para transplantar los órganos vitales?
Ya está descubierto.

4. ¿Piensas freír las papas?
Ya están fritas.

5. ¿Morirá Ho Chi Minh sin ver unida su patria?
Ya está muerto.

6. ¿Te acordarás de cerrar la puerta con llave?
Ya está cerrada.

7. ¿Compondrán los Beatles una sinfonía pastoral?
Ya está compuesta.

8. ¿Sabes contestar a la pregunta número 7?
Ya está contestada.

9. ¿Pusiste tus carteles psicodélicos?
Ya están puestos.

10. ¿Se dormirán pronto los niños?
Ya están dormidos.

11. ¿Sabrá el presidente prever el desastre nacional?
Ya está previsto.

12. ¿Podremos pedir los platos que queremos?
Ya están pedidos.

13. ¿Piensas devolver los libros que sacaste?
Ya están devueltos.

14. ¿Hay que cubrir los muebles?
Ya están cubiertos.

15. ¿No vas a vestir a la niña?
Ya está vestida.

IV. COMPOUND TENSES

A. Present Perfect

The past participle is used with forms of the verb *haber* in the various compound tenses. Notice that in these constructions the participle always ends in *-o*.

Present perfect	he tomado	hemos tomado
	has tomado	habéis tomado
	ha tomado	han tomado

PRACTICE. Change the sentence to the present perfect.

1. Tienes que envenenar las cucarachas.
Has tenido que envenenar las cucarachas.

2. Nos invitan a cenar el sábado.
Nos han invitado a cenar el sábado.

3. Abro una cuenta en el banco.
He abierto una cuenta en el banco.

4. No hacemos nada hoy.
No hemos hecho nada hoy.

5. Julio nunca oye música clásica.
Julio nunca ha oído música clásica.

6. Escribo cartas a todos mis amigos.
He escrito cartas a todos mis amigos.

7. Siempre sirven alimentos exóticos.
Siempre han servido alimentos exóticos.

8. No seguimos sus indicaciones.
No hemos seguido sus indicaciones.

9. Rompes todos los platos nuevos.
Has roto todos los platos nuevos.

10. Los soldados no vuelven del extranjero.
Los soldados no han vuelto del extranjero.

B. Pluperfect

había cubierto	habíamos cubierto
habías cubierto	habíais cubierto
había cubierto	habían cubierto

PRACTICE. Change the sentence to the pluperfect.

1. A las dos terminó el proyecto.
A las dos había terminado el proyecto.

2. Antes de los diez años yo vi mucho mundo.
Antes de los diez años yo había visto mucho mundo.

3. Antes de mi regreso se puso el sol.
Antes de mi regreso se había puesto el sol.

4. Me dieron papas que no se frieron bien.
Me dieron papas que no se habían freído (frito) bien.

5. En realidad se descubrió el Nuevo Mundo antes de 1492.
En realidad se había descubierto el Nuevo Mundo antes de 1492.

6. Las palmeras crecieron mucho desde mi infancia.
Las palmeras habían crecido mucho desde mi infancia.

7. Nos morimos pero no fuimos al cielo.
Nos habíamos muerto pero no habíamos ido al cielo.

8. Pecaste mucho, ¿verdad?
   Habías pecado mucho, ¿verdad?

9. No, jamás rompí un mandamiento.
   No, jamás había roto un mandamiento.

10. Pues algo muy malo hicieron ustedes.
    Pues algo muy malo habían hecho ustedes.

C. Future Perfect

me habré cansado	nos habremos cansado
te habrás cansado	os habréis cansado
se habrá cansado	se habrán cansado

In addition to its literal meaning, the future perfect is commonly used to express what probably occurred in the past.

PRACTICE. Change the sentence to express probability by the future perfect.

1. Probablemente hubo varios accidentes.
   Habrá habido varios accidentes.

2. Probablemente te dijeron un montón de mentiras.
   Te habrán dicho un montón de mentiras.

3. Probablemente no les gustó la idea.
   No les habrá gustado la idea.

4. Probablemente leímos eso antes.
   Habremos leído eso antes.

5. Probablemente dejé mis pantalones en casa de mi novia.
   Habré dejado mis pantalones en casa de mi novia.

6. Cristóbal Colón probablemente fue un niño descontento.
   Cristóbal Colón habrá sido un niño descontento.

7. Ustedes probablemente oyeron ese disco ya.
   Ustedes habrán oído ese disco ya.

8. Probablemente te moriste de risa.
   Te habrás muerto de risa.

9. Toshiro Mifune probablemente hizo cien películas.
   Toshiro Mifune habrá hecho cien películas.

10. Probablemente dije algo ofensivo sin darme cuenta.
Habré dicho algo ofensivo sin darme cuenta.

D. Conditional Perfect

habría vuelto	habríamos vuelto
habrías vuelto	habríais vuelto
habría vuelto	habrían vuelto

PRACTICE. Finish the second sentence saying that the person would have done the action asked about. See the model.

Model: ¿Devolvieron ustedes esos libros? (No, pero si hubiéramos tenido tiempo . . .)
No, pero si hubieramos tenido tiempo los habríamos devuelto.

1. ¿Se quejó tu papá? (No, pero si hubiera sabido la verdad . . .)
No, pero si hubiera sabido la verdad se habría quejado.

2. ¿Escribiste al presidente? (No, pero si hubiera tenido tiempo . . .)
No, pero si hubiera tenido tiempo le habría escrito.

3. ¿Hizo frío ayer? (No, pero si no hubiera llovido . . .)
No, pero si no hubiera llovido habría hecho frío.

4. ¿Fueron ustedes a la tertulia? (No, pero si no hubiéramos tenido examen hoy . . .)
No, pero si no hubiéramos tenido examen hoy habríamos ido.

5. ¿El relojero te compuso el reloj? (No, pero si le hubiera pagado . . .)
No, pero si le hubiera pagado lo habría compuesto.

6. ¿Fue difícil el ejercicio? (No, pero si no me hubieran ayudado . . .)
No, pero si no me hubieran ayudado habría sido difícil.

E. Present Perfect Subjunctive

haya sabido	hayamos sabido
hayas sabido	hayáis sabido
haya sabido	hayan sabido

Use this tense in dependent clauses as equivalent to the preterit or present perfect indicative after a main clause in the present: *Es probable que haya llegado ayer.* (It is probable that he got in yesterday.)

PRACTICE. Answer the question by completing the incomplete answer provided. See the model.

Model: ¿Fueron tus padres al concierto de anoche? No, no creo . . .
No, no creo que hayan ido.

1. ¿Hemos establecido una paz permanente? No, no es posible . . .
No, no es posible que la hayamos establecido.

2. ¿Comenzó Alejandro por fin la construcción de su casa? No sé.
Espero que . . .
No sé. Espero que la haya comenzado.

3. ¿Murió en el accidente el otro hermano Wright? Ojalá que no . . .
Ojalá que no haya muerto.

4. ¿Se rompió la ventanilla en el choque? No, no creo que . . .
No, no creo que se haya roto.

5. ¿Hemos dicho algo para disgustar al jefe? Es posible que . . . algo así.
Es posible que hayamos dicho algo así.

6. ¿Crees que el culpable fui yo? No, no creo que . . . tú.
No, no creo que hayas sido tú.

7. ¿Qué hicieron los chicos fuera de mirar la televisión? No me parece que . . . nada.
No me parece que hayan hecho nada.

8. ¿Leyó el profesor tu composición? No, no es posible que la . . .
No, no es posible que la haya leído.

9. ¿Crees que ya llegaron todos los invitados? Sí, espero que . . .
Sí, espero que todos hayan llegado.

10. ¿Temes que se despierten los niños con el ruido? Sí, pero espero que no se . . .
Sí, pero espero que no se hayan despertado.

F. Pluperfect Subjunctive

hubiera acabado	hubiéramos acabado
hubieras acabado	hubierais acabado
hubiera acabado	hubieran acabado

Use this tense as the subjunctive equivalent of the pluperfect indicative or conditional perfect.

PRACTICE 1. Use the pluperfect with *ojalá* to wish that the thing referred to had not happened.

Model: El presidente fue asesinado en Dallas.
      Ojalá que no hubiera sido asesinado.

1. Llovió el día del Rose Bowl.
  Ojalá que no hubiera llovido.

2. Se acabó el vino.
  Ojalá que no se hubiera acabado.

3. Volvieron anoche tus padres.
  Ojalá que no hubieran vuelto.

4. Tu abuela se puso un bikini mínimo.
  Ojalá que no se lo hubiera puesto.

5. Freímos el arroz en lugar de hervirlo.
  Ojalá que no lo hubiéramos frito (freído).

6. Cubrimos la mesa con resina.
  Ojalá que no la hubiéramos cubierto.

7. ¡Anoche hizo tanto viento!
  Ojalá que no hubiera hecho tanto viento.

8. Decidí estudiar latín.
  Ojalá que no lo hubiera estudiado.

9. Le dijimos la verdad.
  Ojalá que no se la hubiéramos dicho.

10. No acabé el ejercicio.
  Ojalá que lo hubiera acabado.

General Practice on Compound Tenses. (To be done with books open.)
    Complete the sentence by changing the infinitive to the form needed to express the idea given in English.

1. Nosotros apenas (*empezar*).
  We have just started.
  Nosotros apenas hemos empezado.

2. Ustedes podrán descansar después de que (*terminar*).
  You will be able to relax after you have finished.
  Ustedes podrán descansar después de que hayan terminado.

3. ¿Dónde (*tú* form of *vivir*) antes de venir aquí?
  Where had you lived before coming here?
  ¿Dónde habías vivido antes de venir aquí?

4. Si John Kennedy no (*ser*) asesinado habría ganado otra elección.
   If John Kennedy had not been assasinated, he would have won another election.
   Si John Kennedy no hubiera sido asesinado habría ganado otra elección.

5. Yo nunca (*manejar*) un Cadillac.
   I have never driven a Cadillac.
   Yo nunca he manejado un Cadillac.

6. (future perfect of *llover*) mucho anoche, según parece.
   It must have rained a lot last night from the looks of things.
   Habrá llovido mucho anoche, según parece.

7. ¿(*tú* form of *quejarse*) si te hubieran pagado a tiempo?
   Would you have complained if they had paid you on time?
   ¿Te habrías quejado si te hubieran pagado a tiempo?

8. (*haber*) muy pocas fiestas este año.
   There have been very few parties this year.
   Ha habido muy pocas fiestas este año.

9. Nosotros (*plantar*) varios papayos pero sólo creció uno.
   We had planted several papaya trees, but only one grew.
   Nosotros habíamos plantado varios papayos pero sólo creció uno.

10. Parece imposible que esos muchachos nunca (pres. perf. subj. of *ver*) una vaca.
    It seems imposible that these boys have never seen a cow.
    Parece imposible que esos muchachos nunca hayan visto una vaca.

11. Es que ellos jamás (*salir*) de la ciudad.
    It is because they never had gone out of the city.
    Es que ellos jamás habían salido de la ciudad.

12. Antes de regresar todos (*ver*) muchas cosas nuevas.
    Before they return they all will have seen many new things.
    Antes de regresar todos habrán visto muchas cosas nuevas.

PRACTICE 2. *Vosotros* forms in the compound tenses. Change the sentence from the *ustedes* to the *vosotros* form.

1. ¿Qué han hecho ustedes?
   ¿Qué habéis hecho?

2. Si hubieran estado aquí, habrían conocido a la nueva esposa de José.
   Si hubierais estado aquí, habríais conocido a la nueva esposa de José.

3. ¿Habían ido a la biblioteca?
   ¿Habíais ido a la biblioteca?

4. Espero que no hayan perdido la tarde.
   Espero que no hayáis perdido la tarde.

5. Habrán pasado la noche charlando.
   Habréis pasado la noche charlando.

6. ¿Han visto ustedes la película "Lo que el viento se llevó"?
   ¿Habréis visto la película "Lo que el viento se llevó"?

7. La habrán visto hace años.
   La habréis visto hace años.

V. THE IMPERATIVE

A. *Tú* Commands

The *tú* command is identical in form with the third person present indicative (although in the negative this form is not used, being replaced by the *tú* form of the present subjunctive). There are a few irregular forms:

tener:	ten	**hacer:**	haz
ser:	sé	**decir:**	di
salir:	sal	**ir:**	ve
poner:	pon	**venir:**	ven

PRACTICE 1.   Respond by telling the speaker to do what he asks about.

1. ¿Quieren que me levante?
   Sí, levántate.

2. ¿Quieren que coma todo eso?
   Sí, cómelo.

3. ¿Quieren que salga ahora?
   Sí, sal.

4. ¿Quieren que tenga más cuidado?
   Sí, ten más cuidado.

5. ¿Quieren que anuncie la conferencia?
   Sí, anúnciala.

6. ¿Quieren que vuelva temprano?
   Sí, vuelve temprano.

7. ¿Toco la guitarra ahora?
   Sí, tócala.

8. ¿Me pongo el suéter o no?
   Sí, póntelo.

9. ¿Hago el mapa con yeso?
   Sí, hazlo.

10. ¿Pido más cerveza ahora?
    Sí, pide más.

11. ¿Vengo mañana a las ocho?
    Sí, ven.

12. ¿Continúo el ejercicio?
    Sí, continúalo.

13. ¿Quieres que siga hasta el fin?
    Sí, sigue.

14. ¿Voy al infierno?
    Sí, vete.

15. ¿Te llevo conmigo?
    Sí, llévame.

PRACTICE 2. Reverse the command.

1. Siéntate.
   No te sientes.

2. No te levantes.
   Levántate.

3. No se lo digas.
   Díselo.

4. Hazlo todo.
   No lo hagas todo.

5. Déjales un poco.
   No les dejes nada.

6. No vayas a la manifestación.
   Ve a la manifestación.

7. No le hagas ese favor.
   Hazle ese favor.

8. No seas mala.
   Sé mala.

9. Ponte los zapatos.
   No te pongas los zapatos.
10. Sal a la calle.
    No salgas a la calle.
11. No tengas cuidado.
    Ten cuidado.
12. No me digas que no es verdad.
    Dime que no es verdad.
13. Sé más complaciente.
    No seas tan complaciente.
14. No pongas el radio muy fuerte.
    Pon el radio más fuerte.
15. No salgas del camino.
    Sal del camino.
16. Compra pantalones de terciopelo.
    No compres pantalones de terciopelo.
17. No vengas antes de las seis.
    Ven antes de las seis.

B. *Vosotros* Commands

The affirmative *vosotros* command is formed by changing the *-r* of the infinitive to *-d*. The *-d* is omitted when a reflexive pronoun is attached (except with **ir:** idos).

hablar:	hablad
levantarse:	levantaos

The negative is the present subjunctive form: *no habléis, no os levantéis.*

PRACTICE.   Change the command from the *ustedes* to the *vosotros* form.

1. Levántense.
   Levantaos.
2. No se olviden de hacer la cama.
   No os olvidéis de hacer la cama.

3. Vístanse pronto.
   Vestíos pronto.

4. Vayan al comedor.
   Idos al comedor.

5. Saluden a la familia.
   Saludad a la familia.

6. Coman despacio y mastiquen bien.
   Comed despacio y masticad bien.

7. Póngase el abrigo y salgan.
   Poneos el abrigo y salid.

8. No se quiten los zapatos y no los dejen en la universidad.
   No os quitéis los zapatos y no los dejéis en la universidad.

9. Vuelvan temprano a casa.
   Volved temprano a casa.

VI. PRESENT PARTICIPLE OR -NDO FORM

A. Regular forms: *tomando, comiendo, viviendo*

B. Stem-changing forms—No change in *-ar* and *-er* verbs, only in the *-ir* group: **sentir:** sintiendo; **morir:** muriendo; **pedir:** pidiendo

C. Irregulars and orthographic changes: **destruir:** destruyendo; **huir:** huyendo; **oír:** oyendo; **ir:** yendo; **leer:** leyendo; **decir:** diciendo; **poder:** pudiendo; **reír:** riendo; **venir:** viniendo

PRACTICE 1. Change the verb to a progressive form as in the model.

Model: El viejo se muere poco a poco.
   El viejo se está muriendo poco a poco.

1. Mamá no te dice una mentira.
   Mamá no te está diciendo una mentira.

2. Ahora piden más sueldo y menos trabajo.
   Ahora están pidiendo más sueldo y menos trabajo.

3. Leo un ejercicio interesantísimo.
   Estoy leyendo un ejercicio interesantísimo.

4. Llueve mucho este año.
   Está lloviendo mucho este año.

5. Los niños duermen como unos santos.
   Los niños están durmiendo como unos santos.

6. Busco la perfección.
   Estoy buscando la perfección.

7. ¿No me oyen?
   ¿No me están oyendo?

8. ¿Por qué se ríen?
   ¿Por qué se están riendo?

PRACTICE 2. The idea "by doing" something is expressed in Spanish with the -*ndo* form. Answer the following questions about how you do something by using that form of the verb provided in parentheses, as in the model.

Model: ¿Cómo se expresa la idea "by using"? (usar el gerundio)
Se expresa usando el gerundio.

1. ¿Cómo se prepara este plato? (seguir la receta)
   Se prepara siguiendo la receta.

2. ¿Cómo se reacciona al oír un buen chiste? (reír)
   Se reacciona riendo.

3. ¿Cómo engaña uno a los niños? (mentir)
   Uno los engaña mintiendo.

4. ¿Cómo pasan el tiempo los adolescentes? (oír música popular o ver televisión)
   Pasan el tiempo oyendo música popular o viendo televisión.

5. ¿Cómo se puede comprar un billete? (venir muy temprano)
   Se puede comprar viniendo muy temprano.

6. ¿Cómo se forma una sociedad enteramente nueva? (destruir la vieja)
   Se forma destruyendo la vieja.

7. ¿Cómo celebran la Navidad en los E.E.U.U.? (darse regalos)
   La celebran dándose regalos.

8. ¿Cómo recobra uno sus fuerzas? (dormir)
   Uno recobra sus fuerzas durmiendo.

9. ¿Cómo evitas que tu papá se enoje? (pedir permiso y volver temprano a casa)
   Evito que mi papá se enoje pidiendo permiso y volviendo temprano a casa.

10. ¿Cómo se aprende español? (estudiar, pensar y hablar en español)
    Se aprende español estudiando, pensando y hablando en español.

11. ¿Cómo procura mantener la paz la O.N.U.? (servir de canal de comunicaciones entre los países)
La O.N.U. procura mantener la paz sirviendo de canal de comunicaciones entre los países.

12. ¿Cómo llaman la atención algunas personas? (vestir ropa rara)
Llaman la atención vistiendo ropa rara.

No es oro todo lo que reluce.

UNIT 4

Ser, Estar
and Haber (Hay)

A. With *-ndo* Forms

Of these three verbs, only *estar* is used with *-ndo* forms.

> Estoy estudiando español.

PRACTICE. Answer the question by using an *-ndo* form to say that the action is going on now.

1. ¿Llueve mucho en Manoa?
   Sí, está lloviendo ahora.
2. ¿Habla usted español?
   Sí, estoy hablando español ahora.
3. ¿Toma vodka el profesor de ruso?
   Sí, está tomando vodka ahora.
4. ¿Practica usted mucho el español?
   Sí, estoy practicando el español ahora.
5. ¿Se fija usted en los usos de *estar*?
   Sí, me estoy fijando (*o:* estoy fijándome) en los usos ahora.

B. Location of Entities Versus Location of Events

Estar is used in telling where something is located:

> Honolulu está en Hawai.

However, sentences telling where some kind of *event* (a concert, a class, a dance, a game, etc.) is being held or taking place use *ser*:

¿Dónde es el baile?

PRACTICE. Use the present tense of *ser* or *estar* appropriately in the blank.

1. Yo _____ leyendo un ejercicio sobre *ser* y *estar*.
   Yo estoy leyendo un ejercicio sobre *ser* y *estar*.

2. Usted no _____ conmigo.
   Usted no está conmigo.

3. El salón de actos _____ en el otro edificio.
   El salón de actos está en el otro edificio.

4. El partido con Stanford _____ en el estadio municipal.
   El partido con Stanford es en el estadio municipal.

5. ¿Y dónde _____ el baile después?
   ¿Y dónde es el baile después?

6. Mis padres no _____ aquí.
   Mis padres no están aquí.

7. ¿Dónde _____ los Juegos Olímpicos la próxima vez?
   ¿Dónde son los Juegos Olímpicos la próxima vez?

8. El Mar Muerto _____ en Israel.
   El Mar Muerto está en Israel.

9. _____ haciendo mucho viento.
   Está haciendo mucho viento.

10. ¿El concierto de música flamenca _____ aquí?
    ¿El concierto de música flamenca es aquí?

11. Pues, ¿dónde _____ los guitarristas?
    Pues, ¿dónde están los guitarristas?

12. Todos _____ en el baile del club español.
    Todos están en el baile del club español.

13. _____ charlando con las chicas.
    Están charlando con las chicas.

C. *Haber* for Existence

The use of *haber* in the third person singular (*hay* in the present indicative) to speak of the existence of something should not be confused with the use of *estar* explained above:

> **Hay** tres hoteles en esta ciudad. Todos **están** en esta calle.

PRACTICE.   Select *hay* or a form of *estar* in the following sentences.

1. ¿Dónde _____ un buen hotel?
   ¿Dónde hay un buen hotel?

2. ¿En qué calle _____ ?
   ¿En qué calle está?

3. No _____ nadie aquí.
   No hay nadie aquí.

4. _____ olas grandes en el norte durante el invierno.
   Hay olas grandes en el norte durante el invierno.

5. _____ tres botellas en la mesa.
   Hay tres botellas en la mesa.

6. ¿Dónde _____ la otra botella?
   ¿Dónde está la otra bottella?

7. _____ en mi mano.
   Está en mi mano.

8. Pero no _____ nada adentro.
   Pero no hay nada adentro.

9. ¿Dónde _____ el vino?
   ¿Dónde está el vino?

10. _____ dentro de mi barriga.
    Está dentro de mi barriga.

11. Ahora no _____ más que aire en la botella.
    Ahora no hay más que aire en la botella.

12. El aire _____ en la botella.
    El aire está en la botella.

13. ¿_____ aire también en su barriga?
    Hay aire también en su barriga?

D. *Estar* with Certain Adjectives

Certain adjectives and phrases are used only with *estar* not with *ser*. The next exercise constitutes a list of some of the commonest ones.

PRACTICE 1.   Answer as in the model using *estar*. Be sure you think of the meaning by picturing the situation in your mind.

Model: ¿Hallaste vacío el restaurante nuevo?
        Sí, está vacío.

1. ¿La botella mágica siempre está llena de vino? (Estar llena de . . .)
   Sí, siempre está llena.

2. ¿Está harta de comer la niña? (Estar harto de . . .)
   Sí, está harta.

3. ¿Y los chicos se encuentran contentos en la playa? (Estar contento . . .)
   Sí, están contentos.

4. ¿Las monjas se pusieron de rodillas ante la imagen? (Estar de rodillas . . .)
   Sí, están de rodillas.

5. ¿Parece que la mesera trabaja de pie todo el día? (Estar de pie . . .)
   Sí, está de pie.

6. ¿Después que el viejo perdió su trabajo se encuentra de vacaciones siempre? (Estar de vacaciones . . .)
   Sí, está de vacaciones.

7. ¿Tú y tu papá se encuentran de acuerdo en las cuestiones políticas? (Estar de acuerdo . . .)
   Sí, estamos de acuerdo.

8. ¿El hermano que se fue a la guerra ya está de vuelta? (Estar de vuelta . . .)
   Sí, está de vuelta.

9. ¿Salieron de huelga los obreros de la industria petrolera? (Estar de huelga . . .)
   Sí, están de huelga.

10. ¿Y los activistas que estuvieron en las manifestaciones en Washington están de regreso ahora? (Estar de regreso . . .)
    Sí, están de regreso.

11. ¿Se vistió de luto la madre del que murió o no sigue esa costumbre? (Estar de luto . . .)
    Sí, está de luto.

12. ¿El jefe se fue de viaje? (Estar de viaje . . .)
    Sí, está de viaje.

13. ¿Los abuelos se encuentran en Honolulu de visita? (Estar de visita . . .)
Sí, están de visita.

14. ¿La mayoría de ellos se pronuncian a favor de la paz? (Estar a favor de . . .)
Sí, están a favor de la paz.

15. Entonces, ¿están en contra de la guerra? (Estar en contra de . . .)
Sí, están en contra de la guerra.

PRACTICE 2.   Answer the question negatively this time, using the appropriate adjective or phrase from the previous exercise.

1. ¿Ese glotón no ha comido suficiente todavía?
No, no está harto todavía.

2. ¿Usted y la vieja generación piensan igual?
No, no estamos de acuerdo.

3. ¿Le satisface a Ud. la política del presidente?
No, no estoy satisfecho (o: satisfecha.)

4. ¿Regresó el equipo de los juegos panamericanos?
No, no está de regreso (o: de vuelta) todavía.

5. ¿Tiene gasolina el tanque?
No, no está lleno.

6. ¿Abandonaron su trabajo los obreros?
No, no están de huelga.

7. ¿La viuda todavía lleva ropa negra?
No, no está de luto.

8. ¿Ustedes tienen clases entre Navidad y Año Nuevo?
No, estamos de vacaciones.

9. ¿Están sentados los pasajeros?
No, están de pie.

10. ¿El cura se ha puesto de pie ya?
No, está de rodillas.

11. ¿Sus padres están a favor del comunismo?
No, están en contra.

E. Ser for Material, Ownership, Origin, and Purpose

The material an object is made of, its ownership, origin and purpose or destination are expressed with ser.

> **material :**   La imagen *es* de madera.
> **ownership:**   Estas cosas no *son* tuyas, *son* de tu hermano.
> **origin:**   El barco *es* de Chile.
> **destination:**   ¿Para qué *es* esto?

PRACTICE.   Select *hay* or the appropriate present tense form of *ser* or *estar* to complete the sentence.

1. ¿De dónde _____ ustedes?
   ¿De dónde son ustedes?

2. ¿Dónde _____ Julio?
   ¿Dónde está Julio?

3. Todos estos juguetes _____ de plástico.
   Todos estos juguetes son de plástico.

4. La Navidad _____ para los niños.
   La Navidad es para los niños.

5. ¿De quién _____ la Casa Blanca?
   ¿De quién es la Casa Blanca?

6. Yo _____ escuchando música clásica hoy.
   Yo estoy escuchando música clásica hoy.

7. ¿De veras _____ un cadáver en la tumba de Grant?
   ¿De veras hay un cadáver en la tumba de Grant?

8. Las medias de las señoras ya no _____ de seda sino de nilón.
   Las medias de las señoras ya no son de seda sino de nilón.

9. Mi abuela ya no _____ de luto.
   Mi abuela ya no está de luto.

10. Estos zapatos _____ de España.
    Estos zapatos son de España.

11. ¿Dónde _____ el baile?
    ¿Dónde es el baile?

12. No _____ baile hoy sino mañana.
    No hay baile hoy sino mañana.

13. ¿_____ tuyo este libro, jovencito?
    ¿Es tuyo este libro, jovencito?

14. No. _____ para un amigo.
    No. Es para un amigo.

15. ¿_____ usted de pie en este momento?
¿Está usted de pie en este momento?

F. *Ser* with Nouns as Complements

When a noun follows, *ser* is used:

Méndez **es** un **profesor** de primera categoría.
Esto no **es** más que **agua** sucia.

PRACTICE. Continue as before.

1. Ese joven _____ Julio López.
Ese joven es Julio López.

2. _____ de Chile pero _____ en Michigan
este año.
Es de Chile pero está en Michigan este año.

3. _____ estudiando ingeniería en la universidad.
Está estudiando ingeniería en la universidad.

4. _____ el único chileno de la escuela de ingeniería.
Es el único chileno de la escuela de ingeniería.

5. No _____ otro chileno aunque _____ otros
latinos.
No hay otro chileno aunque hay otros latinos.

6. Cuando _____ con sus padres, habla español.
Cuando está con sus padres, habla espannñol.

7. _____ harto de hablar inglés y descansa hablando
español.
Está harto de hablar inglés y descansa hablando español.

8. La ingeniería no _____ para mí.
La ingeniería no es para mí.

9. Las ciencias _____ materias difíciles que no me gustan.
Las ciencias son materias difíciles que no me gustan.

10. El inglés no _____ la lengua materna de Julio.
El inglés no es la lengua materna de Julio.

11. Cuando _____ en Chile no necesita hablar inglés.
Cuando está en Chile no necesita hablar inglés.

G. With Past Participles (-*do* Forms)

With past participles, both **ser** and **estar** are used. When **ser** is used, a *passive action* is expressed; when **estar** is used, the *state of affairs* or *condition resulting from the action* is expressed. Compare:

Los traidores son **fusilados** sin piedad.	(action)
Los traidores están **muertos**.	(resultant condition)
El ladrón fue herido por la policía.	
El ladrón está herido.	

PRACTICE.   The first sentence of each item describes an action or situation. The second sentence rephrases the thought in a construction like those above. Repeat the second sentence, completing it with *fue(ron)* or *estaba(n)*.

1. Encontré abierta la puerta. La puerta _____ abierta.
La puerta estaba abierta.

2. El portero la abrió a las 7: 00. _____ abierta a las 7: 00.
Fue abierta a las 7:00.

3. ¿Cuándo escribió Cervantes el segundo tomo del *Quijote*? ¿Cuándo _____ escrito?
¿Cuándo fue escrito?

4. Hallé la lámpara desconectada. La lámpara _____ desconectada.
La lámpara estaba desconectada.

5. Tardaron mucho en la construcción de Roma. No _____ construida en un día.
No fue construida en un día.

6. ¿Encontraron encendida la luz cuando vieron el cadáver?
¿_____ encendida la luz?
¿Estaba encendida la luz?

7. Poco a poco olvidaron los aspectos desagradables del asunto. Poco a poco _____ olvidados esos aspectos.
Poco a poco fueron olvidados esos aspectos.

8. Vi jardines alrededor del palacio del rey. El palacio _____ rodeado de jardines.
El palacio estaba rodeado de jardines.

9. Era un refugiado lituano que había perdido toda su familia. Toda su familia _____ muerta.
Toda su familia estaba muerta.

10. No me habían convencido todavía del mérito del vegetarianismo. No _____ convencido todavía.
No estaba convencido todavía.

11. ¿Ustedes se encontraban acostumbrados a vivir sin calefacción? ¿Ustedes _____ acostumbrados a eso?
¿Ustedes estaban acostumbrados a eso?

H. With Adjectives

Both *ser* and *estar* are used with adjectives. The fundamental distinction is between a characteristic that is associated with the subject (even though it may change someday) and one that is abnormal, something new, or by its nature constantly changing. Compare the following in this sense:

Normal	*Abnormal, New, or Fluctuating*
1. El cálculo no **es difícil**.	1. ¡Cuidado! La marea **está alta**!
2. Mis estudiantes **son** muy **jóvenes**.	2. **Estás** muy **delgado**. ¿Perdiste peso?
3. La música indígena **es triste y melancólica**.	3. **Estás** muy **triste** hoy. ¿Por qué? (You're not usually that way.)
4. La familia Somoza **es riquísima**.	4. Murió el padre, la madre no supo llevar el negocio y ahora **están** más **pobres** que las ratas. (new situation)
5. Las aguas del lago Tahoe **son frías**.	5. Esta sopa **está fría**. (It was hot before—changeable situation.)
6. El hijo menor siempre **ha sido enfermizo**.	6. ¡Otro resfriado! Parece que siempre **estás enfermo**. (fluctuating situation)
7. La materia en sí **es aburrida** pero el profesor **es entusiasta** y la presenta bien.	7. ¡Qué **aburrido estoy** con todo esto! (Resultant condition—adjectives and past participles share characteristics.)

Notice that with **estar** we frequently express a personal reaction to something. Hence, *any comment about a particular item of food or drink* is made with **estar**:

> La carne **está sabrosa**, el café **está riquísimo** pero la ensalada **no está muy buena.**

This does not apply to generalizations applicable to a class of foods:

> El café colombiano **es excelente.**

PRACTICE.   Choose a present tense form of *ser* or *estar*.

1. Esta casa no _____ muy grande pero me gusta.
   Esta casa no es muy grande pero me gusta.
2. Todos los Rockefeller _____ ricos.
   Todos los Rockefeller son ricos.
3. ¡No to quemes! El plato _____ muy caliente.
   ¡No te quemes! El plato está muy caliente.
4. No me gusta este pastel porque _____ muy dulce.
   No me gusta este pastel porque está muy dulce.
5. Yo siempre _____ gordo después de las fiestas de Navidad y Año Nuevo.
   Yo siempre estoy gordo después de las fiestas de Navidad y Año Nuevo.
6. En general, las hijas _____ más altas que las madres.
   En general, las hijas son más altas que las madres.
7. ¿Cómo _____ la música de Chile?
   ¿Cómo es la música de Chile?
8. ¿Cómo _____ tu mamá hoy?
   ¿Cómo está tu mamá hoy?
9. El problema no _____ muy complejo.
   El problema no es muy complejo.
10. No _____ pobre el tipo. Gana unos dos mil dólares mensuales.
    No es pobre el tipo. Gana unos dos mil dólares mensuales.

11. No me gusta esta cerveza pero los sandwiches _____
    ricos.
    No me gusta esta cerveza pero los sandwiches están ricos.

12. La palabra Parangaricutirimícuaro _____ muy larga.
    La palabra Parangaricutirimícuaro es muy larga.

13. La carne _____ barata en Argentina.
    La carne es barata en Argentina.

14. Ya se acabó el vino y todo el mundo _____ muy alegre.
    Algunos _____ enfermos.
    Ya se acabó el vino y todo el mundo está muy alegre. Algunos están
    enfermos.

15. Ya no tengo tos pero todavía _____ ronco.
    Ya no tengo tos pero todavía estoy ronco.

16. La voz de Louis Armstrong _____ ronca pero él sabe
    cantar con arte.
    La voz de Louis Armstrong es ronca pero él sabe cantar con arte.

Contrastive Drills

PRACTICE 1.   All the various usages of *ser*, *estar* and *hay* discussed above
are mixed in the following items. Use *hay* or the present tense of *ser* or *estar*.
The pertinent section of explanation is indicated at the right.

1. En el norte de México, muchas casas _____   (C)
   de adobe.
   En el norte de México, muchas casas son de adobe.

2. Monterrey _____ en el norte.   (B)
   Monterrey está en el norte.

3. En Monterrey _____ una universidad   (C)
   politécnica.
   En Monterrey hay una universidad politécnica.

4. Esa _____ una universidad muy moderna.   (F)
   Esa es una universidad muy moderna.

5. El norte de México _____ muy árido.   (H)
   El norte de México es muy árido.

6. _____ como Nuevo México y Arizona.   (H)
   Es como Nuevo México y Arizona.

7. _____ pocos árboles y muchos cactos.   (C)
   Hay pocos árboles y muchos cactos.

8. El maguey _____ un cacto cuyo jugo   (F)
   fermentado _____ el pulque.
   El maguey es un cacto cuyo jugo fermentado es el pulque.

9. El pulque no _____ muy fuerte.   (H)
   _____ como el vino.
   El pulque no es muy fuerte. Es como el vino.

10. Que yo sepa, no _____ pulque en los   (C)
    Estados Unidos.
    Que yo sepa, no hay pulque en los Estados Unidos.

11. Este pulque que me trajiste _____ sabroso.   (H)
    Este pulque que me trajiste está sabroso.

12. Después de tomar tres vasos, mi hermana   (H)
    _____ borracha.
    Después de tomar tres vasos, mi hermana está borracha.

13. Ella _____ ahora con mi mamá.   (B)
    Ella está ahora con mi mamá.

14. Mi mamá se enojó. Dice que el pulque _____   (F)
    una bebida rústica propia de campesinos.

    Mi mamá se enojó. Dice que el pulque es una bebida
    rústica propia de campesinos.

15. Los campesinos dicen que _____ muy   (H)
    nutritivo.
    Los campesinos dicen que es muy nutritivo.

16. Dicen que _____ muchas vitaminas en el   (C)
    pulque.
    Dicen que hay muchas vitaminas en el pulque.

PRACTICE 2.   Continue the exercise as before.

1. ¿Qué _____ usted leyendo?   (A)
   ¿Qué está usted leyendo?

2. _____ una revista chilena.   (F)
   Es una revista chilena.

3. Parece que en Santiago los maestros _____   (D)
   de huelga.
   Parece que en Santiago los maestros están de huelga.

4. ¿Dónde _____ Santiago?   (B)
   ¿Dónde está Santiago?

5. _____ la capital de Chile y _____   (F, B)
   en el valle central.
   Es la capital de Chile y está en el valle central.

6. ¿Por qué no _____ contentos los   (D)
   maestros?
   ¿Por qué no están contentos los maestros?

7. Dicen que sus sueldos _____ bajos y   (H, C)
   _____ muchos alumnos en las clases.
   Dicen que sus sueldos son bajos y hay muchos alumnos
   en las clases.

8. Pero los alumnos no _____ enojados con la   (G)
   huelga, supongo.
   Pero los alumnos no están enojados con la huelga,
   supongo.

9. Claro, porque ellos _____ de vacaciones.   (D)
   Claro, porque ellos están de vacaciones.

10. Todas las escueles _____ vacías. No   (D, C)
    _____ nadie en las aulas.
    Todas las escuelas están vacías. No hay nadie en las
    aulas.

11. Sí, pero afuera _____ mucha gente porque   (C, G)
    las escuelas _____ rodeadas de huelguistas.
    Sí, pero afuera hay mucha gente porque las escuelas
    están rodeadas de huelguistas.

12. Esta _____ una revista barata.   (F)
    Esta es una revista barata.

13. _____ de un papel de baja calidad. Además,   (E, G)
    _____ rota.
    Es de un papel de baja calidad. Además, está rota.

PRACTICE 3. Continue as before.

1. Cambiando de tema, ¡qué tal el bistec?   (H)
   ¿_____ rico?
   Cambiando de tema, ¡qué tal el bistec? ¿Está rico?

2. _____ un poco crudo pero   (H)
   _____ sabroso y tierno.
   Está un poco crudo pero está sabroso y tierno.

3. _____ muy buena carne.   (F)
   Es muy buena carne.

4. _____ de Nueva Zelandia.   (E)
   Es de Nueva Zelandia.

5. Ayer vi a tu hermanito, y ¡qué sorpresa!   (H)
   ¡_____ casi tan alto como tú!
   Ayer vi a tu hermanito, y ¡qué sorpresa! Está casi tan
   alto como tú!

6. Es cierto. Pero hoy el pobrecito _____ en   (B)
   el hospital.
   Es cierto. Pero hoy el pobrecito está en el hospital.

7. ¿Cómo? ¿_____ enfermo?   (H)
   ¿Cómo? ¿Está enfermo?

8. Gracias a Dios que no _____ muerto.   (G)
   Gracias a Dios que no está muerto.

9. Tuvo un accidente anoche y su coche _____   (G)
   destrozado.
   Tuvo un accidente anoche y su coche está destrozado.

10. Los médicos lo _____ observando pero creo   (A, H)
    que _____ completamente sano.
    Los médicos lo están observando pero creo que está
    completamente sano.

PRACTICE 4. Conversational practice. Answer the following questions
using *ser* or *estar* in your answers. Tell the truth based on your own reality.
(Answers can thus be given only partially.)

1. ¿Le pertenece a usted la casa en que vive?
   Sí (No, no) es mía. (Es de mis padres.)

2. ¿En qué calle se encuentra la casa?
   Está en la calle . . .

3. ¿De qué material está construida?
   Es de (madera, ladrillo, cemento).

4. ¿Se halla usted de vacaciones ahora?
   No, no estoy de vacaciones.

5. ¿Qué estudia usted?
   Estoy estudiando español.

6. ¿Dónde se encuentra usted, en la biblioteca?
   Sí (No) estoy (en casa).

7. ¿Tiene usted los ojos cafés?
   Sí, son cafés (No, son azules).

8. Cuando usted contesta bien, ¿queda contento(-a)?
   Sí, estoy contento (contenta).

9. ¿El café, té o leche que usted tomó esta mañana le pareció frío?
   No, estaba caliente. (Sí, estaba fría.)

10. ¿El café le parece malo para la salud?
    No, no es malo. (Sí, es malo.)

11. ¿Se encuentra usted muy cansado(-a) ahora?
    Sí, (No, no) estoy cansado(-a).

12. ¿Le parece aburrido el español, en general?
    Sí, (No, no) es aburrido.

13. ¿Tiene usted un tocadiscos portátil?
    No, mi tocadiscos no es portátil.

14. ¿Se encuentra este edificio rodeado de jardines?
    Sí, está rodeado de jardines.

15. ¿Este libro se publicó el año pasado?
    Sí, (No, no) fue publicado . . .

16. Cuando usted quiso entrar a este edificio, ¿encontró cerrada la puerta?
    Sí, estaba cerrada. (No, estaba abierta.)

17. ¿En qué postura se halla usted?
    Estoy sentado(-a).

18. ¿Dónde nació usted?
    Soy de . . .

19. ¿Este libro se preparó para aprender chino?
    No, es para aprender español.

20. ¿Ya terminó usted este ejercicio?
    Sí, ya está terminado.

En lunes, ni las gallinas ponen.

UNIT 5

Expressions of Probability

A. Future and Conditional Tenses

Spanish, like English, sometimes uses the future tense to express the probability that an action is taking place or that a condition exists:

> **Ya estará en casa. Llámalo allí.**
> He'll already be at home. Call him there.

This usage is extended in Spanish to include the future perfect, the conditional, and the conditional perfect:

> **Ya habrá llegado al teatro.**
> She must have arrived at the theater by now.
>
> **Serían las once cuando partió.**
> It was probably 11 : 00 o'clock when she left.
>
> **Se habría sentido un poco enferma.**
> She had probably felt a little sick.

The correspondence between the probability usages and their regular tense equivalents may be summarized as follows:

> Probablemente son las ocho. = Serán las ocho.
> Probablemente eran las ocho. = Serían las ocho.
> Probablemente terminaron a las ocho. = Habrán terminado or Terminarían a las ocho.
> Probablemente han terminado ya. = Habrán terminado ya.
> Probablemente habían terminado antes. = Habrían terminado antes.

B. *Deber*

Spanish frequently uses *deber* followed by an infinitive (with or without *de* intervening) to express probability. (Note the similarity of usage to English probability expressions with *must*, as in *He must be studying*.) Compare the following equivalents:

Deben (de) ser las ocho. = Probablemente son las ocho.

Debían (de) ser las ocho. = Probablemente eran las ocho.

Debieron (de) terminar a las ocho. = Probablemente terminaron a las ocho.

Deben (de) haber terminado ya. = Probablemente han terminado ya.

The fifth expression of probability (equivalent to *Probablemente habían terminado antes*) is not used very often and has several possible equivalents with *deber*. Here are two:

Debieron (de) haber terminado antes ⎫
Debieron (de) terminar antes   ⎬   Probablemente habían terminado antes.
                                         ⎭

In fact, one finds that most of the probability expressions with *deber* have considerable variation in usage from one area to another and from person to person. The first four of these expressions given in the above list of examples represent a usage which is widely understood and accepted. It is suggested that you learn to use these four, and not be concerned with possible variations. Note that although some grammar books claim that *de* is to be associated with the probability use of *deber* (*deber* without *de* therefore signifying obligation), in fact, both constructions are used with equal frequency in both meanings.

Note also that English has other ways to express probability in addition to the use of the future (*He will be at home by now.*) and *must* (*He must be at home by now.*). Study the following equivalents.

I wonder who it is?   ⎫
Who can it be?   ⎪
Who in the world is it?   ⎬   ¿Quién será?
Who do you suppose it is?   ⎪
Who do you think it probably is? ⎭

PRACTICE 1. Give an equivalent with *probablemente* for each of the following sentences having a probability expression.

1. Serán las ocho, más o menos, ¿no?
   Probablemente son las ocho, más o menos, ¿no?

2. Es muy tarde. Los niños *deben de estar* muy cansados.
   Es muy tarde. Los niños probablemente están muy cansados.

3. *Habrán jugado* demasiado hoy.
   Probablemente han jugado demasiado hoy.

4. Alguien llama por teléfono. *Serán* sus padres.
   Alguien llama por teléfono. Probablemente son sus padres.

5. Veo que Carlitos no tiene zapatos. *Los debe de haber perdido.*
   Probablemente los ha perdido.

6. Yo lo vi hace media hora y no los tenía entonces tampoco. *Los habría perdido* más temprano.
   Probablemente los había perdido más temprano.

7. *Estarían jugando* en los charcos de la calle.
   Probablemente estaban jugando en los charcos de la calle.

8. En ese caso *deben de tener* mojados los pies.
   En ese caso probablemente tienen mojados los pies.

9. Sí, pero *debieron de divertirse* mucho.
   Sí, pero probablemente se divirtieron mucho.

PRACTICE 2. Give an equivalent of the following sentences, using the future or conditional of probability, as appropriate.

1. Probablemente el plomero ya ha llegado a nuestra casa.
   El plomero ya habrá llegado a nuestra casa.

2. Probablemente tardaba tanto en llegar por razones muy importantes.
   Tardaría tanto en llegar por razones muy importantes.

3. Probablemente había tenido que contar su dinero, o algo así.
   Habría tenido que contar su dinero, o algo así.

4. La tubería en el sótano probablemente siguió goteando durante horas y horas.
   La tubería en el sótano habrá seguido goteando durante horas y horas.

5. Ahora probablemente tenemos una piscina particular en la casa.
   Ahora tendremos una piscina particular en la casa.

6. A mamá probablemente no le gusta tanta agua en la casa.
   A mamá no le gustará tanta agua en la casa.

7. Ella probablemente ha sufrido mucho esperando la llegada del plomero.
   Ella habrá sufrido mucho esperando la llegada del plomero.

8. A los niños, en cambio, probablemente no les parece tan mal tener piscina en casa.
   A los niños, en cambio, no les parecerá tan mal tener piscina en casa.

9. Probablemente fueron ellos los que causaron el daño a la tubería.
   Habrán sido ellos los que causaron el daño a la tubería.

PRACTICE 3. Some of the following sentences imply probability with expressions other than the future and conditional. Restate these sentences using the future or conditional of probability. Where no probability is expressed, simply repeat the sentence.

1. Siendo tan viejo, Matusalén probablemente no jugaba mucho al béisbol.
   Siendo tan viejo, Matusalén no jugaría mucho al béisbol.

2. Ese personaje bíblico llegó a tener 969 años de edad.
   (Repeat same sentence.)

3. Es probable que Adán hubiera vivido poco tiempo en el Edén cuando llegó Eva.
   Adán habría vivido poco tiempo en el Edén cuando llegó Eva.

4. Eva debió de ser una chica encantadora.
   Eva sería una chica encantadora.

5. Salomón fue un tipo muy sabio.
   (Repeat same sentence.)

6. De niñito probablemente faltó poco a la escuela.
   De niñito habrá faltado poco a la escuela.

7. Me parece probable que Salomón preparara sin falta su lección diaria.
   Salomón prepararía sin falta su lección diaria.

8. Los tontos que tenemos hoy deben de estudiar mucho menos que Salomón.
   Los tontos que tenemos hoy estudiarán mucho menos que Salomón.

9. Y es cierto que no son tan sabios.
   (Repeat same sentence.)

10. Es probable que tu novio no sea tan viejo como Matusalén. Probablemente no tiene más que 32 años, ¿verdad?
    Tu novio no será tan viejo como Matusalén. No tendrá más que 32 años, ¿verdad?

11. Tú probablemente nunca has ido a una fiesta vestida como Eva, ¿verdad?
    Tú nunca habrás ido a una fiesta vestida como Eva, ¿verdad?

12. Si fueras a una fiesta vestida así, seguramente tendrías un éxito tremendo.
    (Repeat same sentence.)

PRACTICE 4.   This is a translation drill designed to focus on the many English equivalents of the Spanish future of probability. Select the correct form of the indicated Spanish verb to match the general meaning of the English sentence.

1. Where in the world has my little dog gone?
   ¿ A dónde _____ (irse) mi perrito?
   se *habrá ido*

2. Where oh where can he be?
   ¿Dónde _____ (estar)?
   estará

3. I wonder why he is taking so long.
   ¿Por qué _____ (tardar) tanto?
   tardará

4. He must be hunting.
   _____ (estar) cazando.
   Estará

5. Or I suppose he is investigating trash cans.
   O _____ (estar) investigando los tarros de la basura.
   estará

6. He must have stopped to visit with his cousin!
   ¡ _____ (detenerse) a visitar con su prima!
   Se habrá detenido

7. He must have run for miles by now.
   Ya _____ (correr) millas.
   habrá corrido

8. He'll be very hungry.
   _____ (tener) mucha hambre.
   Tendrá

9. He's probably thinking of returning home.
_____ (estar) pensando en regresar a casa.
Estará

10. Do you suppose he met a friend?
¿_____ (encontrar) a un amigo?
Habrá encontrado

11. I wonder what he's doing now.
¿Qué _____ (hacer) ahora?
estará haciendo

12. He's probably burying bones or something.
_____ (enterrar) huesos, o algo así.
Estará enterrando

13. Do you suppose he's been hurt?
¿_____ (hacerse) daño?
Se habrá hecho

14. Oh, he's probably all right.
_____ (estar) bien.
Estará

15. He probably forgot what time it was.
_____ (olvidarse) de la hora.
Se habrá olvidado

16. He'll have started home by now, wagging his tail, as usual.
En fin, ya _____ (dirigirse) a casa, meneando la cola, como siempre.
se habrá dirigido

PRACTICE 5. To practice the *deber* (*de*) expression of probability, give an equivalent with this construction for each of the following sentences.

1. Probablemente hay más de cien personas en la fiesta.
Debe (de) haber más de cien personas en la fiesta.

2. Para tener tantas, probablemente invitaron a doscientas.
Para tener tantas, debieron de invitar a doscientas.

3. ¡Qué va! Probablemente invitaron a menos de cien.
¡Qué va! Debieron (de) invitar a menos de cien.

4. ¿Cómo es eso? Probablemente no han querido venir algunos, ¿no?
¿Cómo es eso? No deben (de) haber querido venir algunos, ¿no?

5. A juzgar por la fama de las fiestas de estos señores, probablemente ha venido mucha gente no invitada.

A juzgar por la fama de las fiestas de estos señores, debe (de) haber venido mucha gente no invitada.

6. Antes no ofrecían tanto de comer y beber y probablemente no venían tantos.
   Antes no ofrecían tanto de comer y beber y no debían (de) venir tantos.

7. Hoy probablemente han bebido muchísimas botellas de champaña.
   Hoy deben (de) haber bebido muchísimas botellas de champaña.

8. Probablemente están divirtiéndose tremendamente.
   Deben (de) estar divirtiéndose tremendamente.

9. Una fiesta de este tipo probablemente cuesta más de quinientos dólares.
   Una fiesta de este tipo debe (de) costar más de quinientos dólares.

10. Pero, los dueños probablemente son millonarios y eso probablemente les parece poco.
    Pero los dueños deben (de) ser millonarios y eso les debe (de) parecer poco.

PRACTICE 6.   Practice the future of probability by giving the future equivalent for the *deber* expressions taken from the previous exercise.

1. Debe de haber más de cien personas en la fiesta.
   Habrá más de cien personas en la fiesta.

2. Para tener tantos, debieron de invitar a doscientas.
   Para tener tantos, habrán invitado a doscientas.

3. ¡Qué va! Debieron de invitar a menos de cien.
   ¡Qué va! Habrán invitado a menos de cien.

4. ¿Cómo es eso? No deben de haber querido venir algunos, ¿no?
   ¿Cómo es eso? No habrán querido venir algunos, ¿no?

5. A juzgar por la fama de las fiestas de estos señores, debe de haber venido mucha gente no invitada.
   A juzgar por la fama de las fiestas de estos señores, habrá venido mucha gente no invitada.

6. Antes no ofrecían tanto de comer y beber y no debían de venir tantos.
   Antes no ofrecían tanto de comer y beber y no vendrían tantos.

7. Hoy deben de haber bebido muchísimas botellas de champaña.
   Hoy habrán bebido muchísimas botellas de champaña.

8. Deben de estar divirtiéndose tremendamente.
   Estarán divirtiéndose tremendamente.

9. Una fiesta de este tipo debe de costar más de quinientos dólares.
   Una fiesta de este tipo costará más de quinientos dólares.

10. Pero, los dueños deben de ser millonarios y eso les debe de parecer poco.
    Pero, los dueños serán millonarios y eso les parecerá poco.

No se ganó Zamora en una hora.

UNIT 6

The Imperfect Past vs. the Preterit Past

A. The Basic Distinction

> Cuando yo llegué, el ladrón **salía** por la ventana.
> Cuando yo llegué, el ladrón **salió** por la ventana.

The difference in usage between the preterit and the imperfect is not one of structure; it is one of meaning. Both forms express pastness, but they focus differently on the act in the past. The difference is one of aspect rather than tense. It is like the distinction we have in English between sentences like these:

> The policeman **hit** him on the head.
> The policeman **was hitting** him on the head.
> The police **used to hit** him on the head.

The first of these sentences (all of them equally past in tense) suggests that a single blow was struck, and we speak of it as a complete, more or less instantaneous act, begun and ended at approximately the same moment.

The second sentence talks about the middle of the action, which might be a single blow in the act of being struck or more probably the middle of a series of blows. (We would need more context to decide which.) In either case, we do not refer to the beginning or the end of the act. "Was hitting" focuses only on the middle of an act or series of acts which began earlier and ended at some later time.

The third sentence, with "used to hit," suggests a series of different occasions, a customary, often repeated act in the past. The Spanish imperfect and preterit aspects correspond partially to the English in that both "was hitting" and "used to hit" would be expressed with an imperfect, while "hit" could be a preterit. However, English often uses a simple past form like "hit" with the meaning of "was hitting" or "used to hit":

Every time he passed by, the policeman *hit* him on the head. (i.e., "used to hit")

While the policeman *hit* him on the head, the detective was holding his arms. (i.e., "was hitting")

The distinction which is made in Spanish is one between a view which focuses only on the middle of an act (as in "was hitting him on the head" or "used to hit him"), with no regard for its beginning or end, as opposed to a view which focuses on either the beginning, the end, or both. Study the following examples in order to decide whether they focus on the middle only or on the beginning and/or end. Answers are given below.

1. They played until six o'clock.
2. The Lord said "Let there be light," and there was light.
3. My friend had no middle name.
4. The Arabs occupied parts of Spain for over seven centuries.
5. I often slept nine hours or more.
6. Lazarus picked up his bed and walked.
7. When too many letters accumulated, I would stuff them in the basket without answering them.
8. When the farmer saw me, he closed the door.
9. I knew all the details about her life.

Answers:

1. Not middle only because we are talking about when the act ended.
2. "Said" is an instantaneous act; we see beginning and end. "There was light" refers to the beginning of being, and so it is not "middle only" either.
3. Middle only. We are not concerned with when the situation started or ended, only that this was the case at the moment we are talking about.
4. Not middle only because we are discussing how long the action lasted. A time phrase ("for seven centuries") gives us the dimensions.
5. Middle only because we are not concerned with when I started or ended the habit of sleeping that much.
6. One act, "picked up," of the instantaneous, beginning and end type, and one which focuses only on the beginning. Lazarus started to walk at the moment referred to but we are not focusing on the end of his walking. Neither act is middle only.

7. "Accumulated" refers to a repeated act which happened over and over again, and we focus only on the middle of the series. "I would stuff" is of the same kind. Note that "would" in this sense is equivalent to "used to" and does not refer to a hypothetical result, as in "If I had time and money, I would travel all over Europe."

8. Two instantaneous-type acts; neither is middle only.

9. Middle only because we have no knowledge or interest in when I began to know or stopped knowing.

THE IMPERFECT IS USED IN SPANISH TO EXPRESS "MIDDLE ONLY" FOCUS.

The preterit is used when beginning and/or end are in view. Spanish is quite consistent in this distinction, never blurring it as English does.

There are some useful signs which will help to separate imperfect, "middle only" clauses from preterit ones. If there is a time phrase, such as *por mucho tiempo, hasta las tres, todo el día, dentro de pocos minutos,* the beginning and/or end is generally in focus and the preterit is used (unless a series of such acts is meant):

Dentro de poco sintió un fuerte dolor.
Estuvo en casa **hasta las tres**.
Estudié **todo el día**.

Description of what things were like or what someone was feeling or doing when another act occurred is often in the imperfect. We are interested in these actions or states as being in progress, as backdrops or stage settings, and we are not talking about when they started or stopped:

Hacía un sol magnífico cuando me desperté.
Mi amigo no hablaba español cuando fue a México por primera vez.
Adán llevaba una vida idílica pero la serpiente cambió las cosas.

In comparison with the backdrop expressed in the imperfect, the "thing that happened next" is likely to be in the preterit. (See the preceding examples.)

These useful signs are only devices, however, which help us to make the fundamental decision as to whether we want to focus on the middle of the action only (with the imperfect) or upon its beginning and/or end (with the preterit). Many past contexts can take either preterit or imperfect, depending on what the speaker wants to express.

PRACTICE 1.   Change these sentences into the past using preterit or imperfect as appropriate. Before you do this, you may want to review the preterit forms. See Unit I.

1. Colón descubre el Nuevo Mundo en 1492.
   Colón descubrió el Nuevo Mundo en 1492.

2. Colón pide ayuda al rey de Portugal.
   Colón pidió ayuda al rey de Portugal.

3. Pero los matemáticos del rey saben que la India está muy lejos.
   Pero los matemáticos del rey sabían que la India estaba muy lejos.

4. Los portugueses tienen razón.
   Los portugueses tenían razón.

5. Es imposible llegar a la India así.
   Era imposible llegar a la India así.

6. Colón está equivocado.
   Colón estaba equivocado.

7. Pero encuentra una tierra desconocida.
   Pero encontró una tierra desconocida.

8. Eso le salva la vida.
   Eso le salvó la vida.

9. Toda su vida cree que había llegado a la India.
   Toda su vida creyó que había llegado a la India.

10. Encuentra aborígenes con canoas.
    Encontró aborígenes con canoas.

11. Viven en islas del mar Caribe.
    Vivían en islas del mar Caribe.

12. Colón espera hallar una ruta directa a la India.
    Colón esperaba hallar una ruta directa a la India.

13. Por eso, llama a los aborígenes indios.
    Por eso, llamó a los aborígenes indios.

14. Les da un nombre equivocado.
    Les dio un nombre equivocado.

15. Cuando los marineros los ven, les parece que los aborígenes tienen la piel roja.
    Cuando los marineros los vieron, les pareció que los aborígenes tenían la piel roja.

16. Creen que están en Asia.
    Creían que estaban en Asia.

17. Algunos indios tienen adornos de oro en la nariz.
    Algunos indios tenían adornos de oro en la nariz.

18. Colón colecciona esas cosas para llevarlas a España.
    Colón coleccionó esas cosas para llevarlas a España.

19. Colón permanece varias semanas en "las Indias."
    Colón permaneció varias semanas en "las Indias."

20. Luego regresa a España.
    Luego regresó a España.

21. Los Reyes Católicos esperan el resultado del viaje.
    Los Reyes Católicos esperaban el resultado del viaje.

22. Cuando oye las noticias, el rey queda muy contento.
    Cuando oyó las noticias, el rey quedó muy contento.

23. Los indios también están contentos durante las primeras semanas.
    Los indios también estuvieron contentos durante las primeras semanas.

24. Después, se dan cuenta de que los blancos no son dioses.
    Después se dieron cuenta de que los blancos no eran dioses.

PRACTICE 2.   Read the following real life story. Then retell it in the past tense. Check your new version sentence by sentence below.

Me levanto a las seis. Hace frío y el cielo está cubierto de nubes. Me visto y voy a la cocina. No hay nadie allí. Todo el mundo está dormido. Preparo mi desayuno y salgo a buscar el periódico. Me espera en el buzón donde siempre lo deja el muchacho. Desayuno solo y leo el periódico de principio a fin, con excepción de la crónica social. No me interesan los incidentes de la vida social. Luego me pongo la chaqueta y salgo a la calle. Hace sol. La vista del sol me llena de alegría.

In the past: (Ayer . . .)

Ayer me levanté a las seis.
Hacía frío y el cielo estaba cubierto de nubes.
Me vestí y fui a la cocina.
No había nadie allí.
Todo el mundo estaba dormido.
Preparé mi desayuno y salí a buscar el periódico.
Me esperaba en el buzón donde siempre lo dejaba el muchacho.
Desayuné solo y leí el periódico de principio a fin, con excepción de la crónica social.
No me interesaban los incidentes de la vida social.
Luego me puse la chaqueta y salí a la calle.
Hacía sol.
La vista del sol me llenó de alegría.

B. Preterit and Imperfect in Indirect Discourse

Direct discourse refers to the precise words someone says:

—Voy de compras al centro.

Indirect discourse refers to the slightly modified report of what was said, with the first speaker's words incorporated into a new sentence. That is, it is an indirect quotation:

Tomás dijo que iba al centro.

An original present tense may be kept in the present —*Dijo que va al centro.* **But if it is shifted to the past, it will become an imperfect, not a preterit.**

An original preterit is either retained as a preterit or becomes a pluperfect:

—Me compré un álbum nuevo y lo **voy** a escuchar toda la tarde.	Dijo que se compró (*or:* se había comprado) un álbum nuevo y lo **iba** a escuchar toda la tarde.

—¿Dónde **están** los libros que **traje** de la biblioteca?	Preguntó dónde **estaban** los libros que **trajo** (había traído) de la biblioteca.

Verbs other than *decir* and *preguntar* can introduce an indirect discourse:

No **tengo** la culpa. (**Comprendió** que no **tenía** la culpa.)
Necesito aclarar esto. (**Pensaba** que **necesitaba** aclarar eso.)
Yo **soy** bonita pero ella es hermosa de veras. (**Sabía** que ella **era** bonita pero que la otra **era** hermosa de veras.)
Si **puedes** hacerlo, te **pagarán** muy bien. (Le **indicó** que si podía hacerlo, le **pagarían** muy bien.)

PRACTICE. Change the sentence to indirect discourse, shifting to past tense.

1. Voy a buscar otra ruta al Oriente. (¿Qué decidió?)
   Decidió que iba a buscar otra ruta al Oriente.

2. Los matemáticos portugueses no tienen imaginación. (¿Qué pensaba?)
   Pensaba que los matemáticos portugueses no tenían imaginación.

3. Nací en Génova y no soy español. (¿Qué confesó?)
   Confesó que había nacido (nació) en Génova y no era español.

4. Génova forma parte de Italia. (¿Qué dijo?)
   Dijo que Génova formaba parte de Italia.

5. ¿Estoy en el servicio de la reina o del rey? (¿Qué preguntó?)
   Preguntó si estaba en el servicio de la reina o del rey.

6. La reina me dio tres barcos para el viaje. (¿Qué reconocía?)
   Reconocía que la reina le dio (había dado) tres barcos para el viaje.

7. ¿Pero no manda más el rey? (¿Qué se preguntaba?)
   Se preguntaba si no mandaba más el rey.

8. Si encuentro la ruta, seré famoso. (¿Qué sabía?)
   Sabía que si encontraba la ruta, sería famoso.

9. Pero si no llegamos, nos podemos morir de hambre. (¿Qué protestaron?)
   Protestaron que si no llegaban, se podían morir de hambre.

10. No importa, hay que tener confianza. (¿Qué dijo Colón?)
    Dijo que no importaba, que había que tener confianza.

11. Fuimos derecho a las Indias. (¿Qué aseguró?)
    Aseguró que fueron (habían ido) derecho a las Indias.

12. Pero esto no es la India. (¿Qué murmuró el cínico?)
    Murmuró que eso no era la India.

13. Si ven oro, hay que llevarlo a España. (¿Qué explicó?)
    Explicó que si veían oro, había que llevarlo a España.

14. Los aborígenes creen que somos dioses. (¿Qué oyó?)
    Oyó que los aborígenes creían que eran dioses.

15. ¡Ya hablaron bastante de Colón! (¿Qué gritó?)
    Gritó que ya habían hablado (hablaron) bastante de Colón.

C. Imperfect and Preterit of
conocer, saber, poder, tener que, and *querer*

With these verbs, it is helpful to make some special analysis. With *conocer* and *saber*, the difference in aspect is expressed in English with different words. The imperfect of *conocer* corresponds to "knew" or "be acquainted with," while the preterit is equivalent to "met".

---

conocer: **Conocí** a mi futura esposa en San Francisco. ("I met . . .")
Ya **conocía** a su hermano desde mucho tiempo atrás.
("I already knew . . .")

The preterit of *saber* most often is equivalent to "found out," "learned,"
while the imperfect corresponds to "knew."

---

saber: Sólo hoy **supe** que Patricio murió en un terrible accidente.
("I found out . . .")
Sabía que trabajaba con tractores pero no **sabía** que era un trabajo peligroso.
("I knew . . .")

PRACTICE 1.   Rephrase the Spanish in order to express the idea given in
English.

1. Conozco a Greg Noll. En el campeonato de Huntington.
   I met Greg Noll at the Huntington meet.
   Conocí a Greg Noll en el campeonato de Huntington.

2. Todos los demás ya lo conocen.
   Everybody else already knew him.
   Todos los demás ya lo conocían.

3. Conozco a Elena. No a sus padres.
   I knew Elena but I never met her parents.
   Conocía a Elena pero nunca conocí a sus padres.

4. Ayer. Va a haber una manifestación contra el ROTC.
   Yesterday I found out that there's going to be a demonstration against
   the ROTC.
   Ayer supe que va (iba) a haber una manifestación contra el ROTC.

5. Lo leí en el periódico.
   I already knew it because I read it in the paper.
   Yo ya lo sabía porque lo leí en el periódico.

6. Me preguntó si sé dónde está el dinero.
   He asked me if I knew where the money was.
   Me preguntó si sabía dónde estaba el dinero.

7. No sabe que está debajo de su propia cama.
   He never found out it was under his own bed.
   Nunca supo que estaba debajo de su propia cama.

With *tener que*, the imperfect refers simply to an existing obligation to do something, while the preterit implies that the obligation was followed by the act actually being done (thus ending the matter, so that the focus is not on the middle only). Both are translated by "had to" in English. Compare these examples:

tener que:	No aceptaron nuestra invitación porque **tenían que** estudiar. (The obligation existed. We refer to a state of affairs.)
	Tuve que escribir toda la noche para terminar el ensayo. (The obligation was discharged by the action being performed. I had to, so I did.)
	Se sentía tan mal que **tuvo que** llamar al médico. (He had to; so he did. = Preterit)
	Tenía que tomar la medicina cada cuatro horas. (The obligation continued to exist because here we are referring to a series of acts, one of which did not eliminate the obligation.)

PRACTICE 2. Rephrase the Spanish to express the idea given in English. The added material in parentheses serves to clarify the idea to be expressed.

1. Tiene tanta fiebre. Lo llevamos al médico.
   The boy had so much fever we had to take him to the doctor. (And we did.)
   El muchacho tenía tanta fiebre que tuvimos que llevarlo al médico.

2. Tenemos que cortar el césped. Queremos ir a la playa.
   We had to cut the lawn, but we wanted to go to the beach. (So we sat around and complained.)
   Teníamos que cortar el césped pero queríamos ir a la playa.

3. Pinté la puerta tres veces para cubrir la pintura vieja.
   I had to paint the door three times to cover the old paint. (That's the way it turned out when I did it.)
   Tuve que pintar la puerta tres veces para cubrir la pintura vieja.

4. Pagó más de tres mil dólares de impuestos este año.
   My dad had to pay more than three thousand dollars in taxes this year.
   Mi papá tuvo que pagar más de tres mil dólares de impuestos este año.

5. Pagué por el libro que perdí y una multa también.
   I had to pay for the book I lost, and I paid a fine too.
   Tuve que pagar por el libro que perdí y pagué una multa también.

6. Hace las camas antes de salir para la escuela.
   They had to make the beds before they left for school. (That was their daily chore.)
   Tenían que hacer las camas antes de salir para la escuela.

7. Vive en México. No tiene que hacer nada.
   When she lived in Mexico she didn't have to do anything.
   Cuando vivía en México no tenía que hacer nada.

In the case of *poder*, the imperfect expresses the **existence of permission or ability** to do something:

Imperfect of poder:	No **podía** salir con muchachos sin que fuera también alguien de la familia.
	Podía levantar pesas enormes.

The preterit suggests that an attempt was made (and the ability or lack of it then ceases to interest us):

Preterit of poder:	No fue hasta mucho después que **pude** recordar el número de su teléfono.
	Sacudí la puerta pero no **pude** abrirla.

PRACTICE 3. Rephrase the Spanish in order to express the idea given in English.

1. No puede graduarse porque no completó los requisitos.
   He couldn't graduate last year because he didn't fulfill the requirements.
   No pudo graduarse el año pasado porque no completó los requisitos.

2. Si completa los requisitos puede graduarse en el verano.
   But if he completed the requirements he could graduate in the summer.
   Pero si completaba los requisitos podía graduarse en el verano.

3. Después de varias tentatives, puedo descifrar la oración.
   After several attempts, I was able to decipher the sentence.
   Después de varias tentatives, pude descifrar la oración.

    4. Los rusos tratan de llegar a la luna antes que los americanos pero no llegaron.
The Russians tried to reach the moon before the Americans, but they weren't able.
Los rusos trataron de llegar a la luna antes que los americanos pero no pudieron.

    5. La mayoría de los países no pueden competir con las grandes potencias.
Most countries were unable to compete with the big powers.
La mayoría de los países no podían competir con las grandes potencias.

With *querer*, the English equivalent of the preterit differs according to whether it is affirmative or negative. *No quise* is used most often as we use "I refused to" or "I wouldn't" do something, while *quise* is equivalent to "I tried to." In both cases, we are usually talking about a single event so that the attitude is seen as having ended at that time:

---

querer: **Quise** convencerle de que todo el mundo sabía que la tierra era plana pero él no me lo **quiso** creer.

PRACTICE 4.   Translate the English sentence.

    1. Muchos quieren descubrir la fuente de la juventud.
A lot of people wanted to discover the fountain of youth.
Muchos querían descubrir la fuente de la juventud.

    2. ¿Prender un fuego con leña verde y mojada? Resulta imposible.
Three times we tried to light a fire with that wet green wood but it turned out to be impossible.
Tres veces quisimos prender un fuego con esa leña verde y mojada pero resultó imposible.

    3. ¿Ir a Perú? Está muy lejos.
She didn't want to go to Perú because it was too far away.
Ella no quería ir a Perú porque estaba muy lejos.

    4. Quiero mostrarle que en avión se llega en poco tiempo.
I tried to show her that by plane you can get there in very little time but she refused to listen.
Quise mostrarle que en avión se llegaba en poco tiempo pero ella no quiso escuchar.

PRACTICE 5. *Saber, tener que, poder* and *querer* are mixed in this practice. Select the preterit or imperfect of those verbs in translating the English sentences.

1. De niño, Lincoln tiene que leer a la luz de una vela porque no hay electricidad.
   As a boy, Lincoln had to read by candlelight because there was no electricity.
   De niño, Lincoln tenía que leer a la luz de una vela porque no había electricidad.

2. Sabe que tiene que estudiar mucho para ser abogado.
   He knew that he had to study a lot in order to be a lawyer.
   Sabía que tenía que estudiar mucho para ser abogado.

3. Y esa es la carrera que quiere.
   And that was the profession he wanted.
   Y esa era la carrera que quería.

4. Va al teatro pero no sabe que lo van a asesinar.
   When he went to the theater he didn't know he was going to be assassinated.
   Cuando fue al teatro no sabía que lo iban a asesinar.

5. El pueblo norteamericano queda pasmado con esa noticia.
   The American people were shocked when they learned the news.
   El pueblo norteamericano quedó pasmado cuando supo la noticia.

6. Booth llega tan cerca del presidente con una pistola.
   How was Booth able to get so close to the president with a gun?
   ¿Cómo pudo Booth llegar tan cerca del presidente con una pistola?

7. Tiene que esconderla entre su ropa.
   He had to hide it inside his clothes.
   Tuvo que esconderla entre su ropa.

8. El presidente quiere levantarse pero no puede.
   The president tried to get up but he couldn't.
   El presidente quiso levantarse pero no pudo.

9. No vive mucho tiempo.
   He didn't live very long.
   No vivió mucho tiempo.

10. Booth piensa asesinar al presidente.
    Nobody in the theater knew that Booth intended to murder the president.
    Nadie en el teatro sabía que Booth pensaba asesinar al presidente.

11. El público miraba. Booth salta a la escena.
    The audience found out about it when Booth jumped to the stage.
    El público lo supo cuando Booth saltó a la escena.

12. Algunos quieren detenerlo.
    A few tried to stop him but they weren't able to.
    Algunos quisieron detenerlo pero no pudieron.

13. Entre la confusión general, Booth sale y se escapa.
    Amid the general confusion, Booth was able to get out and escape.
    Entre la confusión general, Booth pudo salir y escaparse.

14. Probablemente muchos sureños quieren asesinar a Lincoln.
    Probably a lot of southerners wanted to murder Lincoln.
    Probablemente muchos sureños querían asesinar a Lincoln.

15. La mayoría de ellos saben controlar su odio.
    But the majority were able to control their hatred.
    Pero la mayoría de ellos sabían controlar su odio.

16. Después de la guerra civil, tienen que rehacer su vida.
    After the Civil War, they had to remake their life. (This was the
    task on hand as they faced the future.)
    Después de la guerra civil, tenían que rehacer su vida.

17. Los antiguos esclavos también tienen que encontrar un nuevo tipo
    de vida.
    The former slaves also had to find a new kind of life.
    Los antiguos esclavos también tenían que encontrar un nuevo tipo
    de vida.

D. Use of the Imperfect and Preterit of *ser*

Because "was being" is used only in a special meaning in English, the English
speaker's feel for these different aspects of the past is unusually blurred with
the verb *ser*. Consequently, it is helpful to observe the relationship between
ser and other verbs in the context.

    1. We often identify the person who did something this way:

> El que nos **robó** las llantas **fue** el hijo del vecino.
> Los que **pasaban** por la calle cada tarde **eran** jóvenes que regresaban de la escuela.

The verb *ser* appears in the same aspect as the verb which expresses the
action done: *robó . . . fue; pasaban . . . eran.*

PRACTICE 1.   Answer the questions using sentences like the foregoing examples. You needn't repeat all the elements of the question.

1. ¿Quiénes llegaron primero a la luna, los rusos o los americanos?
   Los que llegaron primero fueron los americanos.

2. ¿Quién atacó a los molinos, Don Quijote o Sancho?
   El que los atacó fue Don Quijote.

3. ¿Quién se preocupaba por la comida, Don Quijote o Sancho?
   El que se preocupaba por la comida era Sancho.

4. ¿Quién llegó primero al Nuevo Mundo, Colón o Erico el Rojo?
   El que llegó primero fue Erico el Rojo.

5. ¿Quién te daba de comer, tu mamá o tu papá?
   La que me daba de comer era mi mamá.

6. ¿Quién inventó el teléfono, Edison o Bell?
   El que lo inventó fue Bell.

2.   When we have sentences with predicate adjectives, the type of relationship practiced above may or may not exist.

La herida que **recibió** en esa corrida **fue** fatal.

Las pequeñas heridas que **recibía** cuando trabajaba en los campos no **eran** muy graves.

El cuchillo que **usó era** antiquísimo y de una forma muy rara.

La secretaria que nos **recibió era** muy amable.

The difference between the first two examples and the last two is that in the first, the wounds referred to *came into existence* at the moment of the action mentioned. That is, the wound which proved fatal for the bullfighter did not exist before he received it. We are talking about the beginning of something. In the second example, we have a series of events, a repeated, customary past act. In cases like these two, the form of *ser* matches that of the other verb.

However, in the second two examples, we refer to a thing or person which *clearly existed and had the trait referred to before* the moment of the action we are talking about. In these cases there is no necessary identity of aspect between the two verbs. Notice also that if the preterit is equivalent to the pluperfect, as it sometimes is, then this relationship does not apply:

La mesa que hizo (= había hecho) era grande pero nada elegante.

Often it is useful to form a paraphrase of the sentence, using another verb instead of *ser*. For example, if you wish to say "Her glance was cynical and sneering" and you mean "She gave a cynical and sneering glance," then you will use the preterit:

Su mirada fue cínica y despreciativa. = Dio una mirada cínica y despreciativa.

If you mean "She had a cynical and sneering way of looking at people," then your sentence will use *era*.

PRACTICE 2.   Complete the sentence with the appropriate form of *ser*. (A clue to the meaning intended may be given in parentheses.)

1. El efecto que tuvo su conferencia _____ deprimente.
   fue

2. La isla que compraron _____ muy pequeña.
   era

3. El muchacho que entró _____ alto y delgado.
   era

4. La mentira que inventó _____ increíble. (He uttered an incredible lie.)
   fue

5. Los cuentos que contaba _____ fantásticos.
   eran

6. El pintor que nos habló _____ muy conocido en Europa.
   era

7. La decisión que tomó ese día _____ irrevocable. (He made an irreversible decision.)
   fue

8. Los daños que se produjeron _____ irreparables. (Serious damage resulted.)
   fueron

9. La casa que compré _____ bastante vieja.
   era

10. La patada que dio _____ tremenda.
    fue

11. La víbora que te picó _____ pequeña y delicada.
    era

12. La enfermedad que contrajo _____ fatal. (It killed him.)
    fue

13. Las preguntas que hizo _____ tontas e inaplicables. (He
    asked several stupid questions.)
    fueron

14. El libro que nos leyó _____ parecido a los cuentos de
    hadas.
    era

PRACTICE 3.   Complete the sentence with the appropriate form of *ser* in
accord with the paraphrase given in parentheses.

1. Juan López y yo nos vimos por primera vez en Santiago.
   _____ en 1950. (You mean that it happened then.)
   Fue

2. Al entrar en el café, oímos el sonido rápido y rítmico del taconeo
   de los bailadores y los acordes de la guitarra. _____ un
   baile flamenco auténtico. (They were dancing flamenco style.)
   Era

3. Funes llevaba el orgullo hasta el punto de asegurar que
   _____ benéfico el accidente que lo había condenado a
   pasar la vida como un inválido. (The accident was producing unexpected benefits.)
   era

4. De veras me sorprendí porque _____ tan fácil lo que
   siempre me había parecido dificilísimo. (I did it very easily.)
   fue

5. Esto no va a resultar bien, me dije yo. Y, en efecto, así
   _____. (It turned out as I thought.)
   fue

6. Edison construyó un aparato que grababa y reproducía la voz
   humana y otros sonidos. Lo armó, lo echó a andar, y escuchó.
   _____ uno de los grandes momentos de la historia.
   (Something momentous was happening. At that moment, he was
   living history.)
   Era

7. En 1066 los normandos invadieron Inglaterra y llevaron consigo su dialecto del francés. Esa conquista _____ decisiva en la historia de nuestra lengua. (A decisive change took place.)
   fue

8. _____ necesario que preparara dos cenas esa noche. (Circumstances forced her; so she made two different suppers that night.)
   Fue

9. La clase preparó y presentó un programa de música hispánica que terminó con un baile muy enérgico. _____ uno de los que todavía se bailan en las provincias vascongadas. (They danced a Basque dance at the end.)
   Fue

10. Su sonrisa _____ espontánea y simpática. (She had a nice smile and she smiled often.)
    era

11. Edison construyó su primer fonógrafo hace muchos años. _____ uno de los inventos que hacen época. (It started a whole new epoch.)
    Fue

General Practice of Imperfect and Preterit

PRACTICE 1.   Read the following story over in order to understand the context. Then repeat it phrase by phrase, changing to the past tense.

Manuel Rojas nace en la Argentina/pero va a Chile/cuando todavía es adolescente. Allí se hace escritor. En esa época domina el costumbrismo en la literatura hispanoamericana/pero el joven novelista se aparta de esa tendencia. En el estilo costumbrista, dominan el paisaje y los detalles pintorescos externos. No importa lo que siente y piensa el individuo. A nuestro autor le interesa más el alma de sus personajes, su carácter humano. Escribe una serie de cuentos y varias novelas. Sus personajes son gente sencilla de la clase baja/pero Rojas les da importancia humana. No le interesa la propaganda social. Sus obreros son hombres como los demás. No funcionan como símbolos de las injusticias sociales.

(Now repeat in the past. Cover the answers below and look at the paragraph above. When you have formulated your sentence, check the answer given. Note that in some cases we cannot be sure of what you will be thinking. What we give is the form that a Spanish speaker is likely to choose in this context.)

Manuel Rojas nació en la Argentina/
pero fue a Chile/
cuando todavía era adolescente.
Allí se hizo escritor.
En esa época, dominaba el costumbrismo en la literatura hispano-
americana/
pero el joven novelista se apartó de esa tendencia.
En el estilo costumbrista, dominaba el paisaje y los detalles pintorescos
externos.
No importaba lo que sentía y pensaba el individuo.
A nuestro autor le interesaba más el alma de sus personajes, su carácter
humano.
Escribió una serie de cuentos y varias novelas.
Sus personajes eran gente sencilla de la clase baja/
pero Rojas les daba importancia humana.
No le interesaba la propaganda social.
Sus obreros eran hombres como los demás.
No funcionaban como símbolos de las injusticias sociales.

PRACTICE 2. Follow the same procedure.

Rojas con frecuencia usa personajes al margen de la sociedad. Muchos son ladrones, vagos o mendigos. Su cuento *El delincuente* trata de un ladrón/que al final de la historia parece más simpático que su víctima:

Un barbero está en su cuarto en un pobre conventillo. Conoce a todos los habitantes del conventillo. Pero de repente esa noche oye pasos desconocidos. Sale a ver quién es. Ve un hombre delgado, de nariz puntiaguda. No lo conoce. No es uno de sus vecinos. Con el hombre delgado, hay otro, gordo. Parece medio dormido y lo sostiene el hombre delgado. Pero no está dormido sino borracho. Por un momento, el barbero no sabe si hablarles o no. En esto, llega un amigo, el maestro Sánchez, carpintero. Sánchez le pregunta al hombre delgado qué hace. El delgado contesta que van a casa del gordo/donde hay unas niñas que cantan. Pero la mirada que lanza es furtiva/y además el gordo no vive allí tampoco. El gordo está tan borracho que no puede hablar. Cuando le mandan al delgado que suelte al gordo,/ éste casi se cae al suelo. De un bolsillo del gordo, cuelga la mitad de una cadena de reloj. ¿Dónde está el reloj? El barbero y el carpintero deciden llevar a la comisaría a los dos hombres. Van a entregarlos a la policía. Luego empieza la larga y penosa caminata a la comisaría. El gordo borracho apenas puede caminar. El carpintero se impacienta y le da un tremendo puntapié. En el camino, los tres luchan con el borracho,/que se cae a cada rato. A la mitad del camino, los tres están tan sudorosos/que se sientan a descansar. El borracho se echa en la calle/y pronto está roncando como si estuviera en cama. Mientras tanto, el barbero, el maestro Sánchez y el ladrón charlan y ríen como viejos amigos. Pero otra vez siguen su camino/y por fin llegan a la comisaría. Allí esperan varias horas. Cuando regresa el inspector,/reconoce inmediatamente al ladrón. Se llama Juan Cáceres/y se especializa en borrachos. Al tomar el camino de regreso al conventillo, los dos amigos se sienten tristes. Es tan simpático el ladrón, tan buen amigo.

(Now retell the story in the past.)

Rojas con frecuencia usaba personajes al margen de la sociedad.
Muchos eran ladrones, vagos o mendigos.
Su cuento *El delincuente* trataba de un ladrón/
que al final del cuento parecía más simpático que su víctima:
Un barbero estaba en su cuarto en un pobre conventillo.
Conocía a todos los habitantes del conventillo.
Pero de repente esa noche oyó pasos desconocidos.
Salió a ver quién era.
Vio un hombre delgado, de nariz puntiaguda.
No lo conocía.
No era uno de sus vecinos.
Con el hombre delgado, había otro, gordo.
Parecía medio dormido y lo sostenía el hombre delgado.
Pero no estaba dormido sino borracho.
Por un momento, el barbero no supo si hablarles o no.
En esto llegó un amigo, el maestro Sánchez, carpintero.
Sánchez le preguntó al hombre delgado qué hacía.
El delgado contestó que iban a casa del gordo/
donde había unas niñas que cantaban.

Pero la mirada que lanzó fue furtiva/
y además, el gordo no vivía allí tampoco.
El gordo estaba tan borracho que no podía hablar.
Cuando le mandaron al delgado que soltara al gordo,/
éste casi se cayó al suelo.
De un bolsillo del gordo, pendía la mitad de una cadena de reloj.
¿Dónde estaba el reloj?
El barbero y el carpintero decidieron llevar a la comisaría a los dos
hombres.
Iban a entregarlos a la policía.
Luego empezó la larga y penosa caminata a la comisaría.
El gordo borracho apenas podía caminar.
El carpintero se impacientó y le dio un tremendo puntapié.
En el camino, los tres luchaban con el borracho,/
que se caía a cada rato.
El borracho se echó en la calle/
y pronto estaba roncando como si estuviera en cama.
Mientras tanto, el barbero, el maestro Sánchez y el ladrón charlaban y
reían como viejos amigos.
Pero otra vez siguieron su camino/
y por fin llegaron a la comisaría.
Allí esperaron varias horas.
Cuando regresó el inspector,/
reconoció inmediatamente al ladrón.
Se llamaba Juan Cáceres/
y se especializaba en borrachos.
Al tomar el camino de regreso al conventillo, los dos amigos se sentían
tristes.
Era tan simpático el ladrón, tan buen amigo.

PRACTICE 3.   Choose the appropriate form.

1. Varias veces en el camino, los tres amigos *tuvieron/tenían* que
   levantar al borracho que se había caído.
   tuvieron

2. El cuento que inventó el ladrón *fue/era* inútil porque el inspector ya
   sabía/supo quién *fue/era* él y cómo se *ganó/ganaba* la vida.
   fue . . . sabía . . . era . . . ganaba

3. No *fue/era* necesario que el barbero viera a la gente que *entraba/entró* y *salía/salió* del conventillo porque *conoció/conocía* a todo el mundo y a todos les *reconoció/reconocía* los pasos.
   era . . . entraba . . . salía . . . conocía . . . reconocía

4. ¿Cuántas veces *leíste/leías* ese cuento anoche?
   leíste

5. La primera vez *era/fue* necesario que buscara muchas palabras en el diccionario pero la segunda y tercera vez ya las *sabía/supe* casi todas.
   fue . . . sabía

6. ¿Dónde y cuándo *sabías/supiste* que no habrá examen final en esta clase?
   supiste

7. ¿Estabas en clase el día que la profesora *traía/trajo* esa sopa fría española que se llama gazpacho? ¿Te *gustaba/gustó*?
   trajo . . . gustó

8. No. No me *gustó/gustaba* nada el gazpacho porque *tenía/tuvo* mucho ajo.
   gustó . . . tenía

9. Ayer *estaba/estuve* en la biblioteca casi todo el día estudiando. Ni siquiera *salía/salí* para almorzar.
   estuve . . . salí

10. Anoche mis hermanos menores *dormían/durmieron* fuera con unos amiguitos en una tienda de campaña. *Estaban/estuvieron* charlando y riendo hasta altas horas de la noche. Parece que se *divertían/divirtieron* mucho pero que *dormían/durmieron* poco porque todavía *estuvieron/estaban* cansados al día siguiente.
    durmieron . . . estuvieron . . . divirtieron . . . durmieron . . . estaban

11. ¿Dónde *conoció/conocía* el barbero al maestro Sánchez?
    conoció

12. Se cayó el gordo borracho y el delgado *tuvo/tenía* que dejarlo porque no *pudo/podía* levantarlo solo.
    tuvo . . . podía

13. Por fin, con la ayuda del barbero, *pudieron/podían* arrastrarlo a un lado de la calle.
    pudieron

14. El ladrón inventó una disculpa muy ingeniosa pero el inspector no se la *creía/creyó*.
    creyó

15. Le preguntaron al gordo qué hora *fue/era* y les contestó que no *supo/sabía* porque ya no *tuvo/tenía* reloj.
    era . . . sabía . . . tenía

16. Dijo que su reloj *estuvo/estaba* en el bolsillo del ladrón.
    estaba

No te digo que te vistas pero ahí tienes la ropa.

UNIT 7

The Subjunctive
in Noun Clauses

A. Noun Clauses

A noun clause is a sentence which is embedded in another sentence and which takes the place of a noun in that sentence. That is, it is used as subject or object of a verb or of a preposition. Most commonly, it is an object. Notice the object in these two sentences:

> No creo **eso**.
> No creo **que** (eso) **sea verdad**.

In the second sentence, the object is another sentence (*Es verdad*) that starts with *que* (a linking word or conjunction) and whose verb is in the subjunctive. Here is a pair of sentences illustrating how the embedded sentence is used as a subject:

> **Eso** no importa.
> No importa **que** (eso) **no sea verdad**.

In Spanish, the verb in most noun clauses is in the subjunctive. This is so because most noun clauses express acts concerning which an attitude of emotional coloration is felt, such as doubt, desire, uncertainty, approval and disapproval, and the subjunctive is linked to such attitudes.

PRACTICE. Practice embedding the first sentence in the second. Replace the pronoun (*eso* or *lo*) with the first sentence.

1. ¿Es verdad? No creo eso. (No creo . . .)
   No creo que sea verdad.

118

2. ¿No es verdad? Eso no importa. (No importa . . .)
   No importa que no sea verdad.

3. ¿Irá mi hijo a la universidad? Lo espero. (Espero . . .)
   Espero que mi hijo vaya a la universidad.

4. ¿La gente dará importancia a la ecología? Los científicos lo piden.
   (Los científicos piden . . .)
   Los científicos piden que la gente dé importancia a la ecología.

5. El mar muere tan rápido. Lo siento. (Siento . . .)
   Siento que el mar muera tan rápido.

6. El exceso de población es un problema. Lo temo. (Temo . . .)
   Temo que el exceso de población sea un problema.

7. El aire casi siempre está sucio. Eso no es bueno. (No es bueno . . .)
   No es bueno que el aire siempre esté sucio.

8. ¿Lo llamarás? Eso quiere el decano. (El decano quiere . . .)
   El decano quiere que lo llames.

9. Los negros pierden paciencia. Eso parece inevitable. (Parece inevitable . . .)
   Parece inevitable que los negros pierdan paciencia.

10. Mi hijito tiene la gripe. Eso me da pena. (Me da pena . . .)
    Me da pena que mi hijito tenga la gripe.

B. The Indicative in Noun Clauses

Exceptions to the general use of the subjunctive in noun clauses are those
sentences in which the *main sentence indicates* **unemotional** *acceptance as
truth* of the idea expressed in the embedded sentence. Here are some examples:

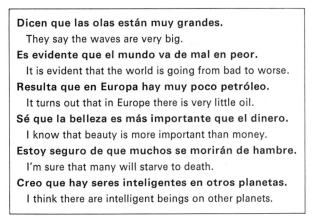

Dicen que las olas están muy grandes.
  They say the waves are very big.
Es evidente que el mundo va de mal en peor.
  It is evident that the world is going from bad to worse.
Resulta que en Europa hay muy poco petróleo.
  It turns out that in Europe there is very little oil.
Sé que la belleza es más importante que el dinero.
  I know that beauty is more important than money.
Estoy seguro de que muchos se morirán de hambre.
  I'm sure that many will starve to death.
Creo que hay seres inteligentes en otros planetas.
  I think there are intelligent beings on other planets.

A list of expressions which typically introduce this kind of sentence would include: *es verdad, es cierto, es evidente, es obvio, es claro, estar seguro, ver, observar, olvidar, sentir, notar, darse cuenta de algo, saber, parecer, convenir en algo, creer, pensar, no dudar, resultar.*

Notice that the negative of many of these expressions (but the affirmative of *dudar**) does not fall in the category of the exceptions. If you say a thing is *not* true or you are *not* sure it is true or you *don't* believe it is true, or you doubt it, etc., then you are no longer expressing acceptance of the proposition but rather its rejection. Thus:

No digo que ella sea tonta pero no es muy inteligente.
 I don't say she is a fool but she isn't very intelligent.
No creo que haya microbios en el agua.
 I don't believe there are germs in the water.
No es evidente que tenga razón.
 It is not evident that you are right.
Dudo que la clase termine a tiempo.
 I doubt that the class will end on time.
No parece que estén preparados para esto.
 It doesn't seem that they are prepared for this.
No sé que sea más fácil el español que el francés.
 I don't know that Spanish is easier than French.
No veo que sean superiores los comunistas.
 I don't see that the communists are superior.

This attitude of rejection expressed by the negative is nearly universal when the sentence is in the first person. We are more likely to say that others don't know the truth than that we don't. Compare:

Los indígenas no saben que el mundo **es** redondo.
Yo no sé que los japoneses **sean** mejores ingenieros que los alemanes.

With *sentir* a different distinction obtains. *Sentir* can mean "to feel", that is, "to detect" something, or "to regret", "to feel sorry" that something is true. When it is used in the sense of "to detect" it expresses *unemotional* acceptance as fact and is followed by the indicative. Otherwise, and more

---

* *No dudo* may also be found followed by the subjunctive: *No dudo que sea verdad eso pero . . .* In such cases, the speaker expresses certain reservations about what he is saying.

commonly, when it denotes an emotional attitude toward some fact, it takes the subjunctive:

Siento que tienes fiebre.
I can feel that you have a fever.
Siento que tengas fiebre.
I'm sorry that you have a fever.

PRACTICE 1. Modify the verb of the embedded sentence to fit the new main sentence given. Use the subjunctive unless the new main verb expresses unemotional acceptance as truth of the idea in the dependent clause.

Es dudoso que ustedes sepan todo esto. (Es verdad . . .)
Es verdad que ustedes saben todo esto. (Dudo . . .)
Dudo que ustedes sepan todo esto. (Sabemos . . .)
Sabemos que ustedes saben todo esto. (Resulta . . .)
Resulta que ustedes saben todo esto. (Puede ser . . .)
Puede ser que ustedes sepan todo esto. (Me imagino . . .)
Me imagino que ustedes saben todo esto. (No me imagino . . .)
No me imagino que ustedes sepan todo esto. (No creo . . .)
No creo que ustedes sepan todo esto. (Dudo . . .)
Dudo que ustedes sepan todo esto. (Veo . . .)
Veo que ustedes saben todo esto. (Me doy cuenta de . . .)
Me doy cuenta de que ustedes saben todo esto. (No estoy seguro . . .)
No estoy seguro de que ustedes sepan todo esto. (No parece . . .)
No parece que ustedes sepan todo esto. (Parece . . .)
Parece que ustedes saben todo esto. (Parece extraordinario . . .)
Parece extraordinario que ustedes sepan todo esto. (Me gusta . . .)
Me gusta que ustedes sepan todo esto. (No digo . . .)
No digo que ustedes sepan todo esto. (Pienso . . .)
Pienso que ustedes saben todo esto.

PRACTICE 2. Embed the first sentence in the second.

1. Cuesta demasiado. Eso es evidente. (Es evidente . . .)
   Es evidente que cuesta demasiado.

2. Ustedes hacen su trabajo a tiempo. Eso me gusta. (Me gusta . . .)
   Me gusta que ustedes hagan su trabajo a tiempo.

3. El tercer mundo no tiene unidad. Me parece así. (Me parece . . .)
   Me parece que el tercer mundo no tiene unidad.

4. ¿Habrá más manifestaciones? No lo dudo. (No dudo . . .)
   No dudo que habrá más manifestaciones.

5. ¿Tendrá éxito la nueva generación? No lo creo. (No creo . . .)
   No creo que la nueva generación tenga éxito.

6. El mundo no es tan sencillo. Observamos eso. (Observamos . . .)
   Observamos que el mundo no es tan sencillo.

7. Habrá ciertos cambios. Eso es inevitable. (Es inevitable . . .)
   Es inevitable que haya ciertos cambios.

8. ¿Llegaremos a la Utopía? Es dudoso. (Es dudoso . . .)
   Es dudoso que lleguemos a la Utopía.

9. ¿El tiempo se descompone? Eso pienso. (Pienso . . .)
   Pienso que el tiempo se descompone.

10. La casa es vieja pero sólida. Es probable. (Es probable . . .)
    Es probable que la casa sea vieja pero sólida.

11. ¿Hay palmeras en todas partes? No es cierto. (No es cierto . . .)
    No es cierto que haya palmeras en todas partes.

12. ¿Tienen razón al quejarse? No lo veo. (No veo . . .)
    No veo que tengan razón al quejarse.

13. Se entregan los ensayos hoy. El profesor lo exige. (El profesor exige . . .)
    El profesor exige que se entreguen los ensayos hoy.

C. The Factor of Change of Subject

---

1. **(Yo) quiero que (ustedes) lleguen más temprano mañana.**
2. **(Yo) quiero llegar más temprano mañana.**

Noun clauses in the subjunctive have a subject different from the subject of the main sentence in which they are embedded. If the subjects of the two sentences are the same, the dependent verb is in the infinitive form. Thus, example 1, I want **you** to do something, while in sentence 2, *I* want and *I* will do the arriving also.*

* With a few verbs such as *creer* and *pensar* it is not uncommon to find, particularly in spoken style, subjunctive clauses with the same subject as the main verb: *No creo que (yo) pueda acompañarlos mañana.*

Notice that English commonly uses an infinitive whether the subjects are different or not:

I don't want **to go.**
I don't want **you to go.**

PRACTICE 1.   Combine the sentences into one, using a clause or an infinitive according to the change of subject factor.

1. ¿Aprenderé esto pronto? Eso quiero. (Quiero . . .)
   Quiero aprender esto pronto.
2. ¿Lo entienden claramente? Lo dudo. (Dudo . . .)
   Dudo que lo entiendan claramente.
3. ¿Me traerán otra taza de café? Eso pido. (Pido . . .)
   Pido que me traigan otra taza de café.
4. Me regalan ese cuadro tan bonito. Me alegro de eso. (Me alegro de . . .)
   Me alegro de que me regalen ese cuadro tan bonito.
5. Expresas tus ideas. El gobierno no lo impide. (El gobierno no impide . . .)
   El gobierno no impide que expreses tus ideas.
6. ¿Tendrán más éxito que sus padres? Los jovenes lo esperan. (Los jovenes esperan . . .)
   Los jovenes esperan tener más éxito que sus padres.
7. ¿Comeremos más? Siempre lo queremos. (Siempre queremos . . .)
   Siempre queremos comer más.
8. Los hijos comen mucho. A las madres les gusta eso. (A las madres les gusta . . .)
   A las madres les gusta que los hijos coman mucho.
9. Tengo que decirle la verdad. Lo siento. (Siento . . .)
   Siento tener que decirle la verdad.

PRACTICE 2.   Use the lexical elements given in order to put the English phrased thought into Spanish.

1. chica/esperar/llegar/temprano hoy
   My girl friend hopes she will get here early today.
   Mi chica espera llegar temprano hoy.

2. Yo/esperar/chica/llegar/temprano
I hope my girl friend gets here early today.
Yo espero que mi chica llegue temprano hoy.

3. querer/graduarme/dentro de tres años
I want to graduate in three years.
Quiero graduarme en tres años.

4. trabajar/en su negocio
My father wants me to work in his business.
Me padre quiere que trabaje en su negocio.

5. gata/siempre querer/subirse en el escritorio
The cat always wants to get up on the desk.
La gata siempre quiere subirse en el escritorio.

6. Yo/no querer/subirse en mi escritorio
I don't want her to get up on my desk.
No quiero que se suba en mi escritorio.

7. gobierno/pedir/hombres de negocios/ser más responsables
The government asks businessmen to be more responsible.
El gobierno pide a los hombres de negocios que sean más responsa-
bles.

8. maestra/no aceptar/muchachos/reírse de ella
The teacher won't accept the kids' laughing at her.
La maestra no acepta que los muchachos se rían de ella.

9. no tener miedo/copiar/tu tema
I'm not afraid to copy your theme.
No tengo miedo de copiar tu tema.

10. tener miedo/rusos/copiar/nuestros inventos
We're afraid of the Russians copying our inventions.
Tenemos miedo de que los rusos copien nuestros inventos.

D. Subjunctive and Infinitive
with Impersonal Expressions

---

1. **No es posible entrar a estas horas.**
2. **No es posible que ustedes entren a estas horas.**

Expressions such as *es difícil, parece difícil, es bueno, parece bueno, es raro, basta, importa, conviene* are often called impersonal expressions. In sentences like those above, their subject is not a person but rather the infinitive or clause which follows.

The infinitive is used when there is no specific subject given (as in example 1) and the statement applies to anyone. When there is a specific subject, as in example 2, a clause is used.

PRACTICE 1.   Use the elements given to form sentences.

1. es difícil/estudiar en el café
   Es difícil estudiar en el café.

2. parece imposible/guerra/terminar/pronto
   Parece imposible que la guerra termine pronto.

3. a veces/posible/resucitar a los muertos
   A veces es posible resucitar a los muertos.

4. no/probable/los árabes y los israelitas/saber vivir en paz.
   No es probable que los árabes y los israelitas sepan vivir en paz.

5. conviene/pensar antes de hablar
   Conviene pensar antes de hablar.

6. es inútil/prohibir el tabaco
   Es inútil prohibir el tabaco.

7. importa/la gente/escuchar/todas las opiniones
   Importa que la gente escuche todas las opiniones.

8. parece mentira/los jóvenes/creer/tales cosas
   Parece mentira que los jóvenes crean tales cosas.

9. es bueno/usar poco azúcar
   Es bueno usar poco azúcar.

10. no es verdad/Gandalf/estar muerto
    No es verdad que Gandalf esté muerto.

PRACTICE 2.   All the types of sentences studied thus far appear in this set. Combine the two elements to make a single sentence.

1. ¿El mundo es plano? No creo eso.
   No creo que el mundo sea plano.

2. Dormir ocho horas cada noche. Eso es importante.
   Es importante dormir ocho horas cada noche.

3. Los niños duermen más que los adultos. Eso es necesario.
   Es necesario que los niños duerman más que los adultos.

4. Las mujeres son menos agresivas que los hombres. Pienso eso.
   Pienso que las mujeres son menos agresivas que los hombres.

5. ¿Los chinos son más comunistas que los rusos? No sé eso.
   No sé que los chinos sean más comunistas que los rusos.

6. Todos estudiamos una lengua extranjera. Quieren eso.
   Quieren que todos estudiemos una lengua extranjera.

7. ¿Los jóvenes son más inteligentes que sus padres? No digo eso.
   No digo que los jóvenes sean más inteligentes que sus padres.

8. Hawai tiene un clima magnífico. Lo dicen.
   Dicen que Hawai tiene un clima magnífico.

9. Dejan papeles rotos, latas, y basura en el parque. Me opongo a eso.
   Me opongo a que dejen papeles rotos, latas, y basura en el parque.

10. Limitarse a cuatro o cinco materias en un semestre. Eso conviene.
    Conviene limitarse a cuatro o cinco materias en un semestre.

11. Nunca habrá una paz mundial. Es seguro.
    Es seguro que nunca habrá una paz mundial.

12. No fumar nada. Personalmente, prefiero eso.
    Personalmente, prefiero no fumar nada.

13. No hay aire en la luna. Sabemos eso.
    Sabemos que no hay aire en la luna.

14. Los astronautas traen muestras de las piedras lunares. Es importante.
    Es importante que los astronautas traigan muestras de las piedras lunares.

15. Hay más mujeres que hombres en Utah. ¿Es verdad eso?
    ¿Es verdad que hay más mujeres que hombres en Utah?

16. Saber manejar un auto. Eso es muy útil.
    Es muy útil saber manejar un auto.

17. No subirán más los precios. Quiero eso.
    Quiero que no suban más los precios.

18. Chile es más largo que California. ¿No sabes eso?
    ¿No sabes que Chile es más largo que California?

19. Levantarse antes de las seis. Es imposible.
    Es imposible levantarse antes de las seis.

20. Lo hago yo mismo. Por favor, mamá, prefiero eso.
    Por favor, mamá, prefiero hacerlo yo mismo.

21. A los rusos les encanta el vodka. Lo veo.
    Veo que a los rusos les encanta el vodka.

22. El alcohol es peor que la marihuana. Eso puede ser.
    Puede ser que el alcohol sea peor que la marihuana.

23. Formo mis propias opiniones. Me gusta eso.
    Me gusta formar mis propias opiniones.

24. No todos lo hacen. Así resulta.
Resulta que no todos lo hacen.

E. Verbs that Allow Infinitives
Even with a Change of Subject

After certain verbs, either a clause or an infinitive may be used, even if the subjects are different: *Los padres de José le permiten que regrese a cualquier hora* or *Los padres de José le permiten regresar a cualquier hora.*
The following are the commonest such expressions:

Le **mandan** devolver el libro.
Lo **hacen** hablar español.
Lo **obligan** a estudiar un idioma.
No lo **dejan** entrar a la película.
Me **impiden** estudiar en paz.
Les **prohiben** fumar marihuana.
Te **invito** a pasar la noche con nosotros.
Te **convido** a asistir a la reunión.

PRACTICE 1. Convert the following sentences into the type illustrated above. Note that it may be necessary to add an object pronoun, thus:

Permitimos que usen el diccionario. Les permitimos usar el diccionario.

1. Nunca me invitan a que cante con ellos.
   Nunca me invitan a cantar con ellos.
2. No dejamos que salgan de noche.
   No les dejamos salir de noche.
3. ¿Impiden que toque música contemporánea?
   ¿Le impiden tocar música contemporánea?
4. Mi mamá me prohibe que hable de su enfermedad.
   Mi mamá me prohibe hablar de su enfermedad.
5. Te convido a que compartas conmigo un buen té chino.
   Te convido a compartir conmigo un buen té chino.
6. Voy a mandarle que limpie todo esto.
   Voy a mandarle limpiar todo esto.
7. Les obligamos a que se atengan a las tradiciones.
   Les obligamos a atenerse a las tradiciones.
8. Se permite que los clientes calculen su propia cuenta.
   Se permite a los clientes calcular su propia cuenta.

9. El gobierno obliga a que paguemos los impuestos.
   El gobierno nos obliga a pagar los impuestos.

10. Hacen que llevemos recibos y cheques cancelados.
    Nos hacen llevar recibos y cheques cancelados.

PRACTICE 3. In this exercise, verbs of the type that permit an infinitive with a different subject are mixed with those that do not. Rephrase using an infinitive where possible. If is not, simply repeat.

1. La mamá de Sakato quiere que ella se case con Eugenio Nakatani.
   La mamá de Sakato quiere que ella se case con Eugenio Nakatani.

2. Por eso no deja que salga con otros muchachos.
   Por eso no la deja salir con otros muchachos.

3. Al papá no le gusta que su esposa tiranice así a la joven.
   Al papá no le gusta que su esposa tiranice así a la joven.

4. El padre le prohibe que ande con algunos muchachos.
   El padre le prohibe andar con algunos muchachos.

5. También prefiere que no vaya a ciertos lugares.
   También prefiere que no vaya a ciertos lugares.

6. Y le manda que regrese por la noche a una hora decente.
   Y le manda regresar por la noche a una hora decente.

7. Se alegra de que su hija salga con Eugenio.
   Se alegra de que su hija salga con Eugenio.

8. Pero no cree que sea justo imponer su propia preferencia.
   Pero no cree que sea justo imponer su propia preferencia.

9. La mamá, en cambio, duda que las muchachas sepan elegir bien.
   La mamá, en cambio, duda que las muchachas sepan elegir bien.

10. Para ella, conviene que los padres seleccionen al novio.
    Para ella, conviene que los padres seleccionen al novio.

11. No le gusta que haya tantos divorcios como hoy día.
    No le gusta que haya tantos divorcios como hoy día.

12. Se queja de que los jóvenes no piensen seriamente antes de casarse.
    Se queja de que los jóvenes no piensen seriamente antes de casarse.

13. Le molesta que tantos jóvenes vivan juntos sin casarse.
    Le molesta que tantos jóvenes vivan juntos sin casarse.

14. Desea que Sakato siga las costumbres tradicionales.
    Desea que Sakato siga las costumbres tradicionales.

15. Por eso hace que vaya a la escuela japonesa por la tarde.
    Por eso le hace ir a la escuela japonesa por la tarde.

16. Allí la obligan a que estudie costumbres japonesas.
    Allí la obligan a estudiar costumbres japonesas.

17. También insisten en que hable y escriba japonés.
    También insisten en que hable y escriba japonés.

18. Sakato acepta que la manden a la escuela.
    Sakato acepta que la manden a la escuela.

19. Cuando un joven blanco la invita a que salga, ella sale.
    Cuando un joven blanco la invita a salir, ella sale.

20. Pero los viejos prefieren que se case con un muchacho de familia japonesa.
    Pero los viejos prefieren que se case con un muchacho de familia japonesa.

F. Verbs of Communication:
Subjunctive vs. Indicative

Verbs such as *decir*, *insistir*, *escribir* are used to make indirect discourse sentences, that is, sentences which indirectly cite words which someone else has uttered in direct discourse:

>   Joe: I'm going down town.
> Grandpa: Eh? How's that?
>   Pete: He says he's going down town.

In Spanish, if the original utterance was a command, then the indirect discourse sentence will have its noun clause in the subjunctive; if it was a statement, the clause will be in the indicative:

Direct discourse		*Indirect discourse version*
Cierra la puerta, Julio.	>	Dice que **cierres** la puerta, Julio.
Ya **está** cerrada.	>	Dice que ya **está** cerrada.

PRACTICE 1. Here's a worried mother getting her son off to school. Tell somebody what's going on. Start your sentences with *le dice que*.

1. Son las seis y media, mi hijo.
   Le dice que son las seis y media.

2. Levántate.
   Le dice que se levante.

3. Hoy es lunes.
   Le dice que hoy es lunes.

4. Tienes dos exámenes hoy.
   Le dice que tiene dos exámenes hoy.

5. Ponte otra camisa más limpia.
   Le dice que se ponga otra camisa más limpia.

6. Tu desayuno ya está en la mesa.
   Le dice que su desayuno ya está en la mesa.

7. Apresúrate.
   Le dice que se apresure.

8. Se hace tarde.
   Le dice que se hace tarde.

9. Vas a perder el camión si no te das prisa.
   Le dice que va a perder el camión si no se da prisa.

10. No te olvides de cepillarte los dientes.
    Le dice que no se olvide de cepillarse los dientes.

11. Busca tus libros.
    Le dice que busque sus libros.

12. Lleva el impermeable porque parece que va a llover.
    Le dice que lleve el impermeable porque parece que va a llover.

13. (Ya se ha ido y puedo regresar a la cama.)
    Dice que ya se ha ido y puede regresar a la cama.

PRACTICE 2. The same lady insists on her son doing certain things and also that he does, in fact, do them. Tell about it with *Insiste en que . . .*

1. Mi hijo nunca falta a sus clases.
   Insiste en que nunca falta a sus clases.

2. Haz tu trabajo, hijo.
   Insiste en que haga su trabajo.

3. No dejes tus libros en la mesa.
   Insiste en que no deje sus libros en la mesa.

4. No seas tan perezoso.
   Insiste en que no sea tan perezoso.

5. Mi hijo será médico algún día.
   Insiste en que su hijo será médico algún día.

PRACTICE 3. The boy finally got out of the house and made it into med school. Now his mother writes him things. Tell what she writes him. Start your sentences with *Le escribe que* . . .

1. No dejes de escribirme.
   Le escribe que no deje de escribirle.
2. Ten cuidado con las chicas de la ciudad.
   Le escribe que tenga cuidado con las chicas de la ciudad.
3. Te extraño mucho, hijo.
   Le escribe que lo extraña mucho.
4. Cuéntame cómo son tus clases.
   Le escribe que le cuente cómo son sus clases.
5. No sé cómo gastas tanto dinero.
   Le escribe que no sabe cómo gasta tanto dinero.
6. Vuelve a casa para las Navidades.
   Le escribe que vuelva a casa para las Navidades.

PRACTICE 4. Using the constructions you just practiced, put these ideas into Spanish.

1. They tell me to study more.
   Me dicen que estudie más.
2. They say they study a lot.
   Dicen que estudian mucho.
3. They always tell me to be good.
   Siempre me dicen que sea bueno (buena).
4. They insist on my taking this medicine.
   Insisten en que tome esta medicina.
5. They insist that modern music is inferior.
   Insisten en que la música moderna es inferior.

G. Tense Usage in the Subjunctive; Main Clause in a Past Tense

Because there are fewer tenses of the subjunctive than of the indicative, they do not correspond exactly. Subjunctive tenses may be divided into two groups: (1) present and present perfect (*tome, haya tomado*) and (2) past and past perfect (*tomara (-ase), hubiera (-iese) tomado*). Two factors determine which tense is used in noun clauses. One is the tense of the main clause, and the other is the time of the dependent clause action. If the **main clause** is in a past tense, the **dependent clause** must be in one of the two subjunctive past tenses:

Past main clause	requires:	*Past dependent clause*
no creía no creí no creería no había creído no habría creído	que eso	tuviera hubiera tenido ⎱importancia.

The difference between *tuviera* and *hubiera tenido*, both possible in the sentence, is that *tuviera* expresses an action that occurs at the same time as the action of the main verb or later, while *hubiera tenido* expresses an action **prior** to the time of the main verb. Thus, in *Yo no creía que llegaran a tiempo*, the "arriving" was happening at the same time as the not believing or it hadn't happened yet. But in *Yo no creía que hubieran llegado a tiempo*, the subject expressed disbelief about something that had already happened. Compare the English:

"I didn't think they'd get there on time."
"I didn't think they had gotten there on time."

(See Unit 2, Section III for a review of the past subjunctive forms.)

PRACTICE 1. You will find a statement in Spanish about something that happened in the past, followed by a series of other sentences in English referring to the same event. Translate the English statements into Spanish.

1. Romeo y Julieta querían casarse.
   a. I didn't believe they wanted to get married.
      Yo no creía que quisieran casarse.
   b. I didn't think they had gotten married.
      Yo no creía que se hubieran casado.
   c. I didn't think they'd get married.
      Yo no creía que se casaran.
   d. Their parents didn't want them to get married.
      Sus padres no querían que se casaran.
   e. I never would have thought they'd get married.
      Yo nunca habría creído que se casaran.

2. Dylan no tocó mi canción.
   a. I hoped he would play my song.
      Esperaba que tocara mi canción.
   b. I was sorry he didn't play my song.
      Sentía que no hubiera tocado mi canción.
   c. My girl had asked him to play my song.
      Mi chica le había pedido que tocara mi canción.
   d. It annoyed me that he didn't play my song.
      Me molestó que no tocara mi canción.

3. ¿Colón había descubierto la ruta a la India? A mí me sorprendería.
   a. The Portuguese doubted he would discover the route.
      Los portugueses dudaban que descubriera la ruta.
   b. The Queen was surprised that he had discovered the route.
      A la reina le sorprendió que hubiera descubierto la ruta.
   c. His men hoped he would discover India.
      Sus hombres esperaban que descubriera la India.
   d. It was logical that he would discover India.
      Era lógico que descubriera la India.
   e. I would like you to discover a new route.
      Me gustaría (Quisiera) que descubrieras una ruta nueva.

Main Clause in a Nonpast Tense. When the time of the main clause is other than one of those shown above, any of the four subjunctive tenses may follow, depending upon the sense of what is said:

Espero		agradezcan.
Esperaré	**que te lo**	hayan agradecido.
No esperes		agradecieran.
Nunca he esperado		hubieran agradecido.

In terms of the meaning, if we compare the more numerous indicative tenses with the subjunctive tenses, the correspondence is as follows:

¿Tendrá razón? **¿Tiene** razón?	>	No creo que **tenga** razón.
¿Tenía razón? **¿Tendría** razón?	>	No creo que **tuviera** razón.
¿Tuvo razón? **¿Ha tenido** razón? **¿Habrá tenido** razón?	>	No creo que **haya tenido** razón.
¿Había tenido razón? **¿Habría tenido** razón?	>	No creo que **hubiera tenido** razón.

There are a few minor variations to be found from what is shown above. Most important is that the subjunctive equivalent of the indicative preterit may be either the imperfect form (*tuviera* or *tuviese*) or the present perfect (*haya tenido*), as shown. However, there is a strong tendency for the imperfect subjunctive to correspond to the imperfect indicative and for the present perfect subjunctive to correspond to the preterit. Because this is the commonest usage, the correspondence shown is the best model for students to follow.

PRACTICE 1.   Say that the following ideas seem incredible:

1. El resultado fue igual.
   Parece increíble que el resultado haya sido igual.

2. El resultado sería igual.
   Parece increíble que el resultado fuera igual.

3. El resultado será igual.
   Parece increíble que el resultado sea igual.

4. El resultado había sido igual.
   Parece increíble que el resultado hubiera sido igual.

5. El resultado no era siempre igual.
   Parece increíble que el resultado no fuera siempre igual.

6. Nuestro resultado no ha sido igual al tuyo.
   Parece increíble que nuestro resultado no haya sido igual al tuyo.

PRACTICE 2.   Say that it is a pity that these things happened or will happen.

1. El cometa desapareció.
   Es lástima que el cometa haya desaparecido.

2. La secretaria no sabe nada.
   Es lástima que la secretaria no sepa nada.

3. El doctor era culpable.
   Es lástima que el doctor fuera culpable.

4. El joven se ha quebrado una pierna.
   Es lástima que se haya quebrado una pierna.

5. Los estudiantes no entenderían.
   Es lástima que los estudiantes no entendieran.

PRACTICE 3.   You will find a statement in Spanish followed by a series of other sentences referring to the same event. Translate the English sentences.

1. Lazarillo aprendió a robar con su primer amo, un ciego cruel.
   a. It's a shame he learned to steal.
      Es lástima que haya aprendido a robar.
   b. His mother wouldn't have believed he was so cruel.
      Su madre no habría creído que fuera tan cruel.
   c. I'm sorry his father died.
      Siento que haya muerto su padre.
   d. It's possible the boy would have died of hunger.
      Es posible que el muchacho hubiera muerto de hambre.
   e. It was better for him to learn to steal.
      Era mejor que aprendiera a robar.
   f. Lazarillo asked the blind man to give him food.
      Lazarillo le pidió al ciego que le diera comida.
   g. The blind man didn't care if the boy was hungry. (Al ciego no le importaba . . .)
      Al ciego no le importaba que el muchacho tuviera hambre.

2. Lazarillo es ingenioso y engaña muchas veces al ciego.
   a. It is good that the boy is ingenious.
      Es bueno que el muchacho sea ingenioso.
   b. It has been necessary for him to trick the blind man.
      Ha sido necesario que engañe al ciego.
   c. It will be necessary for him to trick the blind man again.
      Será necesario que engañe al ciego otra vez.
   d. It wasn't necessary for the blind man to trick Lazarillo.
      No era necesario que el ciego engañara a Lazarillo.
   e. It would have been better for the blind man not to trick him.
      Habría sido mejor que el ciego no lo engañara.

3. El muchacho merecía que le dieran de comer.
   a. The boy deserves to be fed.
      El muchacho merece que le den de comer.
   b. He didn't deserve not to be fed.
      No merecía que no le dieran de comer.
   c. The blind man denied that he hadn't fed him.
      El ciego negó (*or* negaba) que no le hubiera dado de comer.
   d. He didn't permit him to be fed.
      No permitía (*or* permitió) que le dieran de comer.
   e. I don't believe he has been fed.
      No creo que le hayan dado de comer.
   f. I doubted that he would be fed.
      Yo dudaba que le dieran de comer.

4. Al final, Lazarillo tuvo que matar al ciego para escaparse.
  a. I don't think he killed him.
    No creo que lo haya matado.
  b. It wouldn't be necessary that he kill him.
    No sería necesario que lo matara.
  c. His mother didn't ask him to kill the blind man.
    Su mamá no le pidió que matara al ciego.
  d. She hoped he wouldn't kill him.
    Ella esperaba que no lo matara.
  e. Did he deserve that the boy kill him?
    ¿Merecía que el muchacho lo matara?
  f. It is a pity he had to kill him.
    Es lástima que haya tenido que matarlo.

PRACTICE 4. In this set, you have a mixture of all tenses and also constructions without change of subject as well as those which take an infinitive even with a change of subject. There are, in addition, constructions which do not take the subjunctive in the dependent clause. In short, everything we've reviewed so far in this section. Combine the two sentences beginning with the second.

  1. Los científicos se emocionan tanto como los poetas./Es dudoso.
    Es dudoso que los científicos se emocionen tanto como los poetas.

  2. Saben más que los poetas./Eso creen.
    Creen que saben más. (or Creen saber más.)

  3. Los poetas no habrían estropeado el mundo como los científicos./Es
      posible.
    Es posible que los poetas no hubieran estropeado el mundo como los
    científicos.

  4. Tocan música tan fea./Yo se lo prohibiría.
    Yo les prohibiría tocar música tan fea. (or que tocaran . . .)

  5. Escucho música clásica de vez en cuando./Me gusta eso.
    Me gusta escuchar música clásica de vez en cuando.

  6. Escucho todo tipo de música./Prefiero eso.
    Prefiero escuchar todo tipo de música.

  7. En la variedad está el gusto./Eso creo.
    Creo que en la variedad está el gusto.

  8. Es difícil estudiar con música./Eso dice mi padre.
    Mi padre dice que es difícil estudiar con música.

9. Apaga la música./Eso me dijo mi padre.
Mi padre me dijo que apagara la música.

10. No me molestaba la música./Eso respondí.
Respondí que no me molestaba la música.

11. Convencerlo./Fue imposible.
Fue imposible convencerlo.

12. Yo haría las cosas como deseaban ellos./Eso querían mis padres.
Mis padres querían que hiciera las cosas como deseaban ellos.

13. Yo abandonaría la casa./Por eso decidí eso.
Por eso decidí abandonar la casa.

14. En la playa las olas estaban muy grandes./De eso se quejaba mi hermanito.
Mi hermanito se quejaba de que en la playa las olas estuvieran tan grandes.

15. ¿El entraría al agua?/Por fin lo conseguí.
Por fin conseguí que entrara al agua.

16. Las olas no estaban tan grandes./Luego le pareció así.
Luego le pareció que las olas no estaban tan grandes.

17. Quédese alguien cerca./Siempre insistía en eso.
Siempre insistía en que alguien se quedara cerca.

18. ¿Es cobarde?/No lo creo.
No creo que sea cobarde.

19. Es natural en un chiquillo./Creo eso.
Creo que es natural en un chiquillo.

20. Todos teníamos miedo cuando éramos chicos./Es probable.
Es probable que todos tuviéramos miedo cuando éramos chicos.

PRACTICE 5.

1. Les interrumpí la conversación a mis amigos./No había querido eso.
No había querido interrumpirles la conversación.

2. ¿Me perdonarían?/Eso pedí.
Pedí que me perdonaran.

3. Me perdonaron./Me alegraba de eso.
Me alegraba de que me hubieran perdonado.

4. Me quedaría a cenar con ellos./Me invitaron.
Me invitaron a quedarme (o: a que me quedara) a cenar con ellos.

5. ¿Cenaría en casa?/Eso no hacía falta.
   No hacía falta cenar en casa. (o: que cenara en casa.)

6. No traje nada para la comida./Eso no importa.
   No importa que no haya traído nada para la comida.

7. ¿Me sentaría a la mesa?/Me hicieron . . .
   Me hicieron sentar a la mesa.

8. ¿Pasaría la noche también?/Se empeñaban mis amigos en eso.
   Se empeñaban mis amigos en que pasara la noche también.

9. ¿Pasaría la noche afuera?/Eso no les habría gustado a mis padres.
   No les habría gustado a mis padres que pasara la noche afuera.

10. Regresamos siempre a casa./Eso prefieren.
    Prefieren que regresemos siempre a casa.

11. Pasar la noche con amigos./A veces me gustaría eso.
    A veces me gustaría pasar la noche con amigos.

12. Pasar la noche con amigos./Pero ellos no me lo permiten.
    Ellos no me permiten pasar (o: que pase) la noche con amigos.

13. ¿No me portaría bien?/Eso temen.
    Temen que no me portara bien.

14. Me porto mal si quiero./Ellos no pueden impedirlo.
    Ellos no pueden impedir que me porte mal si quiero.

H. *Ojalá*

The expression *ojalá* (*que*) (the *que* is optional) is always followed by the subjunctive. If the thing hoped for is within the realm of possibility, then the present or present perfect are used:

Ojalá que no llueva mañana. (It may.)
Ojalá no se haya olvidado de la cita. (Maybe he didn't.)

If the thought is instead a wish that things were different from the way they are (i.e., a contrary-to-fact notion), then the imperfect or pluperfect subjunctive are used:

Ojalá que no lloviera tanto. (But it is.)
Ojalá que nunca hubiéramos empezado esa guerra. (But we did.)

Notice that this distinction corresponds to the English distinction between *hope* and *wish*. A hope is capable of fulfillment; a wish is contrary to fact. Tense is not the deciding factor:

I hope she knows how to dance.   (now)
I wish she knew how to dance.   (now)
I hope he didn't hurt himself.   (past)
I wish he hadn't hurt himself.   (past)

PRACTICE 1.   Express the hope that things will happen or are or did happen as the item suggests. Use a shortened answer as shown.

1. ¿Vendrá Juana Baez a esta universidad?
   Ojalá (que) venga.
2. ¿Volverán las tropas?
   Ojalá (que) vuelvan.
3. ¿Contesté bien a esa pregunta?
   Ojalá (que) haya contestado bien.
4. ¿Tu papá ya mandó el cheque mensual?
   Ojalá (que) lo haya mandado.
5. ¿Se puede eliminar la pobreza en este país?
   Ojalá (que) se pueda.
6. ¿No se murió Dick Tracy en la emboscada?
   Ojalá (que) no se haya muerto.

PRACTICE 2.   Wish that things were different.

1. Nunca habrá paz en el mundo.
   Ojalá (que) la hubiera.
2. Saqué mala nota en el último examen.
   Ojalá (que) no la hubiera sacado.
3. No tengo dinero para viajar.
   Ojalá (que) lo tuviera.
4. Es obligatorio estudiar un idioma.
   Ojalá (que) no lo fuera.
5. Tomé tanto tequila en la fiesta de anoche.
   Ojalá (que) no lo hubiera tomado.

PRACTICE 3. Hope for possible things; wish that established things were otherwise.

1. Estoy tan gordo (gorda).
   Ojalá (que) no lo estuviera.
2. ¿Podré seguir esta dieta?
   Ojalá (que) pueda.
3. Empecé muy mal anoche.
   Ojalá (que) no hubiera empezado mal.
4. Todo lo que me gusta comer engorda.
   Ojalá (que) no engordara.
5. ¿Habré perdido algunas libras hoy?
   Ojalá (que) las haya perdido.
6. ¿Es necesario hacer mucho ejercicio también?
   Ojalá (que) no sea necesario.
7. Todo lo bueno cuesta tanto trabajo.
   Ojalá (que) no costara tanto.
8. ¿Por qué no me limité anoche a la ensalada?
   Ojalá (que) me hubiera limitado.
9. ¿Ya sirvieron el almuerzo?
   Ojalá (que) ya lo hayan servido.
10. ¿Estaré más delgado (delgada) la semana que viene?
    Ojalá (que) esté más delgado (delgada).

I. Tal vez, quizá(s), and acaso

With these expressions (*quizá* may be used with or without the -*s*), either the indicative or the subjunctive is used. Theoretically, the subjunctive expresses a greater degree of uncertainty.

PRACTICE 1.   Answer saying you don't know, maybe it's so. Use first *tal vez* then *quizá(s)*. Use the indicative in this set.

1. ¿Saben esos indios que sus antepasados fueron aztecas?
   No sé. Tal vez lo saben.
2. ¿Es verdad que sólo comen frijoles?
   No sé. Quizás es verdad.

3. Dicen que tienen los dientes perfectos.
No sé, tal vez los tienen perfectos.

4. ¿Se hicieron cristianos en el siglo quince?
No sé. Quizás se hicieron.

5. ¿Hay algún protestante entre ellos?
No sé. Tal vez hay alguno.

PRACTICE 2.   Continue as before but this time use the subjunctive.

1. Se dice que los indios son más estoicos que los blancos.
No sé. Tal vez lo sean.

2. ¿Mascaban coca también en México?
No sé. Quizá la mascaran.

3. ¿Usarán hojas de coca para fabricar Coca-Cola?
No sé. Tal vez las usen.

4. ¿Tiene vitaminas la Coca-Cola?
No sé. Quizá las tenga.

5. ¿El que inventó la Inca-Cola del Perú fue un inca?
No sé. Tal vez lo haya sido.

6. ¿O es que se prepara en la ciudad de Ica?
No sé. Quizá se prepare allí.

Antes que te cases, mira lo que haces.

UNIT 8

The Subjunctive in Adverbial Clauses

A. Adverbial Clauses

An adverbial clause is a sentence which functions like an adverb to modify the verb of another sentence of which it is a part:

> Vamos a la playa **ahora**.   (**ahora** is an adverb)
>
> Vamos a la playa **cuando ustedes terminen de comer.**   (**cuando ustedes terminen de comer** is an adverb clause.)
>
> Other examples:
>
> Te lo explico **para que lo entiendas.**
>
> Cambien estas frases **como les expliqué ayer.**

The adverbial clause tells something about when, where, how, under what circumstances, or for what purpose the action of the main clause takes place. Such clauses are usually organized by the adverbial conjunction which links them to the rest of the sentence.

One group of adverbial conjunctions is *always followed by the subjunctive*:

> **Antes que** te cases, mira lo que haces.
>
> **Para que** se despierte David, hay que sacudirlo varias veces.
>
> **A menos que** me den esa beca, pienso pasar las vacaciones aquí.
>
> **A no ser que** se opusiera su padre, Pámela pensaba casarse en seguida.
>
> No podía casarse **sin que** le dieran permiso sus padres.
>
> Darían su permiso **con tal que** los dos terminaran sus estudios.

Another group is never followed by the subjunctive:

> **Puesto que** le traen otra cerveza, el francés no se queja del servicio.
>
> **Ya que** no ha llovido este mes, tendremos que regar el jardín.

144

PRACTICE.   Rephrase the following sentences using the suggested conjunction.

Models: Primero mira lo que haces, luego te casas.   (antes que)
Antes que te cases, mira lo que haces.

Vendrán si los invitamos.   (con tal que)
Vendrán con tal que los invitemos.

1. No habrá comida para todos, si no se limita la población. (sin que)
No habrá comida para todos sin que se limite la población.

2. Voy a llamar al mesero, y nos traerá más cerveza.   (para que)
Voy a llamar al mesero para que nos traiga más cerveza.

3. Quiero ver a José que se marcha mañana.   (antes que)
Quiero ver a José antes que se marche mañana.

4. Te presto mi diccionario pero devuélvemelo hoy.   (con tal que)
Te presto mi diccionario con tal que me lo devuelvas hoy.

5. No podré estudiar en México si no me dan una beca.   (a menos que)
No podré estudiar en México a menos que me den una beca.

6. Su padre no le deja manejar si no paga la gasolina.   (a no ser que)
Su padre no le deja manegar a no ser que pague la gasolina.

7. No tiene dinero. No puede pagar.   (puesto que)
Puesto que no tiene dinero, no puede pagar.

8. Hoy es domingo y el cartero no trabaja.   (ya que)
Ya que hoy es domingo el cartero no trabaja.

9. Echale un poco de aceite a la cadena y no rechinará.   (para que)
Echale un poco de aceite a la cadena para que no rechine.

10. Era tan débil e inofensivo. Paco no parecía delincuente.   (ya que)
Ya que era tan débil e inofensivo. Paco no parecía delincuente.

11. Si uno no se cuidaba, le robaban hasta el oro de los dientes.   (a menos que)
A menos que uno se cuidara, le robaban hasta el oro de los dientes.

12. Vino la policía pero él echó a correr antes.   (antes que)
El echó a correr antes que viniera la policía.

13. Podía sacarle a uno la billetera y no sentía nada.   (sin que)
Podía sacarle a uno la billetera sin que se sintiera nada.

14. Era ladrón y yo no le tenía lástima en absoluto.   (puesto que)
Puesto que era ladrón yo no le tenía lástima en absoluto.

15. Llevaría una vida miserable si no cambiaba de oficio.   (a no ser que)
Llevaría una vida miserable a no ser que cambiara de oficio.

B. Subjunctive in Adverbial Clauses of Time

Clauses introduced by expressions like *cuando, en cuanto, tan pronto como, la próxima vez que*, etc., are in the subjunctive only when they refer to an unaccomplished act. The act is unaccomplished when it is still in the future:

> Unaccomplished: **En cuanto termine la guerra, las tropas empezarán a regresar.**

and not so when it is in the past:

> Accomplished: **En cuanto terminó la guerra, las tropas empezaron a regresar.**

We are also talking about accomplished acts and therefore use indicative forms when we refer to an act which is customary, often repeated:

> Customary: **Cuando oigo a Mississippi John Hirt, siempre tengo que parar y escuchar.**
>
> Compare: **Cuando oiga esta música, Gaby tendrá ganas de bailar.**

Sentences of this kind which are in the past may also have the subjunctive (in one of its past tenses) if the act referred to is future and unaccomplished from the standpoint of some moment in the past. Observe the following set of examples which illustrate this usage:

Unaccomplished in the Past:

> 1. **La próxima vez que la vea,** le daré las gracias. (future)
> 2. Pensé que **la próxima vez que la viera,** le daría las gracias. (From the standpoint of when "I thought," the action of seeing her was still future. But now it is all in the past.)
> 3. **La próxima vez que la viera,** le daría un beso. (Here we have the same kind of sentence as in no. 2 with the **pensé que** left out.)
> 4. **La próxima vez que la vi,** le di un abrazo. (In this sentence, we simply tell what happened in the past, without any other past point of time as we had in no. 2 and implied in no. 3.)
> 5. **Cuando la veía,** le daba un abrazo y un par de besos. (Like no. 4, except that the act was customary and repeated in the past.)

The expression *esperar a que*, meaning "to wait for" something to happen, is always followed by the subjunctive:

> **Tuvimos que esperar a que regresara David.**

PRACTICE 1. Choose the correct form. The answer will precede the next line.

	1. Voy a escribirles cuando tengo/tenga tiempo.
tenga	2. Siempre escribo a mis padres cuando tengo/tenga tiempo.
tengo	3. Jaime se levanta tan pronto como se despierta/se despierte.
se despierta	4. Otros esperan hasta que se les llama/se les llame varias veces.
se les llama	5. Después que termine/termina esta guerra espero que nadie comience otra.
termine	6. En cuanto sale/salga Elena del hospital tendrá que tomar los exámenes finales.
salga	7. La última vez que la vi/viera, estaba llena de salud.
vi	8. La próxima vez que la veo/vea estará en una silla de ruedas.
vea	9. Tiene que estar en el hospital hasta que se suelden/se sueldan los huesos rotos. (soldarse)
se suelden	10. Aun cuando sale/salga no podrá caminar todavía.
salga	11. Cuando se rompen/se rompan los huesos así en varios lugares, dura mucho la convalecencia.
se rompen	12. Cuando los viejos se rompen/se rompan un hueso es aun peor.
se rompen	13. Tan pronto como llegaron/llegaran al accidente empezaron a sacarla del coche.
llegaron	14. Decidieron esperar hasta que llegara/llegó un médico antes de moverla.
llegara	15. Después que llegara/llegó el médico sabrían si era peligroso moverla o no.
llegara	16. Cuando llegó/llegara el médico les dijo que ella tenía las piernas quebradas.

llegó	17. Tan pronto como la sacaron/sacaran se desmayó de dolor.
sacaron	18. Dijo el médico que no volvería en sí hasta que le dieran/dieron un estimulante.
dieran	19. Pero en cuanto dijo/dijera eso la víctima abrió los ojos.
dijo	20. Dice ella ahora que cuando compra/compre otro coche no será uno de los pequeños.
compre	21. Digo yo que en cuanto Detroit fabrique/fabrica un coche razonable lo compraré.
fabrique	22. Después que pasaran/pasaron de cuatro cilindros, los motores han sido cada vez más potentes.
pasaron	23. Cuando bastan/basten cincuenta caballos de fuerza, ¿de qué sirven trescientos cincuenta?
bastan	24. Los coches importados serán populares hasta que los coches americanos dejan/dejen de ser unas monstruosidades.
dejen	25. Cuando manejo/maneje un enorme coche americano, me parece un barco.
manejo cambiara	26. Algunos esperaban a que cambió/cambiara de tema.

PRACTICE 2. Both types of conjunctions, the first group and those of time, appear in the following sentences. Vary the basic sentence by preceding it with the different beginnings provided.

Basic sentence 1:	Vienen a Hawai.
	¿Tus padres vivirán contigo cuando . . .
(vengan a Hawai?)	Les envié dinero para que . . .
(vinieran a Hawai.)	Yo no los veré a menos que . . .
(vengan a Hawai.)	Piensan visitar Kauai la próxima vez que . . .
(vengan a Hawai.)	El año pasado no regresé de Samoa antes que . . .
(vinieran a Hawai.)	
Basic sentence 2:	Hace ese trabajo.
	No distraigas a tu hermano ya que por fin . . .
(hace ese trabajo.)	Podrá salir en cuanto . . .
(haga ese trabajo.)	No salió anoche, puesto que no . . .

(hizo ese trabajo.)

Y hoy tampoco le doy permiso a menos que . . .

(haga ese trabajo.)

Por lo general, jugamos a las cartas después que . . .

(hace ese trabajo.)

Le gusta escuchar el radio cuando . . .

(hace ese trabajo.)

Ayer tuve que castigarlo para que . . .

(hiciera ese trabajo)

Dice el profesor que sacará una A con tal que . . .

(haga ese trabajo.)
(haga ese trabajo?)

¿Cambiará de opinión después que . . .

Basic sentence 3:

Cuento mis problemas.
Todos son mis amigos hasta que les . . .

(cuento mis problemas.)

Hasta mi novia me abandonó cuando le . . .

(conté mis problemas.)

Un siquiatra me invitó para que le . . .

(contara mis problemas.)

Me sirvió café y luego esperó a que le . . .

(contara mis problemas.)

Pero me cobró $30 después que le . . .

(conté [había contado]
mis problemas.)

Creía comprenderme ya que le . . .

(conté [había contado]
mis problemas.)

Yo preferiría que me pagaran dinero cuando . . .

(cuento mis problemas.)

Los sicólogos no quieren escucharme a menos que les . . .

(cuente mis problemas.)

Ustedes se sorprenderán cuando les . . .

(cuente mis problemas.)

No se vayan hasta que les . . .

(cuente mis problemas.)

Todos se marcharon después que les . . .

(conté [había contado]
mis problemas.)

Nadie se marchó antes que les . . .

(contara [hubiera con-
tado] mis problemas.)

Se sentaron a escuchar ya que les . . .

(contaba mis problemas.)

Se quedaron hasta después que les . . .

(conté [había contado]
mis problemas.)

No sé quién es mi amigo a menos que le . . .

(cuente mis problemas.)

Me dijeron que esperarían a que les . . .

(contara mis problemas.)

Basic sentence 4:

Compone su coche.
Esperé más de dos semanas a que David . . .

(compusiera su coche.)

No había manera de ir al centro sin que . . .

(compusiera su coche)

Los vecinos le prestaron herramientas para que . . .

(compusiera su coche.)

Se las devolvió después que . . .

(compuso [había com-
puesto] su coche.)

Irá a un taller la próxima vez que . . .

(componga su coche.)

Lo ensucia todo cuando . . .

(compone su coche.)   Siempre se siente mejor en cuanto . . .
(compone su coche.)   Su novia dice que no sale más con él hasta
                              que . . .
(componga su coche.)

C. The Change of Subject Factor

Several of these adverbial conjunctions have corresponding prepositions (e.g.,
antes que: antes de; para que: para). The conjunction is used to link a following clause (i.e., conjugated verb) to the main clause, as in the items of the
drills above. However, if the two verbs have the same subject, an infinitive is
often used instead of a dependent clause. Compare:

Different subjects :	**Los niños** desayunaron antes **que yo saliera para el trabajo.**
Same subject :	**Los ninos** desayunaron **antes de salir para la escuela.**

(See Unit 7 for the same phenomenon with noun clauses.) In the case of those
conjunctions (e.g., *cuando, en cuanto*) that have no corresponding preposition, change of subject is irrelevant:

Pienso comprar un tocadiscos cuando llegue ese cheque.
Pienso vivir con mis padres cuando vuelva yo a California.

Prepositions corresponding to adverbial conjunctions are:

hasta :	hasta que
después de :	después que
sin :	sin que
antes de :	antes que
para :	para que

PRACTICE. Combine the sentences as shown in the models. Use an infinitive if there is no change of subject.

> Model: El niño aprende a tocar. Los padres compraron el piano.
>   The parents bought the piano so the boy would learn to play.

Los padres compraron el piano para que el niño aprendiera a tocar.

Model: I bought the piano to play it not to look at it.
Compré el piano para tocarlo no para mirarlo.

1. Aprendí a tocar. No leo música.
I learned how to play without reading music.
Aprendí a tocar sin leer música.

2. El niño abrió el candado. No le enseñé cómo hacerlo.
The boy opened the lock without my showing him how.
El niño abrió el candado sin que le enseñara cómo hacerlo.

3. Sería mejor que no siguieras tomando. Te emborrachas.
It would be better if you wouldn't keep on drinking until you get drunk.
Sería mejor que no siguieras tomando hasta emborracharte.

4. Yo siempre paro. No me emborracho.
I always stop before I get drunk.
Yo siempre paro antes de emborracharme.

5. Lees la frase en inglés. Dila en español.
After you read the sentence in English, say it in Spanish.
Después de leer la frase en inglés, dila en español.

6. El lee la frase en inglés. Tú la dirás en español.
After he reads the sentence in English, you'll say it in Spanish.
Después que él lea la frase en inglés, tú la dirás en español.

7. Las camas son altas. Así los enfermos pueden ver por las ventanas.
The beds are high so the patients can see out the windows.
Las camas son altas para que los enfermos puedan ver por las ventanas.

8. No voy a acostarme. Vuelve mi compañero.
I'm not going to go to bed before my roommate gets back.
No voy a acostarme antes que vuelva mi compañero.

9. Nunca estudia. No toca música.
He never studies without playing music.
Nunca estudia sin tocar música.

10. Apago la música cuando estudio. Así pienso mejor.
I turn off the music when I study so I can think better.
Apago la música cuando estudio para pensar mejor.

11. Hice la mesa. Así tengo donde trabajar.
I made the table so I'd have a place to work.
Hice la mesa para tener donde trabajar.

12. Tienes que practicar esta estructura. Luego la dominarás.
    You have to practice this structure until you control it.
    Tienes que practicar esta estructura hasta dominarla.

D. *Mientras* with Subjunctive and Indicative

When *mientras* means "so long as," it takes the subjunctive:

So long as:

> ***Mientras* no se controle** la población del mundo no se podrán solucionar los problemas de la raza humana.
> ***Mientras* fuera menor** de edad su madre podía impedir su matrimonio.

Like English "while," *mientras* can mean "so long as," expressing a complete overlapping, or it can suggest simply a partial overlapping of two actions or states. In the case of partial overlap, it takes the indicative. Thus:

Approximately the same time:

> **Practicarán el español mientras están en Centroamérica.**
> They'll practice their Spanish while they are in Central America.
>
> **Mientras tú terminas de vestirte, yo saco el coche y te espero en la calle.**
> While you finish dressing, I'll get the car and wait for you out in front.

Notice that in both of these sentences, the meaning is that two things are happening more or less at the same time but the times are not *exactly* the same, as they would be if the idea were "so long as." If the first sentence said "Mientras estén en Centroamérica," the idea would be "so long as they are in Central America."

PRACTICE 1.   Combine the sentences using *mientras* and expressing the idea that so long as the first action takes place, the second will result.

1. Tocan esa música. No puedo estudiar.
   Mientras toquen esa música no puedo estudiar.

    2. Hay gente. Habrá contaminación.
       Mientras haya gente, habrá contaminación.

    3. No abandonamos la guerra. Hay miseria en el mundo.
       Mientras no abandonemos la guerra, habrá miseria en el mundo.

    4. El muchacho no estaba libre. No estaría contento.
       Mientras no estuviera libre, no estaría contento.

    5. Hacía buen tiempo. Podía trabajar en casa.
       Mientras hiciera buen tiempo, podía trabajar en casa.

PRACTICE 2. Rephrase beginning the sentence with *mientras.*

    1. El mono baila y el viejo recoge las monedas.
       Mientras el mono baila el viejo recoge las monedas.

    2. El marido guiaba el coche y su esposa empujaba.
       Mientras el marido guiaba el coche su esposa empujaba.

    3. Los "hippies" se divierten y los buenos burgueses se quejan.
       Mientras los "hippies" se divierten los buenos burgueses se quejan.

    4. El lava los platos y ella barre la cocina.
       Mientras él lava los platos, ella barre la cocina.

    5. El se afeita y ella prepara café.
       Mientras él se afeita, ella prepara café.

PRACTICE 3. Rephrase the Spanish sentences using *mientras* to express the idea given in English. Both types of sentences are mixed here.

    1. Usan esa máquina. No se podrá ver la televisión.
       As long as they use that machine we won't be able to watch T.V.
       Mientras usen esa máquina no se podrá ver la televisión.

    2. No estarán contentos los burgueses. No trabajan los jóvenes.
       The solid citizens won't be happy so long as the kids don't work.
       Los burgueses no estarán contentos mientras los jóvenes no trabajen.

    3. Don Quijote piensa en grandes hazañas. Sancho piensa en su estómago.
       Don Quijote thinks about great deeds while Sancho thinks about his stomach.
       Mientras Don Quijote piensa en grandes hazañas Sancho piensa en su estómago.

4. El profesor escucha. Los alumnos conversan.
   While the professor listens, the pupils converse.
   Mientras el profesor escucha los alumnos conversan.

5. Si no cometen errores graves, no dirá nada.
   So long as they don't make serious mistakes he won't say anything.
   Mientras no cometan errores graves, no dirá nada.

6. Unos piensan. Otros prefieren trabajar con las manos.
   While some think, others prefer to work with their hands.
   Mientras unos piensan, otros prefieren trabajar con las manos.

7. Hay belleza y habrá poesía, decía Bécquer.
   So long as there is beauty there will be poetry, said Bécquer.
   Mientras haya belleza, habrá poesía, decía Bécquer.

8. Ellos se bañan. Ella preparará la cena.
   While they take a bath, she will fix supper.
   Mientras ellos se bañan, ella preparará la cena.

9. Tendrán que practicar. No dominan la estructura.
   They'll have to practice so long as they don't control the structure.
   Mientras no dominen la estructura, tendrán que practicar.

10. Daniel trabajaba y asistía a la universidad.
    Dan worked while he went to college.
    Trabajaba mientras asistía a la universidad.

11. Ella podía seguir en la universidad. Tenía beca.
    She could continue at the university while she had a scholarship.
    Ella podía seguir en la universidad mientras tuviera beca.

E. Subjunctive and Indicative with *aunque*

Aunque su apellido es Pahinui, ella no es hawaiana.

When the sentence talks about an objectively accepted truth, *aunque* is followed by the indicative. When the sentence expresses an action or state only possibly true or an action or state contrary to fact, the subjunctive is used:

Aunque lleguemos algún día a Venus, no nos servirá de nada.
(We might but we haven't yet.)

Aunque la luna tuviera aire y agua no me gustaría vivir allí.
(But there is no air or water.)

This distinction is made in English by using *although* or *even though* for objective facts and *even if* for possibilities or things contrary to fact. Compare:

"Although her last name is Pahinui, she in not Hawaiian."

"Even if we get to Venus some day, it won't be of any use to us."

"Even if there were air and water on the moon, I still wouldn't want to live there."

The tense of the subjunctive used varies depending upon whether we are talking about a possibility or a situation contrary to fact, and whether we are talking about the past or not. Here are some examples:

Nonpast possibility:	**Aunque me *ofrezcan* un millón de dólares, no voy a vivir en Nueva York.** Even if they offer me . . .
Nonpast contrary to fact:	**Aunque me *ofrecieran* un millón de dólares, no iría a vivir en una ciudad tan grande.** Even if they offered me . . .
Past possibility:	**Dije que aunque me *ofrecieran* un millón de dólares, no iba a vivir en aquella ciudad.** Even if they offered me . . .
Past contrary to fact:	**Aunque me *hubieran ofrecido* un millón de dólares, no habría ido a vivir en Los Angeles.** Even if they had offered me . . .

PRACTICE 1. The following *aunque* clauses express possibilities. Shift them to the past, beginning with *Dije que* . . .

1. Aunque haga todos los ejercicios, todavía no sabrá hablar español.
   Dije que aunque hiciera todos los ejercicios, todavía no sabría hablar español.

2. Aunque se corte ese árbol, no se verá el mar.
   Dije que aunque se cortara ese árbol, no se vería el mar.

3. Aunque pasemos una semana en Cuba, no sabremos lo que ocurre.
   Dije que aunque pasáramos una semana en Cuba no sabríamos lo que ocurre.

PRACTICE 2.   These clauses express ideas contrary to fact. Shift them to the past.

1. Aunque el presidente no interviniera, ese candidato no podría ganar.
   Aunque el presidente no hubiera intervenido, ese candidato no habría podido ganar.

2. Aunque fueras mucho más fuerte, no podrías levantar una piedra así.
   Aunque hubieras sido mucho más fuerte, no habrías podido levantar una piedra así.

3. Aunque leyeras todos los libros de la biblioteca no lo sabrías todo.
   Aunque hubieras leído todos los libros de la biblioteca no lo habrías sabido todo.

PRACTICE 3.   Rephrase, using *aunque* and subjunctive or indicative. Use indicative for objective facts, otherwise use subjunctive.

1. Me corté el dedo pero no me duele en absoluto.
   Aunque me corté el dedo, no me duele en absoluto.

2. Aun si no entiendes la oración, repítela con entusiasmo.
   Aunque no entiendas la oración, repítela con entusiasmo.

3. Aun si Eva no hubiera mordido la manzana, se habría corrompido el Edén.
   Aunque Eva no hubiera mordido la manzana, se habría corrompido el Edén.

4. David es vegetariano pero a veces come pescado.
   Aunque David es vegetariano, a veces come pescado.

5. Aun si vamos todos, no habrá quórum.
   Aunque vayamos todos, no habrá quórum.

6. Fue pintado por un principiante pero es un cuadro fantástico.
   Aunque fue pintado por un principiante es un cuadro fantástico.

7. ¿Trabajarán todo el día? Aun así no terminarán.
   Aunque trabajen todo el día, no terminarán.

8. Aun si me dieran un sueldo enorme, no viviría en Nueva York.
   Aunque me dieran un sueldo enorme, no viviría en Nueva York.

9. Tiene cafés, teatros, museos, etcétera, pero también tiene muchísima gente.
Aunque tiene cafés, teatros, museos, etcétera, también tiene muchísima gente.

10. Su apellido es Souza pero no habla portugués.
Aunque su apellido es Souza, no habla portugués.

11. Aun si los portugueses no hubieran explorado esas rutas, se habría descubierto América.
Aunque los portugueses no hubieran explorado easas rutas, se habría descubierto América.

12. Aun si invento cien frases, algunos no entenderán.
Aunque invente cien frases, algunos no entenderán.

PRACTICE 4.   Rephrase the Spanish sentences using *aunque* to express the idea given in English.

1. La luna da luz. Es una luz reflejada.
Although the moon gives off light, it is a reflected light.
Aunque la luna da luz, es una luz reflejada.

2. Consigues un título académico. Pero es posible que no encuentres un buen trabajo.
Even if you get a college degree, maybe you won't find a good job.
Aunque consigas un título académico, es posible que no encuentres un buen trabajo.

3. Tienes un doctorado. Eso no te garantiza empleo.
Even if you had a doctorate, that wouldn't guarantee you a position.
Aunque tuvieras un doctorado, eso no te garantizaría empleo.

4. ¿Tienen elecciones libres? Algunos países no tienen un gobierno democrático.
Even if they had free elections, some countries wouldn't have democratic government.
Aunque tuvieran elecciones libres, algunos países no tendrían un gobierno democrático.

5. Nosotros preferimos la democracia. No todos piensan igual que nosotros.
Although we prefer democracy, not everyone thinks as we do.
Aunque nosotros preferimos la democracia, no todos piensan igual que nosotros.

6. Tienes un doctorado. Eso no te garantiza empleo.
   Although you have a doctorate, that doesn't guarantee you a position.
   Aunque tienes un doctorado, eso no te garantiza empleo.

F. Emotional Reactions Expressed
with *aunque* and the Subjunctive

The use of the subjunctive and indicative with *aunque* is further complicated by the fact that even when the statement refers to an accepted fact, the subjunctive may be used to show an emotional reaction to that fact. That is, it is accepted as fact but not accepted objectively. It is as if the speaker rebelled against the facts and behaved in an unexpected manner. Observe these examples:

—¡**Y soy marxista!—afirmó el joven—aunque mi padre sea millonario.** (His father *is* a millionaire, that is true, and you wouldn't expect the son to be a Marxist but he is anyway, in spite of that fact.)

¡**Aunque tengan vitaminas no me gustan las espinacas y no las como, así que déjenme en paz!** (I don't care if spinach does have vitamins, I don't like it and I won't eat it, so leave me alone!)

PRACTICE. Continue as in the previous exercise.

1. Es el vicepresidente pero no tiene derecho a insultarnos.
   Even if he is the vice-president, he has no right to insult us!
   ¡Aunque sea el vicepresidente, no tiene derecho a insultarnos!

2. Sabe mucho, sí, pero no sabe enseñar en absoluto.
   Even if he does know a lot, he can't teach at all!
   ¡Aunque sepa mucho, no sabe enseñar en absoluto!

3. Tuve un accidente pero no tuve la culpa.
   Even if I did have an accident, it wasn't my fault!
   ¡Aunque haya tenido un accidente, no tuve la culpa!

4. Lo recomendaron, sí, pero es un candidato pésimo.
   Even if they did endorse him, he's a lousy candidate.
   Aunque lo hayan recomendado, es un candidato pésimo.

5. Contribuyeron mucho dinero a la campaña, pero los va a favorecer.
Even if they did contribute a lot of money to the campaign he won't favor them.
Aunque hayan contribuido mucho dinero a la campaña, no los va a favorecer.

Grillo, grillo ; todo lo que encuentre para mi bolsillo.

UNIT 9

The Subjunctive
in Adjective Clauses

> Hay premios para todos los muchachos **que lleguen.**
> Todos los muchachos **que llegaron** recibieron premios.

An adjective clause is a clause that modifies a noun in the same way that an adjective does. Thus, in **el libro que tú me prestaste**, the clause **que tú me prestaste** modifies **el libro** (its *antecedent*) in the same way that the adjective **nuevo** does in **el libro nuevo**. The word **que** as used here is one of a number of similar words called *relatives*, because they serve to "relate" the clause to the antecedent. For this reason, adjective clauses are also called relative clauses.

Subjunctive verb forms are used in adjective clauses when the antecedent is, in the mind of the speaker, nonexistent or unidentified. The most obvious cases are with negative antecedents, with inquiries about the existence of something, or statements about the characteristics of items desired.

> No hay nada **que te guste más que el vino.**
> No conozco a nadie **que beba como tú.**
> ¿Hay alguien aquí **que me invite a comer**?
> ¿Puede existir un muchacho **que sea más generoso que tú**?
> Necesito una chica **que sepa español y que pueda trabajar 20 horas por semana.**
> Escribió un ingeniero guatemalteco pidiendo folletos **que explicaran el uso de las sustancias radioactivas.**

In other cases, a given sentence may contain either the indicative or subjunctive, depending on whether the antecedent is viewed as being already existent or determined. Thus in

> Haré **lo** que **dice** Tomás.

Thomas has already said what should be done, but in

> Haré **lo** que **diga** Tomás.

Thomas has not yet told us what to do. Similarly, "Tome usted **el libro** que **quiera**" means something like *Take whichever book you want*, but "Tome usted **el libro** que **quiere**" means *Take the* (already identified) *book you want*.

PRACTICE 1.   Change the following sentences to the imperfect, changing the present subjunctive to the past subjunctive. Try to picture the meaning of each sentence in your mind.

  1. Deseo comprar un coche que dure veinte años.
     Deseaba comprar un coche que durara veinte años.

  2. Nunca he visto un volcán que sea activo.
     Nunca había visto un volcán que fuera activo.

  3. Estoy buscando una herramienta que me sirva.
     Estaba buscando una herramienta que me sirviera.

  4. Prefiero bailar con una chica que no me pise los pies.
     Prefería bailar con una chica que no me pisara los pies.

  5. Deseo estudiar con profesores que no sean extremistas.
     Deseaba estudiar con profesores que no fueran extremistas.

  6. Los profesores que no escriban artículos pueden perder su puesto.
     Los profesores que no escribieran artículos podían perder su puesto.

  7. No hay nadie en el mundo que sea más guapa que tu novia.
     No había nadie en el mundo que fuera más guapa que tu novia.

  8. Necesitamos una universidad que de veras eduque a los jóvenes.
     Necesitábamos una universidad que de veras educara a los jóvenes.

  9. Espero una carta que traiga buenas noticias.
     Esperaba una carta que trajera buenas noticias.

  10. ¿El profesor les da a los alumnos datos que les ayuden?
      ¿El profesor les daba a los alumnos datos que les ayudaran?

  11. Quienquiera que venga a mi casa lo invito a comer.
      Quienquiera que viniera a mi casa lo invitaba a comer.

  12. Cualquiera que le preste dinero dejará de ser su amigo.
      Cualquiera que le prestara dinero dejaría de ser su amigo.

PRACTICE 2.   Change the following statements to questions, using the subjunctive in the relative clause to reflect the undetermined nature of the antecedent.

  1. Conoces a una persona que me puede ayudar.
     ¿Conoces a una persona que me pueda ayudar?

2. Tienes algo que me gusta.
   ¿Tienes algo que me guste?

3. Ha llegado alguien que me conoce.
   ¿Ha llegado alguien que me conozca?

4. Hay libros que valen más de diez mil dólares.
   ¿Hay libros que valgan más de diez mil dólares?

5. Había chicos en tu clase que eran riquísimos.
   ¿Había chicos en tu clase que fueran riquísimos?

6. Esa universidad tenía profesores que expresaban opiniones políticas.
   ¿Esa universidad tenía profesores que expresaran opiniones políticas?

7. Has encontrado un procedimiento que nos resuelve el problema.
   ¿Has encontrado un procedimiento que nos resuelva el problema?

8. Conoces un buen sitio en que podemos hacer un picnic.
   ¿Conoces un buen sitio en que podamos hacer un picnic?

PRACTICE 3.   Change the sentences to the negative by replacing *algo*, *alguien*, and *alguno* or *uno* with *nada*, *nadie*, and *ninguno* and by using the subjunctive where appropriate. Pay attention to the reality or indeterminacy of the antecedents.

1. He visto algo que me interesa.
   No he visto nada que me interese.

2. El médico me dio algo que me curó el catarro.
   El médico no me dio nada que me curara el catarro.

3. En ese hospital hay alguien que hace milagros.
   En ese hospital no hay nadie que haga milagros.

4. La farmacia vende medicinas que cuestan cinco centavos.
   La farmacia no vende medicinas que cuesten cinco centavos.

5. Tomo algo que es mejor que aspirinas.
   No tomo nada que sea mejor que aspirinas.

6. Hay alguien que sabe curar el cáncer.
   No hay nadie que sepa curar el cáncer.

7. Encontré una frase que no tenía errores.
   No encontré ninguna frase que no tuviera errores.

8. Vi a uno de mis estudiantes que estudiaba en la biblioteca.
   No vi a ninguno de mis estudiantes que estudiara en la biblioteca.

PRACTICE 4. Select the correct verb form.

1. A veces encuentro libros que _____ (cuestan, cuesten) poco.
   cuestan

2. Estoy buscando libros que _____ (cuestan, cuesten) poco.
   cuesten

3. ¿Hay una película en el centro en que _____ (hablen, hablan) animales?
   hablen

4. Ayer vi una película en que _____ (hablaban, hablaran) animales.
   hablaban

5. Hoy no hay películas en que _____ (aparezcan, aparecen) animales parlantes.
   aparezcan

6. ¿Dónde estaba el empleado que _____ (hablaba, hablara) francés?
   hablaba

7. ¿Había un turista que _____ (hablaba, hablara) alemán?
   hablara

8. Yo conocía a un chico que _____ (sabía, supiera) silbar con las narices.
   sabía

9. ¿Conoces a alguien que _____ (sabe, sepa) hacer tal cosa?
   sepa

10. Yo tengo algo que te _____ (convenga, conviene) mucho.
    conviene

11. ¿Has encontrado algo que te _____ (sirve, sirva)?
    sirva

12. No, no he encontrado nada que me _____ (sirve, sirva).
    sirva

13. Carlos tampoco encontró un libro que le _____ (ayudara, ayudaba).
    ayudara

14. Lo que usted _____ (dijo, dijera) no era justo.
    dijo

15. Habla, amor mío. Lo que tú _____ (digas, dices) es lo
    que haré.
    digas

PRACTICE 5.   Complete the following sentences with either *que tenga(n)*
un millón de dólares or *que tiene(n) un millón de dólares,* depending on the
context.

1. Allá va un muchacho . . .
   que *tiene* $1.000.000.

2. ¿Conoces tú a gente . . .
   que *tenga* $1.000.000?

3. No, no conozco a nadie . . .
   que *tenga* $1.000.000.

4. Yo sí conozco a varias personas . . .
   que *tienen* $1.000.000.

5. Me dicen que hay un vecino nuestro . . .
   que *tiene* $1.000.000.

6. Algunas muchachas andan buscando un novio . . .
   que *tenga* $1.000.000.

7. En efecto, mi prima se casó con un viejo . . .
   que *tiene* $1.000.000.

8. ¿Tú vas a llamar a ese amigo tuyo . . .
   que *tiene* $1.000.000?

9. Mañana va a llegar un árabe . . .
   que *tiene* $1.000.000.

10. De dos posibles novios, siempre escogerán al . . .
    que *tenga* $1.000.000.

11. En el mundo hay pocos . . .
    que *tengan* $1.000.000.

12. ¿Hay entre tus amigos uno . . .
    que *tenga* $1.000.000?

13. Sí, hay por lo menos tres o cuatro . . .
    que *tienen* $1.000.000.

14. Pepita dice que saldrá con cualquiera . . .
    que *tenga* $1.000.000.

PRACTICE 6. This exercise contains pairs of sentences which contrast the indicative and the subjunctive. Repeat each sentence, using the correct form of the two indicated possibilities.

1. Dame algo que _____ (vale, valga) poco.
   valga
   Voy a darte algo que _____ (vale, valga) poco.
   vale

2. Buscaba una persona que _____ (tocaba, tocara) la trompeta.
   tocara
   Encontré a una persona que _____ (tocaba, tocara) la trompeta.
   tocaba

3. Tenía un reloj que _____ (funcionaba, funcionara) bien.
   funcionaba
   Quería un reloj que _____ (funcionaba, funcionara) bien.
   funcionara

4. Esperaba encontrar un folleto que _____ (explicaba, explicara) el subjuntivo.
   explicara
   Encontré un folleto que _____ (explicaba, explicara) el subjuntivo.
   explicaba

5. Haremos lo que ustedes _____ (prefieren, prefieran)—lo que acaban de recomendar.
   prefieren
   Haremos lo que ustedes _____ (prefieren, prefieran)—no importa lo que sea.
   prefieran

6. ¿Hay aquí una mujer que sólo _____ (habla, hable) japonés?
   hable
   Ha venido una mujer que sólo _____ (habla, hable) japonés.
   habla

7. Pida usted la bebida que le _____ (gusta, guste) más—cualquiera que sea.
   guste
   Pida usted la bebida que le _____ (gusta, guste) más—la que ya mencionó.
   gusta

8. Voy a quitar los vasos que _____ (están, estén) rotos. Veo que son cuatro.
están
Voy a quitar los vasos que _____ (están, estén) rotos. ¿Cuántos hay?
estén

PRACTICE 7. Supply the correct form of the indicated verb, according to the meaning of the sentence.

1. Aquí estamos a medianoche con un coche que no _____ (funcionar).
funciona

2. No debiste comprar este coche sino uno que _____ (estar) en mejores condiciones.
estuviera

3. ¿Conoces un garage que _____ (estar) abierto a esta hora?
esté

4. ¿Hay una estación de gasolina aquí cerca que nos _____ (poder) ayudar?
pueda, pudiera

5. ¿Tienes una herramienta que _____ (servir) para quitar la llanta?
sirva

6. Creo que hay algo que _____ (servir) para eso entre esas cosas.
sirve

7. No, no hay nada aquí que _____ (resolver) el problema.
resuelva

8. Acaso conoces alguna persona que _____ (vivir) por aquí.
viva

9. Sí, allí mismo vive un chico que _____ (conocer) en la playa hace unos años.
conocí

10. Si recuerdo bien, es un chico que _____ (saber) mucho de automóviles.
sabe

11. A lo mejor tendrá alguna idea que nos _____ (sacar) de nuestro dilema.
saque

12. Llámalo, a ver si recomienda algo que nos _____ (permitir) marcharnos.
permita

13. Es posible que no haya nada que _____ (arreglar) mi pobre coche.
arregle

14. Estamos salvados. Hablé con el chico y él ha llamado a un taller que _____ (estar) abierto 24 horas diarias. Será cosa de unos cuantos minutos.
está

15. Bueno, pero es la última vez que salgo con un muchacho como tú que _____ (comprar) un coche por 25 dólares.
compra or *compró*

PRACTICE 8.   Supply the correct form of the indicated verb.

1. Ayer yo quería comprar un libro que me _____ (ayudar) a estudiar para los exámenes, y por fin encontré un libro no muy caro que _____ (servir) muy bien.
ayudara, sirve

2. No puede haber en el mundo persona que _____ (hablar) más que tú.
hable

3. Yo no tengo discos que te _____ (interesar).
interesen

4. Aquí debe haber algo que _____ (valer) la pena.
valga

5. Aquí tienes algo que te _____ (gustar).
gustará, gusta

6. Me dicen que usted conoce al joven que _____ (tener) ese perro tan grande.
tiene

7. ¿Ha venido por aquí un muchacho que se _____ (llamar) Pedro?
llama

8. ¿Conoce usted una persona que _____ (haber participado) como soldado en la guerra?
haya participado

9. Mañana tengo que terminar un trabajo que me _____ (pedir) nuestro profesor.
pidió, pide

Si quieres fortuna y fama, no te halle el sol en la cama.

UNIT 10

Sentences with *Si*

Si **Corresponding to English "Whether"**

> **Me pregunto si habrá paz o si siempre habrá guerra.**
> I wonder if there will be peace or if there will always be war.
>
> **No sé si mis amigos vienen hoy.**
> I don't know whether my friends are coming today.

One kind of sentence with *si* sets up two possible alternatives: *habrá paz o siempre habrá guerra.* Sometimes the second alternative is just the opposite of the first, and it may be left understood: *No sé si vienen hoy (o no).* The "if" clause in this type of sentence is an implied question: *¿Vienen hoy? ¿Habrá paz?*

In Spanish sentences of this kind, where *si* corresponds to English "whether," or to "if" in the sense of whether, any indicative tense may be used.

PRACTICE. Combine the following sentences to form "whether" sentences.

1. ¿El flaco le robó el reloj al gordo o no? No sé. (No sé . . .)
   No sé si el flaco le robó el reloj al gordo o no.

2. ¿Irá al seminario? Ted mismo no sabe. (Ted mismo no sabe si . . .)
   Ted mismo no sabe si irá al seminario.

3. ¿Están muertas todas las cucarachas? Eso lo veremos. (Veremos si . . .)
   Veremos si están muertas todas las cucarachas.

4. ¿Vamos a vender la casa o a alquilarla? Hay que decidir. (Hay que decidir si . . .)
   Hay que decidir si vamos a vender la casa o a alquilarla.

5. ¿Querían acompañarnos al concierto? Les pregunté eso. (Les pregunté si . . .)

Les pregunté si querían acompañarnos al concierto.

6. ¿Había dicho que sí o que no? Yo no recordaba. (Yo no recordaba si . . .)

Yo no recordaba si había dicho que sí o que no.

B.   Conditional Sentences with *Si*

Other sentences using **si** mention a condition and a result which follows from the condition:

---

1. **Si puedo vender esta bicicleta, compro la tuya.**
   If I can sell this bike, I'll buy yours.
2. **Si tuviera el dinero, la compraría hoy.**
   If I had the money, I'd buy it today.
3. **Si mañana se prohibieran los autos, habría una revolución.**
   If they banned cars tomorrow, there'd be a revolution.
4. **Si Kennedy no hubiera ido a Dallas, probablemente estaría vivo hoy.**
   If Kennedy hadn't gone to Dallas, he'd probably be alive today.

If we look at the first clause, the "if" clause, of sentence (1), we see that in **Si puedo vender esta bicicleta** there is no implication that the speaker will or will not be able to sell the bike. He may or may not be able to. This kind of condition is often called a simple condition. A term which may be more meaningful is *possible condition*, that is, the condition is a possibility which may or may not occur. Spanish uses the indicative in such sentences.

The "if" clauses of the other three examples—**Si tuviera el dinero, Si mañana se prohibieran los autos,** and **Si Kennedy no hubiera ido a Dallas**—all imply that these conditions are either contrary to the facts or at least very improbable. The imperfect subjunctive or the pluperfect subjunctive is used in the "if" clause to express the improbability or contrary to fact quality. Compare:

---

5. **Si mañana se prohiben los autos, habrá una revolución.**
6. **Si mañana se prohibieran los autos, habría una revolución.**

In sentence (5), the speaker does not suggest whether the condition is likely to happen or not, he simply states what will be the result if it does occur. In sentence (6), he implies that such a crazy thing is not likely to happen but he states what would be the result if it did.

Notice that in "if" sentences in Spanish, the *present subjunctive* and the *present perfect* do not occur (with a trifling exception best ignored for now).* Possible conditions are expressed with the indicative; contrary-to-fact and improbable conditions are expressed with an imperfect or a pluperfect subjunctive.

```
Possible ----------→ Indicative

Contrary to fact ⎫
                  ⎬ -----→ Past or pluperfect subjunctive
Improbable        ⎭
```

Notice that sentences with **como si** (as if), which by its meaning always refers to contrary-to-fact notions, always have their verb in the imperfect or pluperfect subjunctive:

```
José es ciego pero habla de los colores como si los viera.
```

PRACTICE. Combine the following sentences into conditional sentences with *si*. These will be of the possible condition type.

1. En caso de que tomes café, no dormirás bien. (Si . . .)
   Si tomas café no dormirás bien.

2. ¿Tu número no está en la guía de teléfonos? Luego no te molestan. (Si tu número . . .)
   Si tu número no está en la guía de teléfonos no te molestan.

3. ¿No votaron? Luego no tienen derecho a quejarse. (Si no . . .)
   Si no votaron no tienen derecho a quejarse.

4. Puede ser que no se metan en la política. En ese caso no se harán los cambios necesarios. (Si no se . . .)
   Si no se meten en la política, no se harán los cambios necesarios.

5. ¿Dejamos la política a los negociantes y abogados? Entonces el futuro será como el pasado. (Si . . .)
   Si dejamos la política a los negociantes y abogados, el futuro será como el pasado.

---

* The exception is in sentences of the type **No sé si (sea verdad eso)**.

6. En caso de que ustedes se acuesten después que yo, apaguen las luces. (Si ustedes . . .)
Si ustedes se acuestan después que yo, apaguen las luces.

7. ¿Terminaba en "g" el apellido? Entonces no era castellano. (Si . . .)
Si terminaba en "g" el apellido, no era castellano.

8. Cuando hay mucho ruido no puedo trabajar. (Si . . .)
Si hay mucho ruido no puedo trabajar.

9. En caso de que se despierten los niños, habrá mucho ruido.
Si se despiertan los niños, habrá mucho ruido.

C. Possible Conditions in the Past

When possible conditions are in the past, there is a tendency to confuse them with contrary-to-fact or improbable conditions. Observe these examples: (See also Unit 6.)

Si no llevas zapatos, te vas a lastimar los pies.
Le dije que si no llevaba zapatos, se iba a lastimar los pies.
Si no me levanto pronto, perderé el autobús.
Si no me levantaba pronto, perdería el autobús.

PRACTICE 1. Shift these sentences to the past, keeping them as possible conditions. Begin your sentence with the phrase given in parentheses.

1. Si tomo café con la cena, no puedo dormir. (Creía que . . .)
Creía que si tomaba café con la cena no podía dormir.

2. Si Felipe no encuentra trabajo, se morirá de hambre. (Dijo que . . .)
Dijo que si Felipe no encontraba trabajo, se moriría de hambre.

3. Si sigo comiendo así voy a engordar mucho. (Pensé que . . .)
Pensé que si seguía comiendo así iba a engordar mucho.

4. Si vamos al mercado en la mañana, todo estará más fresco. (Me dijo que . . .)
Me dijo que si íbamos al mercado en la mañana, todo estaría más fresco.

5. Si se unen de veras, los estudiantes ganarán. (Sabían que . . .)
Sabían que si se unían de veras, los estudiantes ganarían.

6. Si publican los nombres, la policía los detendrá. (Se sabía que . . .)
Se sabía que si publicaban los nombres, la policía los detendría.

7. Si encuentro un apartamento decente, lo alquilo en seguida. (Decidí que . . .)

Decidí que si encontraba un apartamento decente, lo alquilaba en seguida.

PRACTICE 2. A pair of sentences will give you some facts. Devise a contrary-to-fact conditional sentence telling what would happen or would have happened if things were or had been otherwise.

1. Hay cucarachas. Hay que fumigar.
   Si no hubiera cucarachas, no habría que fumigar.

2. Colón se equivocó. Descubrió América.
   Si Colón no se hubiera equivocado no habría descubierto América.

3. Felipe encontró trabajo. No se murió de hambre.
   Si Felipe no hubiera encontrado trabajo, se habría muerto de hambre.

4. Felipe tiene que trabajar. No puede conversar ahora.
   Si Felipe no tuviera que trabajar, podría conversar ahora.

5. Felipe no tiene esposa. No tiene que ganar más dinero.
   Si Felipe tuviera esposa, tendría que ganar más dinero.

6. Los maestros recibían un salario de hambre. Se declararon de huelga.
   Si los maestros no hubieran recibido un salario de hambre, no se habrían declarado de huelga.

7. Miguel no habla español. No se divierte mucho.
   Si Miguel hablara español, se divertiría mucho.

8. No sé español. Estudio estos ejercicios.
   Si supiera español, no estudiaría estos ejercicios.

9. Esa señora está de mal humor. Se queja tanto.
   Si esa señora no estuviera de mal humor, no se quejaría tanto.

10. No sabe organizar el tiempo. Siempre está ocupada.
    Si supiera organizar el tiempo no siempre estaría ocupada.

PRACTICE 3. The following items suggest some unlikely events. Make conditional sentences about these improbable happenings.

1. ¿Llegará la temperatura a cien grados en San Francisco? Morirá mucha gente.
   Si llegara la temperatura a cien grados en San Francisco, moriría mucha gente.

2. ¿Perderá David sus lentes de contacto? Le dará un gran disgusto.
   Si David perdiera sus lentes de contacto, le daría un gran disgusto.

3. ¿Cometerá un error el profesor? Los estudiantes perderán su fe en él.
   Si el profesor cometiera un error, los estudiantes perderían su fe en él.

4. ¿Lloverá en el Desierto de Atacama? Será un desastre.
   Si lloviera en el Desierto de Atacama, sería un desastre.

5. ¿Encontraré un millón de dólares? Sabré gastarlos.
   Si encontrara un millón de dólares, sabría gastarlos.

PRACTICE 4. This is a mixed drill in which all kinds of constructions with *si* are to be found. Change the infinitives given in parentheses so that the Spanish sentence will accurately translate the English sentence.

1. If we brought a pig here, the neighbors would complain.
   Si (traer) un cerdo aquí, (quejarse) los vecinos.
   Si trajéramos un cerdo aquí, se quejarían los vecinos.

2. If we bring a pig here, the neighbors will complain.
   Si traemos un cerdo aquí, se quejarán los vecinos.

3. If we had brought the pig here, the neighbors would have complained.
   Si hubiéramos traído el cerdo aquí, se habrían quejado los vecinos.

4. Do you know if they brought the pig here?
   ¿Sabe(s) si trajeron el cerdo aquí?

5. If we bought two newspapers, we'd get all the news.
   Si (comprar) dos periódicos, (ver) todas las noticias.
   Si compráramos dos periódicos, veríamos todas las noticias.

6. If you buy two papers, you'll get all the news.
   Si compra(s) dos periódicos, verá(s) todas las noticias.

7. I asked my friend if he had bought two newspapers.
   Pregunté a mi amigo si había comprado dos periódicos.

8. He said that if I bought two newspapers, I'd get all the news.
   (Use a possible condition, not an improbable one).
   Dijo que si compraba dos periódicos, vería todas las noticias.

9. If you give your son a monkey, he'll be crazy with joy.
   Si le (dar) un mono a tu hijo, (estar) loco de alegría.
   Si le das un mono a tu hijo estará loco de alegría.

10. If I gave him a monkey, *I'd* go crazy.
    Si le (dar) un mono, yo (volverme) loco.
    Si le diera un mono, yo me volvería loco.

11. If they could talk Spanish constantly, they'd soon learn.
Si (poder) hablar español constantemente, (aprender) pronto.
Si pudieran hablar español constantemente, aprenderían pronto.

12. If you study any subject all the time, you learn it.
Si uno (estudiar) cualquier materia todo el tiempo, la (aprender).
Si uno estudia cualquier materia todo el tiempo, la aprende.

13. If it doesn't rain today, it'll rain tomorrow.
Si no (llover) hoy (llover) mañana.
Si no llueve hoy, lloverá mañana.

14. If you turned on the fan, you wouldn't be so hot.
Si (poner) el ventilador, no (tener) tanto calor.
Si pusieras el ventilador, no tendrías tanto calor.

15. If I ate a heavy lunch as they do in México, I'd have to take a nap, too.
Si (almorzar) tanto como lo hacen en México, (tener) que echar una siesta también.
Si yo almorzara tanto como lo hacen en México, tendría que echar una siesta también.

16. If they don't come soon, I'll go without them.
Si no (venir) pronto, (ir) sin ellos.
Si no vienen pronto, voy (iré) sin ellos.

17. If there wasn't any coffee, they drank tea.
Si no (haber) café, (tomar) té.
Si no había café, tomaban té.

18. If there hadn't been any coffee, they'd have drunk tea.
Si no hubiera habido café, habrían tomado té.

19. He's as happy as if he were rich.
(Estar) tan contento como si (ser) rico.
Está tan contento como si fuera rico.

20. If he finishes college, he'll have a good job.
Si (terminar) su carrera, (tener) un buen puesto.
Si termina su carrera, tendrá un buen puesto.

21. He wouldn't have been able to study if they hadn't given him a scholarship.
No (poder) estudiar si no le (dar) una beca.
No habría podido estudiar si no le hubieran dado una beca.

22. If you didn't put on enough stamps, they'd return the letter to you.
Si tú no (poner) bastantes estampillas, te (devolver) la carta.
Si no pusieras bastantes estampillas, te devolverían la carta.

23. If I didn't put on enough stamps, they returned the letters to me.
    Si no ponía bastantes estampillas, me devolvían las cartas.

24. They returned the letter to me as if I hadn't put on enough stamps.
    Me devolvieron la carta como si no hubiera puesto bastantes estampillas.

Si quieres acertar, casa con tu igual.

UNIT **11**

Commands

A. *Usted* Commands

> **Tenga** usted cuidado con esto. Es para su padre.
> **Lléveselo** hoy sin falta pero **no le diga** quién se lo dio.

The verb forms used for commands with *usted* or *ustedes* as subject are present subjunctives. (See Unit 2.) There is no distinction in form between negative and affirmative commands except for the placement of the object pronouns, which go after and are attached to affirmative commands.

PRACTICE 1. Order people to do the opposite of what they are reported to be doing. Follow the example.

    Example: Los niños caminan por la calle.
                 Niños, no caminen por la calle.
                 Las chicas llegan tarde a casa.
                 Chicas, no lleguen tarde a casa.

1. El profesor olvida el libro.
   Profesor, no olvide el libro.

2. El profesor no corrige los ejercicios.
   Profesor, corrija los ejercicios.

3. El profesor comete muchos errores.
   Profesor, no cometa tantos errores.

4. El profesor no nos dice qué vamos a hacer.
   Profesor, díganos qué vamos a hacer.

5. El profesor nos da muchas tareas.
   Profesor, no nos dé tantas tareas.

6. El profesor no termina la clase a tiempo.
   Profesor, termine la clase a tiempo.

7. El profesor prefiere a las chicas bonitas.
   Profesor, no prefiera a las chicas bonitas.

8. El profesor habla mucho en clase.
   Profesor, no hable tanto en clase.

9. El profesor no deja hablar a los estudiantes.
   Profesor, deje hablar a los estudiantes.

10. El profesor dice "muy bien, muy bien" todo el tiempo.
    Profesor, no diga "muy bien, muy bien" todo el tiempo.

PRACTICE 2.   Use *usted* commands in answering these questions. Use object pronouns. Follow the examples.

Examples: ¿Puedo fumar este puro? (No)
            No, no lo fume (usted).
            ¿Tomo esta medicina? (Sí)
            Sí, tómela (usted).

1. ¿Doctor, cierro la puerta? (No)
   No, no la cierre (Ud).

2. ¿Doctor, traigo el termómetro? (Sí)
   Sí, tráigalo (por favor).

3. ¿Doctor, le tomo la temperatura al enfermo? (Sí)
   Sí, tómesela (por favor).

4. ¿Le quito los zapatos al enfermo? (Sí)
   Sí, quíteselos (por favor).

5. ¿Acuesto al enfermo? (No)
   No, no lo acueste (por favor).

6. ¿Le doy la pastilla al enfermo? (No)
   No, no se la dé.

7. ¿Le sacamos una radiografía? (No)
   No, no se la saquen.

8. ¿Le aplicamos la inyección? (No)
   No, no se la apliquen.

9. ¿Llamo a la otra enfermera? (Sí)
   Sí, llámela (por favor).

10. ¿Dejamos solo al enfermo? (Sí)
    Sí, déjenlo solo (por favor).

B. *Tú* Commands

> **Ten** cuidado con esto. Es para tu padre.
> **Llévaselo** hoy sin falta pero **no le digas** quién te lo dio.

The verb forms used for commands with **tú** as subject are not the same for affirmative and negative commands. Negative commands are present subjunctive forms. Affirmative commands are a special set of forms called the *imperative*. They are identical with the third person singular of the present indicative, with the exception of eight shortened forms.

Imperatives

tomar:	toma	**Toma este dinero.**
comer:	come	**Cómete las espinacas.**
pedir:	pide	**Pide permiso a tus padres.**
decir:	di	**Dime lo que quieres.**
hacer:	haz	**Hazme un favor.**
ir:	ve	**Vé a casa.**
poner:	pon	**Ponte los zapatos.**
salir:	sal	**Sal de aquí.**
ser:	sé	**Sé bueno.**
tener:	ten	**Ten cuidado.**
venir:	ven	**Ven acá.**

PRACTICE 1. Using the *tú* command forms tell the person referred to in the sentence to do what he is said not to be doing.

Examples: Ramón no se levanta temprano.
Ramón, levántate temprano.
Rosita no toma su leche.
Rosita, toma tu leche.

1. Ramón no irá a la escuela.
Ramón, ve a la escuela.

2. Rosita no lava los platos.
Rosita, lava los platos.

3. Ramón no dice la verdad.
Ramón, di la verdad.

4. Rosita no hace su cama.
   Rosita, haz tu cama.

5. Ramón no juega con Pedro.
   Ramón, juega con Pedro.

6. Rosita no sigue tus consejos.
   Rosita, sigue mis consejos.

7. Ramón no tiene paciencia.
   Ramón, ten paciencia.

8. Ramón no pone los libros en la mesa.
   Ramón, pon los libros en la mesa.

9. Rosita no se pone los zapatos.
   Rosita, ponte los zapatos.

10. Ramón no se lava las orejas.
    Ramón, lávate las orejas.

11. Rosita no es paciente con su hermano.
    Rosita, sé paciente con tu hermano.

12. Rosita no se sienta derecha.
    Rosita, siéntate derecha.

13. Ramón no viene a visitarte.
    Ramón, ven a visitarme.

14. Rosita no sale de su cuarto.
    Rosita, sal de tu cuarto.

15. Ramón no se peina.
    Ramón, péinate.

PRACTICE 2. Using the *tú* command forms tell the person referred to *not* to do what she or he is said to be doing.

Examples: Pedro habla todo el tiempo.
Pedro no hables todo el tiempo.
Pedro se pone esa chaqueta vieja.
Pedro no te pongas esa chaqueta vieja.

1. Pedro se come todo el pastel.
   Pedro, no te comas todo el pastel.

2. Pedro me hace perder la paciencia.
   Pedro, no le hagas perder la paciencia.

3. Pedro deja su cuarto en desorden.
   Pedro, no dejes tu cuarto en desorden.

4. Pedro sale a la calle sin camisa.
   Pedro, no salgas a la calle sin camisa.

5. Pedro dice mentiras.
   Pedro, no digas mentiras.

6. Pedro va a la escuela sin prepararse.
   Pedro, no vayas a la escuela sin prepararte.

7. Pedro nos hace esperar.
   Pedro, no nos hagas esperar.

8. Pedro toma más cerveza de la que debe.
   Pedro no tomes más cerveza de la que debes.

9. Pedro va a visitar a su abuela.
   Pedro, no vayas a visitar a tu abuela.

10. Pedro viene a clase todos los días.
    Pedro, no vengas a clase todos los días.

PRACTICE 3.   Respond to the following questions with a *tú* command according to the clue given in parentheses. Use pronouns when possible.

Examples: ¿Compro el periódico? (Sí)
            Sí, cómpralo (por favor).
            ¿Puedo ir de compras hoy? (No)
            No, no vayas hoy.

1. ¿Pongo las noticias en el radio? (Sí)
   Sí, ponlas.

2. ¿Debo levantarme temprano? (No)
   No, no te levantes temprano.

3. ¿Tengo que terminar este ejercicio ahora? (No, más tarde)
   No, termínalo más tarde.

4. ¿Preparo el desayuno? (Sí)
   Sí, prepáralo (por favor).

5. ¿Quieres que te sirva el café? (Sí)
   Sí, sírvemelo (por favor).

6. ¿Te traigo el periódico? (Sí)
   Sí, tráemelo (por favor).

7. ¿Le doy de comer al perro ahora? (Ahora no, esta noche sí)
   No, no le des de comer ahora, dale esta noche.

8. ¿Contesto el teléfono? (Sí)
   Sí, contéstalo (por favor).

9. Es tu amigo José. ¿Qué le digo? (Nada)
    No le digas nada (por favor).

10. ¿Quieres que vaya al centro contigo hoy? (Sí ... Answer using *venir*.)
    Sí, ven (conmigo, por favor).

11. ¿Pago las cuentas hoy? (No, mañana)
    No, no las pagues hoy, págalas mañana.

12. ¿Voy contigo o voy con José? (con José)
    Ve con José.

13. ¿Hago este trabajo aquí? (No)
    No, no lo hagas aquí.

14. ¿Traduzco estas frases? (No)
    No, no las traduzcas.

15. ¿Pongo el libro en el estante? (Sí)
    Sí, ponlo ahí.

PRACTICE 4. Answer the question with a command followed by *tú*. Study the examples.

Examples: ¿Quién va a comprar las cervezas?
           Cómpralas tú.
           ¿Quiéres que él sirva las cervezas?
           No, sírvelas tú.

1. ¿Quién va a mandar las invitaciones?
    Mándalas tú.

2. ¿Quién va a invitar a tu padre?
    Invítalo tú.

3. ¿Quieres que él pida la cuenta?
    No, pídela tú.

4. ¿Quién va a usar el coche?
    Usalo tú.

5. ¿Quieres que yo siga a Ramón?
    Sí, síguelo tú.

6. ¿Quieres que Ramón comience el partido?
    No, comiénzalo tú.

7. ¿Quién va a escribirles la carta a los invitados?
    Escríbesela tú.

8. ¿Quieres que mamá te compre la camisa?
No, cómpramela tú.

9. ¿Quién va a darles la noticia?
Dásela tú.

10. ¿Quieres que Ramón salga primero?
No, sal tú.

11. ¿Quieres que Ramón haga la cama?
No, hazla tú.

12. ¿Quieres que Ramón les explique la lección a Uds.?
No, explícanosla tú.

13. ¿Quién va a traer todos los paquetes?
Tráelos tú.

14. ¿Quieres que yo organice la reunión?
Sí, organízala tú.

15. ¿Quieres que yo conduzca la reunión?
Sí, condúcela tú.

C. Indirect Commands

---

1. —Don Luis, hay un señor aquí que quiere hablarle.
—Pues, **que vuelva** dentro de una hora. Estoy muy ocupado ahora.
(Well, have him come back in an hour. I'm too busy now.)

2. Mira, hijo, **que no te vea** otra vez fumando o se lo digo a tu papá.
(Look, son, don't let me see you smoking again or I'll tell your dad.)

Sentences beginning with *que* and with the verb in the present subjunctive are used as indirect commands. They are called indirect commands because typically they are given to one person but are to be carried out by someone else.

PRACTICE. Follow the examples.

¿Quién va a esperar a las chicas, tú o Felipe?
Que las espere Felipe.
¿Quién compra la cerveza, tú o Felipe?
Que la compre Felipe.

1. ¿Quién les dará la noticia de la fiesta, tú o Felipe?
   Que se la dé Felipe.

2. ¿Quién va a traer a las chicas, tú o Felipe?
   Que las traiga Felipe.

3. ¿Quién manejará el coche, tú o Felipe?
   Que lo maneje Felipe.

4. ¿Quién va a pagar por la gasolina, tú o Felipe?
   Que pague Felipe.

5. ¿Quién va a sacar el dinero del banco, tú o Felipe?
   Que lo saque Felipe.

6. ¿Quién va a tocar la guitarra, tú o Felipe?
   Que la toque Felipe.

7. ¿Quién le dirá a mamá lo de la fiesta, tú o Felipe?
   Que se lo diga Felipe.

8. ¿Quién va a servir las bebidas, tú o Felipe?
   Que las sirva Felipe.

9. ¿Quién va a limpiar después de la fiesta, tú o Felipe?
   Que limpie Felipe.

10. ¿Quién va a hacer todo el trabajo, tú o Felipe?
    Que lo haga Felipe.

D. *Nosotros* Commands or "Let's" + Verb

1. **Hablemos de otra cosa.**
   Let's talk about something else.
2. **Vamos a hablar de otra cosa.**
   Let's talk about something else *or* We're going to talk about something else.
3. **Sentémonos aquí en la última fila.**
   Let's sit here in the last row.
4. **No nos quedemos aquí.**
   Let's not stay here.
5. **No vamos a quedarnos aquí.**
   We aren't going to stay here.
6. **Vámonos. Vamos al cine.**
   Let's go. Let's go to the movies.
7. **Digámoselo = Digamos + se + lo.**
   Let's tell him so.

The meaning of English "Let's do something" is expressed in Spanish either by *Vamos a* plus an infinitive or by the first plural present subjunctive. The context is normally sufficient to show whether *Vamos a hablar* means "Let's talk" or "We are going to talk". In the negative, only the subjunctive (not the *vamos a* variant) is used.

Vamos and *vámonos* are the forms of *ir*, and *vayamos* is not used in this meaning. (*Vamos* was a subjunctive form in Old Spanish.)

Object pronouns are placed as with other commands. However, before *nos* or *se*, the final *s* is dropped (examples 3 and 7).

PRACTICE 1. Practice the "Let's" + verb construction following the models given.

> ¿Hacemos los ejercicios? (Sí, No)
> Sí, hagámoslos.
> No, no los hagamos.
>
> Hagamos los ejercicios ahora. (Está bién)
> Está bién, hagámoslos.
>
> Hagamos los ejercicios ahora. (No)
> No, no los hagamos.
>
> Vamos a hacer los ejercicios. (Sí/No)
> Sí, hagámoslos.
> No, no los hagamos.

1. ¿Entramos? (Sí)
   Sí, entremos.

2. ¿Subimos a pie al tercer piso? (No)
   No, no subamos a pie.

3. ¿Les prestamos el dinero? (Sí)
   Sí, prestémoselo.

4. Vamos a comer. (Está bién)
   Está bien, comamos.

5. Terminemos esta lección. (Está bien)
   Está bien, terminémosla.

6. Vamos a sentarnos aquí. (No)
   No, no nos sentemos.

7. ¿Nos sentamos allá? (Sí)
   Sí, sentémonos.

8. Dejemos a los novios solos. (Sí)
   Sí, dejémoslos.

9. Contestemos estas preguntas. (No)
   No, no las contestemos.

10. Vámonos ya. (No)
    No, no nos vayamos todavía.

11. ¿Salimos de aquí? (Está bien)
    Está bien, salgamos.

12. Entremos a ese bar. (No)
    No, no entremos.

13. ¿Los convencemos de su error? (Sí)
    Sí, convenzámoslos.

14. ¿Nos levantamos mañana temprano? (Sí)
    Sí, levantémonos.

15. Almorcemos aquí, ¿quieres? (Sí)
    Sí, almorcemos.

PRACTICE 2. Translate the following expressions. Give two versions for the affirmative ones.

1. Let's talk to the girls.
   Hablemos (vamos a hablar) con las chicas.

2. Let's buy some ice-cream.
   Compremos (vamos a comprar) helados.

3. Let's eat.
   Comamos (Vamos a comer).

4. Let's not go yet.
   No nos vayamos todavía.

5. Let's see.
   Veamos (Vamos a ver).

6. Let's give it to them ("it" = *la carta*).
   Démosela (Vamos a dársela).

7. Let's not sit down.
   No nos sentemos.

8. Let's not give it to them ("it" = *el dinero*).
   No se lo demos.

9. Let's not do it now.
   No lo hagamos ahora.

10. Let's get up early tomorrow.
    Levantémonos (Vamos a levantarnos) temprano mañana.

E. *Vosotros* Commands

> 1. No **digáis** más.
>   (Don't say anymore.)
> 2. **Decid** siempre la verdad (o casi siempre).
>   (Always tell the truth or almost always.)
> 3. **Sentaos** aquí a mi lado.
>   (Sit here by my side.)
> 4. No os **levantéis** tan tarde.
>   (Don't get up so late.)
> 5. **Idos** y no **volváis** más.
>   (Go away and don't come back again.)

In the standard Castilian dialect, the plural of *tú* is *vosotros*. The corresponding negative commands are second person plural present subjunctive forms. The affirmative command or imperative is formed by replacing the *-r* of the infinitive with a *d*.

    comer > comed
    hablar > hablad
    ir > id

When *os* is added, in reflexive verbs, this *-d* is dropped, except in the verb *id* (< *ir*).

PRACTICE. Change these *ustedes* commands to *vosotros* forms. Follow the examples:

    Terminen a las seis.
    Terminad a las seis.
    No vuelvan tan tarde.
    No volváis tan tarde.
    Acuéstense temprano.
    Acostaos temprano.

1. No caminen por la carretera.
   No caminéis por la carretera.

2. Traigan esos discos.
   Traed esos discos.

3. Cámbienle la aguja al tocadiscos.
   Cambiadle la aguja al tocadiscos.

4. No derramen vino en la alfombra.
   No derraméis vino en la alfombra.

5. Bailen con todas las chicas.
   Bailad con todas las chicas.

6. No manejen si han tomado.
   No manejéis si habéis tomado.

7. Apaguen las luces al salir.
   Apagad las luces al salir.

8. No se olviden de dar las gracias.
   No os olvidéis de dar las gracias.

9. Pongan todas las botellas vacías en la basura.
   Poned todas las botellas vacías en la basura.

10. Traten de no hacer tanto ruido.
    Tratad de no hacer tanto ruido.

11. Tengan cuidado con el dinero.
    Tened cuidado con el dinero.

12. Sean bondadosos con sus hermanos.
    Sed bondadosos con vuestros hermanos.

13. Salgan por la puerta principal.
    Salid por la puerta principal.

14. Lávense las manos.
    Lavaos las manos.

Palabras y plumas se las lleva el viento.

UNIT 12

Verb-Object Pronouns

A. Direct Objects

In order to avoid repetition of noun objects, they are often replaced by shorter pronoun forms. These pronoun objects precede most verb forms. For third person direct objects, the forms are *lo, la, los,* and *las*:

Me pagaron el **dinero** pero **lo** perdí.

Llegó la **profesora** nueva pero no **la** he visto todavía.

PRACTICE 1. Finish the sentences with the correct form of "pero lo perdí."

1. Me compré un diccionario español . . .
   pero lo perdí.
2. Me trajeron tres cartas . . .
   pero las perdí.
3. Ayer terminé los temas . . .
   pero los perdí.
4. Me regalaste una foto de tu hermana . . .
   pero la perdí.
5. Antes tenía otra llave . . .
   pero la perdí.
6. Debía llevar esas piedras al profesor de ciencia . . .
   pero las perdí.
7. Lo que traía era para ti, mi vida, . . .
   pero lo perdí.
8. Traje un molcajete cuando volví de México . . .
   pero lo perdí.
9. Me hicieron otra copia . . .
   pero la perdí.

10. Esas herramientas eran de mi papá . . .
    pero las perdí.

PRACTICE 2. Answer the questions using pronouns instead of noun objects.

1. ¿Pediste este café?
   No, no lo pedí. (Sí, lo pedí.)

2. ¿Trajiste la leche?
   No, no la traje. (Sí, la traje.)

3. ¿Viste esa película argentina?
   No, no la vi.

4. ¿Escribiste las respuestas?
   No, no las escribí.

5. ¿Compraste la gasolina que necesitamos?
   No, no la compré.

6. ¿Serviste los postres?
   No, no los serví.

7. ¿Lavaste los platos?
   No, no los lavé.

8. ¿Cortaste el queso?
   No, no lo corté.

9. ¿Limpiaste las frutas?
   No, no las limpié.

10. ¿Pusiste la mesa?
    No, no la puse.

B. Indirect Objects

For third person indirect objects, the pronoun forms are *le* and *les*.*

PRACTICE 1.   Repeat the sentences using *le* or *les* as appropriate.

1. Hablé con mi papá pero no _____ dije la verdad.
   . . . pero no le dije la verdad.

* In some dialects, especially Castillian, these forms are also used as direct objects when referring to men (but not to women or things). *La* and *las* are also used in parts of central and northern Spain as indirect objects.

2. Hablé con mis amigos pero no _____ dije la verdad.
   . . . pero no les dije la verdad.

3. Ella es una tonta y nunca _____ hablo.
   . . . y nunca le hablo.

4. Yo sé que son mis padres pero no _____ debo nada.
   . . . pero no les debo nada.

5. A las chicas nunca _____ enseño fotos de mi novia.
   . . . nunca les enseño fotos . . .

6. Al profesor no _____ negué que no había estudiado.
   . . . no le negué que no había estudiado.

7. Ella me preguntó qué hacía pero no _____ confesé nada.
   . . . pero no le confesé nada.

8. A los chicos no _____ permito que salgan de noche.
   . . . no les permito que salgan de noche.

9. La niña estaba tan sucia que _____ tuvimos que lavar la cara
   antes de entrar.
   . . . que le tuvimos que lavar la cara . . .

PRACTICE 2.   Reply, replacing the *person* noun object with a pronoun, direct or indirect, as appropriate. (The person is indirect object when there is another object present.)

1. ¿No debes nada a tu padre?
   No, no le debo nada.

2. ¿Despiertas a tus hermanos por la mañana?
   No, no los despierto.

3. ¿Hablas en español a tus amigos?
   No, no les hablo en español.

4. ¿Conoces a la hermana de Julio Verne?
   No, no la conozco.

5. ¿No contestas a tu mamá cuando te echa un sermón?
   No, no le contesto.

6. ¿Anuncias las fiestas a los estudiantes de primer año?
   No, no les anuncio las fiestas.

7. ¿Explicas los problemas a tus padres?
   No, no les explico los problemas.

8. ¿La policía detiene a los que fuman?
   No, no los detiene.

9. ¿Ustedes miran a las chicas cuando pasan?
   No, no las miramos.

10. ¿Enseñaste ese calendario a Marcos?
    No, no le enseñé el calendario.

PRACTICE 3.   Use indirect or direct object forms as appropriate. Cover the answers, then check.

1. ¿Quién es ese hombre?
   No sé, no _____ conozco.
   No sé, no lo conozco.

2. ¿Mostraste el documento al jefe?
   Sí y _____ mostré la carta también.
   Sí, y le mostré la carta también.

3. ¿Ustedes anunciaron la fiesta en sus clases?
   No _____ anuncié yo pero el profesor sí.
   No la anuncié yo pero el profesor sí.

4. ¿Los viejos aceptan las ideas nuevas?
   Analizan las ideas pero no _____ aceptan.
   Analizan las ideas pero no las aceptan.

5. ¿Se acuerda usted de mí?
   No, señor, no creo haber _____ visto antes.
   No, señor, no creo haberlo visto antes.

6. ¿Tienes un regalo para tu hermana?
   Sí, _____ compré unos dulces.
   Sí, le compré unos dulces.

7. ¿Dónde puedo esconderme?
   A usted, señorita, _____ vamos a esconder bajo esa cama.
   A usted, señorita, la vamos a esconder bajo esa cama.

8. ¿Y cuándo me van a explicar todo esto? —preguntó la niña.
   A usted no _____ vamos a explicar nada.
   A usted no le vamos a explicar nada.

9. ¿Por qué perdió tu amigo tan fácilmente?
   Es que _____ hicieron una mala jugada.
   Es que le hicieron una mala jugada.

10. ¿Dónde dejaste mis llaves, mujer?
    _____ metí en el cajón de tu escritorio.
    Las metí en el cajón de tu escritorio.

11. ¿Quién me despertará?
A usted, señora, _____ despertarán las enfermeras.
A usted, señora, la despertarán las enfermeras.

12. ¿Por qué no regresó tu amiga al concierto?
No pudo. _____ detuvieron en la puerta.
No pudo. La detuvieron en la puerta.

13. Me contó ella que el número trece trae mala suerte.
A mí me dijo lo mismo pero no _____ creí tal superstición.
A mí me dijo lo mismo pero no le creí tal superstición.

C. Verbs that Allow Only Indirect Objects

Some verbs do not occur with direct objects, only with indirect objects. Examples are *gustar*, *faltar*, etc. Some other verbs have different meanings depending on the kind of object, direct or indirect, with which they are used. For example, *pegar* is used with an indirect object when it means "to hit." When it is used to mean "to stick," it is used with a direct object.

No **le** pegues a la niña. = *Don't hit the girl.*

Me regalaron este cartel. **Lo** voy a pegar aquí. = *They gave me this poster. I'm going to stick it up here.*

PRACTICE 1. Read the model sentence, then repeat it, substituting the new item and modifying as needed. This drill constitutes a list of the common verbs of the types mentioned above. Get used to the fact that they use only *le* and *les* rather than direct objects.

1. Yo no tengo mucho pero me **basta**. (el monje)
El monje no tiene mucho pero le basta. (los bohemios)
Los bohemios no tienen mucho pero les basta.

2. A mí me **gusta** la clase de antropología. (a los turistas)
A los turistas les gusta la clase de antropología. (a mi novia)
A mi novia le gusta la clase de antropología.

3. Pero a mí no me **conviene** esa hora. (el profesor)
Pero al profesor no le conviene esa hora. (a mis amigos)
Pero a mis amigos no les conviene esa hora.

4. A mí me **corresponde** contestar ahora. (a los hombres)
A los hombres les corresponde contestar ahora. (a la mujer)
A la mujer le corresponde contestar ahora.

5. Compré lentes de contacto y me **duelen** mucho los ojos. (el oculista)
   El oculista compró lentes de contacto y le duelen mucho los ojos.
   (las chicas)
   Las chicas compraron lentes de contacto y les duelen mucho los
   ojos.

6. A ti no te **falta** nada. (a esa gramática)
   A esa gramática no le falta nada. (a esos niños ricos)
   A esos niños ricos no les falta nada.

7. Rogelio juega mucho conmigo pero nunca me **gana**. (con su señora)
   Rogelio juega mucho con su señora pero nunca le gana. (con sus
   colegas)
   Rogelio juega mucho con sus colegas pero nunca les gana.

8. No uso lentes porque no me **hacen falta**. (los indios)
   Los indios no usan lentes porque no les hacen falta. (Don Quijote)
   Don Quijote no usa lentes porque no le hacen falta.

9. ¿A ti qué te **importa**? (a ese loco)
   ¿A ese loco qué le importa? (a los comunistas)
   ¿A los comunistas qué les importa?

10. A mí no me **interesan** las matemáticas. (a los novios)
    A los novios no les interesan las matemáticas. (a Einstein)
    A Einstein no le interesan las matemáticas.

11. A ti te **encanta** hablar mal de los demás. (a la gente)
    A la gente le encanta hablar mal de los demás. (a todos)
    A todos les encanta hablar mal de los demás.

12. ¿Qué te **parece** la música moderna? (a los Beatles)
    ¿A los Beatles qué les parece la música moderna? (a Bach)
    ¿A Bach qué le parece la música moderna?

13. Me **pasó** algo muy raro camino de la oficina hoy. (a Jaime Durante)
    A Jaime Durante le pasó algo muy raro camino de la oficina. (a las
    secretarias)
    A las secretarias les pasó algo muy raro camino de la oficina.

14. En un tiempo era rico pero no me **queda** nada. (Rockefeller)
    En un tiempo Rockefeller era rico pero no le queda nada. (los
    indios)
    En un tiempo los indios eran ricos pero no les queda nada.

15. Yo no te presto la máquina porque no me **pertenece**. (el maquinista)
    El maquinista no te presta la máquina porque no le pertenece. (los
    peones)
    Los peones no te prestan la máquina porque no les pertenece.

16. A ti te **sobran** muchas papayas. (a la princesa Pupule)
    A la princesa Pupule le sobran muchas papayas. (a los campesinos)
    A los campesinos les sobran muchas papayas.

17. A mí nunca me **sucede** nada interesante. (a Jaime Bond)
A Jaime Bond nunca le sucede nada interesante. (a los Sinatra)
A los Sinatra nunca les sucede nada interesante.

18. A mí me **tocó** pagar ayer. (a mi amigo)
A mi amigo le tocó pagar ayer. (a los banqueros)
A los banqueros les tocó pagar ayer.

19. A nosotros nunca nos han **pegado** pero a los otros sí. (a Jack Dempsey)
A Jack Dempsey nunca le han pegado pero a los otros sí. (a tu hermana)
A tu hermana nunca le han pegado pero a los otros sí.

PRACTICE 2. In the following drill, verbs of the type previously discussed are mixed with other types. Use direct or indirect forms as appropriate. You may leave out portions of the sentence in your response, repeating only the essential part.

1. Julio ha llegado pero no _____ he visto todavía.
No lo he visto todavía.

2. Los estudiantes no leen el periódico porque no _____ interesan las noticias.
No les interesan las noticias.

3. Ya escribí el tema y _____ entregué ayer.
Lo entregué ayer.

4. Mi amigo no me presta el coche porque no _____ pertenece a él.
No le pertenece a él.

5. El niño cometió un error pero no por eso debes pegar _____.
No por eso debes pegarle.

6. He oído esa canción pero nunca _____ he cantado.
Nunca la he cantado.

7. El presidente no miente al pueblo pero no siempre _____ da la verdad entera.
No siempre le da la verdad entera.

8. Los chicos han gastado todo su dinero y no _____ queda nada.
No les queda nada.

9. Mi mamá quiere que _____ escriba cada semana.
Quiere que le escriba cada semana.

10. Terminé mi composición pero no _____ he escrito a máquina.
No la he escrito a máquina.

11. Mi papá pidió que _____ despertara temprano mañana.
    Pidió que lo despertara temprano.

12. Si no se levanta temprano _____ falta tiempo para desayunar.
    Le falta tiempo para desayunar.

13. Y si no come bastante _____ duele el estómago.
    Le duele el estómago.

14. El otro día _____ envié al médico a ver si tenía úlceras.
    Lo envié al médico.

15. Me parece que _____ conviene descansar más.
    Le conviene descansar más.

16. No es que no _____ guste descansar.
    No es que no le guste descansar.

17. Es que _____ hace falta mucho dinero porque tiene muchas
    deudas.
    Es que le hace falta mucho dinero.

18. Algún día podrá pagar _____ todas.
    Podrá pagarlas todas.

19. Al dentista ya _____ pagó todo lo que _____ debía.
    Ya le pagó todo lo que le debía.

PRACTICE 3.   Continue as in Practice 2.

1. Mis hermanas son muy dóciles y estudian bien aunque no _____
   interese la materia.
   Estudian aunque no les interese la materia.

2. Pero si no les gusta la materia _____ olvidan con facilidad.
   La olvidan con facilidad.

3. A mi hermano _____ sobra inteligencia pero _____
   faltan ganas.
   Le sobra inteligencia pero le faltan ganas.

4. A menudo olvida sus libros y _____ deja dondequiera.
   Los deja dondequiera.

5. A mis hermanas _____ importan las notas.
   A mis hermanas les importan las notas.

6. _____ duele mucho si no sacan las mejores de la clase.
   Les duele mucho.

7. Pero en los juegos de cartas mi hermano siempre _____ gana a
   mis hermanas.
   Siempre les gana a mis hermanas.

8. Ellas no quieren jugar por dinero porque siempre _____ pierden todo.
Siempre lo pierden todo.

9. A mi hermano _____ encanta cualquier tipo de juego.
Le encanta cualquier tipo de juego.

10. Cuando el gato desaparece, no _____ toca a mis hermanas buscar _____ .
No les toca a mis hermanas buscarlo.

11. Julio _____ ha dicho muchas mentiras a mamá.
Julio le ha dicho muchas mentiras.

12. Ella ya no _____ cree nada de lo que dice.
Ya no le cree nada.

13. Unos vecinos encontraron al gato y _____ entregaron a la Sociedad Protectora de Animales.
Lo entregaron a la Sociedad Protectora de Animales.

14. A ese pobre gato siempre _____ pasa algo.
Siempre le pasa algo.

15. Ayer casi _____ mataron.
Ayer casi lo mataron.

16. Mi hermano _____ llamó y cuando cruzaba la calle pasó un auto.
Mi hermano lo llamó.

17. Por poco _____ aplasta.
Por poco lo aplasta.

18. Parece que a los gatos _____ sobran vidas.
A los gatos les sobran vidas.

19. A Susana _____ regalaron ese gato el año pasado.
A Susana le regalaron ese gato.

20. Antes _____ traía y _____ llevaba a todas partes.
Lo traía y lo llevaba a todas partes.

21. Y a ella el gato _____ seguía siempre también.
El gato la seguía siempre también.

22. Así es que uno _____ veía siempre juntos.
Uno los veía siempre juntos.

23. Pero a ella no _____ basta un sólo animal.
No le basta un sólo animal.

24. Vio un perrito e insistió en comprar _____ .
Insistió en comprarlo.

25. A mi papá _____ pareció mala idea tener gatos y perros en la misma casa.
A mi papá le pareció mala idea.

26. Pero _____ corresponde a mamá decidir esas cuestiones caseras.
Le corresponde a mamá decidir.

27. Ella _____ permitió comprar el perrito.
Le permitió comprar el perrito.

28. ¿Y al perro qué _____ sucedió?
¿Qué le sucedió?

29. No _____ he visto nunca.
No lo he visto nunca.

30. _____ corrió el gato y nunca regresó.
Lo corrió el gato.

31. No se sabe qué _____ pasó.
No se sabe qué le pasó.

32. Tal vez no _____ sobran vidas a los perros como a los gatos.
Tal vez no les sobran vidas a los perros.

33. Así _____ parece a mi papá.
Así le parece a mi papá.

34. A él no _____ importó porque no _____ gustan los animales en todo caso.
No le importó porque no le gustan los animales.

35. A tu hermana _____ habrá dado mucha pena.
A tu hermana le habrá dado mucha pena.

36. Cierto. _____ encantaba el perrito.
Le encantaba el perrito.

37. _____ había comprado con su propio dinero.
Lo había comprado con su propio dinero.

D. Reflexive and Nonreflexive Direct Objects

A few verbs are always used with a reflexive pronoun:

Mi papá **se queja** pero no **se atreve** a hacer nada, mucho menos **a suidarse.**

Most transitive verbs, however, may be used either with a reflexive object or with a nonreflexive object:

Me levanté temprano.
La máquina **levantó el coche.**

La mamá trajo al niño y **lo sentó** a mi lado.
Luego ella **se sentó.**

PRACTICE 1.   Expand the following sentences to say that the maid did the actions first to herself and then to the child. *Picture the actions as you say them.* The idea is to get clear in mind the difference in meaning of these two structures.

1. se levantó (y luego . . . al niño).
   La criada se levantó y luego levantó al niño.

2. se despertó
   La criada se despertó y luego despertó al niño.

3. se bañó
   La criada se bañó y luego bañó al niño.

4. se vistió
   La criada se vistió y luego vistió al niño.

5. se peinó
   La criada se peinó y luego peinó al niño.

6. se lavó
   La criada se lavó y luego lavó al niño.

7. se cubrió
   La criada se cubrió y luego cubrió al niño.

8. se escondió
   La criada se escondió y luego escondió al niño.

PRACTICE 2.   Describe what Julio is doing. The infinitive of the appropriate verb is provided.

1. He's getting up. (levantar)
   Se levanta.

2. He's picking a child up. (levantar)
   Levanta al niño.

3. He's combing his hair. (peinar)
   Se peina. (Se está peinando. Está peinándose.)

4. He's combing the little girl's hair. (peinar)
   Peina a la niña.

5. He's washing a car. (lavar)
   Lava un coche.

6. He's hiding. (esconder)
   Se esconde.

7. He's hiding a package. (esconder)
   Esconde un paquete.

8. He's washing himself. (lavar)
   Se lava.

9. He's getting dressed. (vestir)
   Se viste.

10. He's going to bed. (acostar)
    Se acuesta.

11. He's putting a girl child to bed. (acostar)
    Acuesta a una niña.

12. He's bathing a child. (bañar)
    Baña a un niño.

13. He's dressing a child. (vestir)
    Viste a un niño.

14. He's covering himself up. (cubrir)
    Se cubre.

PRACTICE 3.   Answer, using the appropriate pronoun instead of the noun in the question. Use a reflexive if that is appropriate.

1. ¿El presidente engaña al público a veces?
   Sí, (no, no) lo engaña.

2. ¿Frankenstein asusta a los niños?
   Sí, (no, no) los asusta.

3. ¿Ud. se divierte cuando hace ejercicios?
   No, no me divierto.

4. ¿Ud. se asusta cuando oye sirenas?
   No, no me asusto.

5. ¿La guerra divierte a los hombres, en general?
   No, no los divierte.

6. ¿Las madres acuestan tarde o temprano a los niños chiquitos?
   Los acuestan temprano.

7. ¿Se despierta Ud. solo(a) o lo(a) despierta el reloj despertador?
   Me despierto solo(a) *or* Me despierta el reloj despertador.

8. ¿Alguien quita los platos de la mesa después que usted come?
   Sí, alguien los quita.

9. ¿Se viste usted en público, por lo general?
   No, no me visto en público.

PRACTICE 4. Form sentences in the preterit. Use a reflexive pronoun where needed and omit it where it is not. All these verbs are transitive and need some kind of object.

1. Yo/despertar/a las seis hoy
   Yo me desperté a las seis hoy.

2. Mi mamá/bañar/al niño
   Mi mamá bañó al niño

3. Julio/acercar/al árbol
   Julio se acercó al árbol.

4. Vaquero/detener/su caballo
   El vaquero detuvo su caballo.

5. Julieta/casar/ayer
   Julieta se casó ayer.

6. Su padre/casar/a Julieta con un hombre viejo
   Su padre casó a Julieta con un hombre viejo.

7. El director/detener/un momento y luego siguió
   El director se detuvo un momento y luego siguió.

8. Don Quijote/levantar/temprano toda su vida
   Don Quijote se levantó temprano toda su vida.

9. Sancho/sentar/contra la pared
   Sancho se sentó contra la pared.

10. Los actores/vestir/con mucho cuidado
    Los actores se vistieron con mucho cuidado.

11. La ciudad de Los Angeles/extender/muchas millas
    La ciudad de Los Angles se extendió muchas millas.

12. El presidente/extender/la mano cordialmente.
    El presidente extendió la mano cordialmente.

13. ¿A qué hora/despertar Ud./a su papá?
    ¿A qué hora despertó Ud. a su papá?

14. ¿Ya/bañar/usted?
    ¿Ya se bañó usted?

15. Los cómicos/divertir/mucho a los niños
    Los cómicos divirtieron mucho a los niños.

16. El estudiante/no divertir/en el examen pero los profesores sí.
    El estudiante no se divirtió en el examen pero los profesores sí.

PRACTICE 5.   This drill and the following use the most common verbs that are often used reflexively. Their purpose is to assist you in learning that these verbs are used reflexively in order to express these particular ideas. Almost all of them may also be used in other meanings or constructions that are not reflexive.

Using the vocabulary items provided, make sentences expressing the ideas given in English.

1. la Navidad/acercarse
   Christmas is approaching.
   La Navidad se acerca.

2. muchos/atreverse a/criticar/dictador
   Many don't dare criticize the dictador.
   Muchos no se atreven a criticar al dictador.

3. algunas personas/callarse
   Some people never stop talking.
   Algunas personas nunca se callan.

4. hermano mayor/casarse/mañana
   My older brother is getting married tomorrow.
   Mi hermano mayor se casa mañana.

5. con este calor/cansarse/fácilmente
   With this heat I get tired easily.
   Con este calor me canso fácilmente.

6. a qué hora/despertarse
   What time do you wake up?
   ¿A qué hora te despiertas? (se despierta Ud.)

7. el turista/siempre/detenerse/delante de/catedral
   The tourists always stop in front of the cathedral.
   Los turistas siempre se detienen delante de la catedral.

8. tener que/dirigirse/secretaria
   You will have to speak to the secretary.
   Usted tendrá que dirigirse a la secretaria.

9. levantarse/entrar/damas
   Do you get up when ladies come in?
   ¿Usted se levanta cuando entran damas?

10. llamarse
    What's your name, little boy?
    ¿Cómo te llamas, niño?

11. todos/marcharse/después/cena
    They all left after supper.
    Todos se marcharon después de la cena.

12. meterse/asuntos/otros
    She always meddles in the affairs of others.
    Ella siempre se mete en los asuntos de otros.

13. cuando/hablar/en público/ponerse/nervioso
    When I talk in public I get nervous.
    Cuando hablo en público me pongo nervioso (nerviosa).

14. viejas/playa/no ponerse/traje de baño
    The old ladies go to the beach but they don't put on a bathing suit.
    Las viejas van a la playa pero no se ponen traje de baño.

15. gustar/quedarse/en casa/los sábados
    I like to stay home on Saturdays.
    Me gusta quedarme en casa los sábados.

PRACTICE 6.   Continue as above.

1. uno/quitarse/zapatos/al entrar
   One takes off his shoes when he enters.
   Uno se quita los zapatos al entrar.

2. algunos profesores/sentarse/clase
   Some teachers never sit down in class.
   Algunos profesores nunca se sientan en la clase.

3. cómo/sentirse/ustedes
   How do you feel?
   ¿Cómo se sienten ustedes?

4. vestirse/ustedes/cuarto de baño
   Do you get dressed in the bathroom?
   ¿Se visten ustedes en el cuarto de baño?

5. acostarse/descansar/no dormirse
   I lie down and I rest but I don't go to sleep.
   Me acuesto y descanso pero no me duermo.

6. poder/acostumbrarse a/pensar en español
   I can't get used to thinking in Spanish.
   No puedo acostumbrarme a pensar en español.

7. mañana/despedirse de Hawaii
   Tomorrow we say goodby to Hawaii.
   Mañana nos despedimos de Hawaii.

8. no divertirse/laboratorio de idiomas
   I don't have a very good time in the language lab.
   Yo no me divierto mucho en el laboratorio de idiomas.

9. empeñarse/terminar/hoy
   Do you insist on finishing today?
   ¿Se empeña usted en terminar hoy?

10. enamorarse de alguien
    Burton fell in love with Taylor.
    Burton se enamoró de Taylor.

11. fijarse en algo
    I didn't notice what you were saying.
    No me fijé en lo que decías.

12. oponerse a las ideas de otros
    We are not opposed to your ideas.
    No nos oponemos a tus ideas.

13. quejarse del tiempo
    Some people always complain about the weather.
    Algunas personas siempre se quejan del tiempo.

14. referirse/a algo
    What are you referring to?
    ¿A qué te refieres?

15. reunirse/club
    When does the club meet?
    ¿A qué hora se reúne el club?

E. Two Verb-Object Pronouns Together

1. —Lindo cuadro. ¿Quién lo pintó?
   —No sé. **Me lo** regaló Ramón.
   (Nice picture. Who painted it?
   I don't know. Ramón gave it to me.)
2. Señor, **se le** cayó este papel.
   (Sir, you dropped this piece of paper.)
3. ¡Eh, joven! ¡No **me le** quiebres la pata al perrito!
   (Hey, young man! Don't break my puppy's leg!)
4. —¿Qué le pasó a tu casa?
   —**Se me le** vino encima un árbol.
   ("What happened to your house?"
   "A tree came down on top of it.")

A verb may occur with both a direct and an indirect object. Or, because indirect object forms are used for a variety of meanings in Spanish, a verb may occur with two indirect object pronouns (example 3) or even with a reflexive plus two other pronoun objects, as in example 4. None of the objects in (4) are direct because *venir* is an intransitive verb and cannot have a direct object.

When there is more than one pronoun, they are placed in the following order.

Se	2nd	1st	3rd-Person	
			I.O.	D.O.
se	te	me	le	le
se	os	nos	les	lo
				la
				les
				los
				las
			(se)	

Note that if both pronouns are third person, the first one (the indirect object) has the form *se*. Thus:

Entregué la plata al capitán. **Se la** entregué.

PRACTICE 1.   Answer in the negative, using pronouns instead of noun objects.

1. ¿Pasó usted los secretos al enemigo?
   No, señor, no se los pasé.

2. ¿Le dieron a usted toda esa plata?
   No, señor, no me la dieron.

3. Cristóbal Colón, ¿robaste esas joyas a la reina Isabel?
   No, señor, no se las robé.

4. ¿Me regala usted esa foto de su novia?
   No, señor, no se la regalo.

5. ¿Dijiste la verdad a tu papá?
   No, señor, no se la dije.

6. ¿Prestaste el coche a esos muchachos?
   No, señor, no se lo presté.

7. ¿Nos han traído el periódico?
   No, señor, no nos lo han traído.

8. ¿El niño se ha puesto la chaqueta?
   No, señor, no se la ha puesto.

In items 9–12 use familiar address.

9. ¿Me vas a decir lo que te pasa?
   No, no te lo voy a decir.

10. ¿Me quito los zapatos aquí?
    No, no te los quitas.

11. ¿Van a entregarme los documentos?
    No, no van a entregártelos.

12. ¿Me han ganado el partido?
    No, no te lo han ganado.

PRACTICE 2. Continue as above but respond in the affirmative.

1. ¿Le pago la cuenta a usted?
   Sí, señor, me la paga a mí.

2. ¿Me asegura usted de que eso es verdad?
   Sí, señor, se lo aseguro.

3. ¿Ha entregado usted su examen al profesor?
   Sí, señor, se lo he entregado.

4. ¿Les ha dicho usted su nombre?
   Sí, señor, se lo he dicho.

5. ¿Les ha contado usted toda la historia?
   Sí, señor, se la he contado.

6. ¿Me ha dicho usted la verdad?
   Sí, señor, se la he dicho.

7. ¿Ha devuelto usted esos libros a su amigo?
   Sí, señor, se los he devuelto.

8. ¿Le han pagado a usted su dinero?
   Sí, señor, me lo han pagado.

9. ¿Y usted ha pagado sus deudas a sus amigos?
   Sí, señor, se las he pagado.

10. ¿Y ha mandado los papeles al cónsul.
    Sí, señor, se los he mandado.

F. Reciprocal Reflexive Construction—"Each Other"

To express the idea that an action is done by each of the members of a group to the other members, what is expressed in English by "each other," Spanish uses a reflexive pronoun. The phrase *el uno al otro* (or *uno a otro*) may be added if the sentence is not otherwise clear or to emphasize the reciprocal meaning:

A veces parece que los rusos y los chinos **se odian**. Otras veces **se ayudan**.

Shakespeare y Cervantes fueron contemporáneos pero nunca **se conocieron**.

Los gatos **se lavan** mucho y a veces **se lavan el uno al otro**.

Cuando mi novia y yo **nos encontramos nos besamos**.

PRACTICE 1. Answer, following the model.

Model: ¿Usted y su tío se escriben con frecuencia?
   No, no nos escribimos.

1. Los senadores hablan mucho pero ¿se escuchan?
   No, no se escuchan.

2. ¿Usted y el presidente se conocen mucho?
   No, no nos conocemos.

3. ¿Mi esposa y yo siempre nos decimos la verdad?
   No, no se dicen la verdad.

4. ¿Se saludan usted y su profesor al entrar a la clase?
   No, no nos saludamos.

5. ¿Usted y sus amigos se esperan fuera de la clase?
   No, no nos esperamos.

6. ¿Usted y sus hermanos se quieren mucho?
   No, no nos queremos.

D. Redundant Object Pronouns with *Se* Passives

> 1. Tu chaqueta **la** dejaste en mi coche.
> 2. Este apartamento se vendió la semana pasada.
> 3. A ese tipo se **le** agarró con las manos en la masa.
>   *They caught that guy red handed*, literally "with his hands in the dough."

When a noun object precedes the verb, it is repeated with a pronoun object, as in (1) above. This is true also with *se*-passive sentences but only when the object is a person [cf. (2) and (3)].

PRACTICE 1. Rephrase the following passive sentences with *se*, putting the object first and using the proper redundant object pronoun.

1. Un estudiante ha sido expulsado de la escuela.
   A un estudiante se le ha expulsado de la escuela.
2. El estudiante fue visto cuando robaba algo.
   Al estudiante se le vio cuando robaba algo.
3. El joven reo fue agarrado en el acto.
   Al joven reo se le agarró en el acto.
4. Su madre será avisada en seguida.
   A su madre se la avisará en seguida.
5. El pobrecito será llevado a casa.
   Al pobrecito se le llevará a casa.
6. La policía será llamada también, posiblemente.
   A la policía se la llamará también, posiblemente.
7. El joven no será castigado.
   Al joven no se le castigará.
8. Su hermana no será castigada tampoco, naturalmente.
   A su hermana no se la castigará tampoco, naturalmente.
9. El joven será llevado a ver al siquiatra.
   Al joven se le llevará a ver al siquiatra.
10. El joven será matriculado en otra escuela.
    Al joven se le matriculará en otra escuela.

PRACTICE 2. Review of passive *se* constructions. Rephrase these sentences, using *se*.

1. Los artículos fueron publicados en el periódico.
   Se publicaron los artículos en el periódico.

2. Los visitantes fueron acompañados a sus cuartos.
   Se acompañó a los visitantes a sus cuartos.

3. Esas casas fueron vendidas hace poco.
   Se vendieron esas casas hace poco.

4. La obra ya ha sido terminada.
   Ya se ha terminado la obra.

5. Los novios fueron vistos en el parque.
   Se vio a los novios en el parque.

6. Carlos Gutiérrez será nombrado secretario.
   Se nombrará secretario a Carlos Gutiérrez.

7. Los documentos ya han sido firmados.
   Ya se han firmado los documentos.

8. Las puertas son abiertas a las 7:00.
   Se abren las puertas a las 7:00.

9. La reina Isabel es respetada en Inglaterra.
   Se respeta a la reina Isabel en Inglaterra.

10. Nixon fue elegido en 1968.
    Se eligió a Nixon en 1968.

11. Los profesores son escuchados con poca atención.
    Se escucha a los profesores con poca atención.

12. Los rebeldes serán fusilados.
    Se fusilará a los rebeldes.

13. Las llaves han sido halladas.
    Se han hallado las llaves.

14. Habían sido escondidas en un hueco.
    Se habían escondido en un hueco.

15. Las maletas habían sido mandadas a otra dirección.
    Se habían mandado las maletas a otra dirección.

16. Los pasajeros habían sido llevados al hotel.
    Se había llevado a los pasajeros al hotel.

PRACTICE 3. Continuation of review. Answer the questions using the *se* construction. Use object pronouns where appropriate.

1. ¿Las víctimas fueron llevadas al hospital?
   Sí, se las llevó al hospital.

2. ¿Las ventanas serán abiertas pronto?
   Sí, se abrirán pronto.

3. ¿El sha es venerado en Irán?
   Sí, se le venera en Irán.

4. ¿La cena será preparada en la cocina?
   Sí, se preparará en la cocina.

5. ¿Las compras serán devueltas a la tienda?
   Sí, se devolverán a la tienda.

6. ¿Los parientes lejanos serán bien recibidos en casa?
   Sí, se les recibirá bien.

7. ¿El siquiatra fue consultado en este asunto?
   Sí, se le consultó en este asunto.

8. ¿Las ratas fueron envenenadas con estricnina?
   Sí, se las envenenó con estricnina.

9. ¿La actriz fue reconocida en la fiesta?
   Sí, se la reconoció en la fiesta.

10. ¿Los telegramas son redactados en la oficina?
    Sí, se redactan en la oficina.

11. ¿Las fiestas religiosas católicas son celebradas en México?
    Sí, se celebran en México.

12. ¿Los platos fueron rotos?
    Sí, se rompieron.

De tal palo, tal astilla.

UNIT 15

Time Expressions with Hacer and Llevar

A. *Hacer* for English "Ago"

Observe the following English and Spanish equivalents:

He studied Spanish 20 years ago.	Estudió español **hace veinte años.** or: **Hace veinte años** que estudió español.
He was studying in his room two hours ago.	**Hace dos horas** (que) estudiaba en su cuarto. or: Estudiaba en su cuarto **hace dos horas.**

Note that when the time expression comes at the beginning of the sentence, the form *que* is used. When the main verb is in the imperfect however, *que* is often omitted.

PRACTICE 1. Answer the questions, telling how long ago you did something.

1. ¿Cuánto tiempo hace que viajó Ud. por México? ¿tres años?
   Sí, viajé por México hace tres años (3 years ago). Or: Sí, hace tres años que viajé por México.

2. ¿Cuánto tiempo hace que terminó Ud. la escuela? ¿dos años?
   Sí, terminé la escuela hace dos años. Or: Sí, hace dos años que . . .

3. ¿Cuánto tiempo hace que empezó Ud. a estudiar español? ¿un año?
   Sí, empecé a estudiar español hace un año. Or: Sí, hace un año que . . .

4. ¿Cuánto tiempo hace que entró Ud. a la universidad? ¿dos años?
   Sí, entré a la universidad hace dos años.

5. ¿Cuánto tiempo hace que fue Ud. a París? ¿cuatro años?
   Sí, fui a París hace cuatro años.

6. ¿Cuánto tiempo hace que llegó Ud. a esta ciudad? ¿cinco años?
   Sí, llegué a esta ciudad hace cinco años.

7. ¿Cuánto tiempo hace que conoció Ud. a mi hermana? ¿dos meses?
   Sí, conocí a su hermana hace dos meses.

8. ¿Cuánto tiempo hace que se levantó Ud. esta mañana? ¿cuatro horas?
   Sí, me levanté hace cuatro horas.

9. ¿Cuánto tiempo hace que salió Ud.? ¿tres horas?
   Sí, salí a trabajar hace tres horas.

10. ¿Cuánto tiempo hace que regresó a casa? ¿una hora?
    Sí, regresé a casa hace una hora.

11. ¿Cuánto tiempo hace que comió? ¿media hora?
    Sí, comí hace media hora.

12. ¿Cuánto tiempo hace que llamó a mi hermana? ¿diez minutos?
    Sí, llamé a su hermana hace diez minutos.

PRACTICE 2. Answer the following questions using in your response the clue given in parentheses.

1. ¿Cuándo planearon la fiesta los González? (cuatro semanas)
   Hace cuatro semanas que los González planearon la fiesta. Or: Planearon la fiesta hace cuatro semanas.

2. ¿Cuándo mandaron las invitaciones? (tres semanas)
   Hace tres semanas que mandaron las invitaciones. Or: Mandaron las invitaciones hace tres semanas.

3. ¿Cuándo ordenaron la comida? (dos semanas)
   Hace dos semanas que ordenaron la comida. Or: La ordenaron hace dos semanas.

4. ¿Cuándo compraron los refrescos? (una semana)
   Hace una semana que compraron los refrescos.

5. ¿Cuándo contrataron la orquesta? (unos seis días)
   Hace unos seis días que contrataron la orquesta.

6. ¿Cuándo empezaron a limpiar la casa? (tres días)
   Hace tres días que empezaron a limpiar la casa.

7. ¿Cuándo terminaron todos los preparativos? (media hora)
   Hace media hora que terminaron todos los preparativos.

8. ¿Cuándo llegaron los primeros invitados? (pocos minutos)
   Hace pocos minutos que llegaron los primeros invitados.

9. ¿Cuándo se cayó y se rompió un brazo la cocinera? (un momento)
Hace un momento que se cayó y se rompió un brazo la cocinera.

B. *Hacer* **for Action Continuing over a Period (to the Present)**

Study the following English–Spanish equivalents:

He has studied (has been studying) Spanish for two years.	**Hace dos años que** estudia español. or: Estudia español (**desde**) **hace dos años.**

Note that both *hace* and the main verb of the sentence are in the present tense. (When the main verb is in the past and *hace* is in the present, we have the "ago" idea, as in Section A.)

PRACTICE 1. Complete the translation of the sentences by adding the correct time expression at the end of the sentence. *Desde* may be omitted if you wish.

1. Carlitos has been practicing the piano for two hours.
Carlitos practica el piano (desde) _____.
hace dos horas

2. He has studied it for three years.
Lo estudia (desde) _____.
hace tres años

3. We have had this piano for only two months.
Tenemos este piano (desde) _____.
hace sólo dos meses

4. Carlitos has been taking lessons from Mr. Lozano for six months.
Carlitos toma clases con el Sr. Lozano (desde)_____.
hace seis meses

5. His father has been complaining for two months.
Su padre se queja (desde) _____.
hace dos meses

6. We have been in this apartment for four years.
Estamos en este apartamento (desde) _____.
hace cuatro años

7. We have had the dog for six years.
Tenemos el perro (desde) _____.
hace seis años

8. My daughter has been talking on the telephone for half an hour.
   Mi hija habla por teléfono (desde) _____.
   hace media hora

PRACTICE 2. Follow the same procedure again, but this time put the time expression at the beginning of the sentence. (Don't forget *que* after the time element.)

1. Carlitos has been practicing the piano for two hours.
   _____ Carlitos toca el piano.
   Hace dos horas que

2. He has been studying it for three years.
   _____ lo estudia.
   Hace tres años que

3. We have only had this new piano for two months.
   _____ tenemos este piano nuevo.
   Hace sólo dos meses que

4. Carlitos has been taking lessons from Mr. Lozano for six months.
   _____ Carlitos toma lecciones con el Sr. Lozano.
   Hace seis meses que

5. His father has been complaining for two months.
   _____ su padre se queja.
   Hace dos meses que

6. We have been in this apartment for four years.
   _____ estamos en este apartamento.
   Hace cuatro años que

7. We have had the dog for six years.
   _____ tenemos el perro.
   Hace seis años que

8. My daughter has been talking on the telephone for half an hour.
   _____ mi hija habla por teléfono.
   Hace media hora que

PRACTICE 3. Answer the questions as indicated, telling how long you have been doing something.

1. ¿Cuánto tiempo hace que trabajas en esa tienda? ¿cuatro años?
   Sí, hace cuatro años que trabajo en esa tienda.

2. ¿Cuánto tiempo hace que escribes a esa chica? ¿unos meses?
   Sí, hace unos meses que escribo a esa chica.

3. ¿Cuánto tiempo hace que vives aquí? ¿diez años?
   Sí, hace diez años que vivo aquí.

4. ¿Cuánto tiempo hace que tocas el piano? ¿dos años?
   Sí, hace dos años que toco el piano.

5. ¿Cuánto tiempo hace que buscas trabajo? ¿un mes?
   Sí, hace un mes que busco trabajo.

6. ¿Cuánto tiempo hace que fumas cigarrillos? ¿muchos años?
   Sí, hace muchos años que fumo cigarrillos.

7. ¿Cuánto tiempo hace que me debes el dinero? ¿dos meses?
   Sí, hace dos meses que te debo el dinero.

8. ¿Cuánto tiempo hace que te sientes mal? ¿como dos días?
   Sí, hace como dos días que me siento mal.

9. ¿Cuánto tiempo hace que no duermes bien? ¿unos cuatro días?
   Sí, hace unos cuatro días que no duermo bien.

10. ¿Cuánto tiempo hace que te duele la cabeza? ¿seis horas?
    Sí, hace seis horas que me duele la cabeza.

11. ¿Cuántos días hace que te tiemblan las manos? ¿seis?
    Sí, hace seis días que me tiemblan las manos.

PRACTICE 4.   Review. Select the correct form of the verb to correspond with the indicated meaning of the sentence.

1. How long ago did you study Spanish?
   ¿Cuánto tiempo hace que _____   estudió/estudia
   Ud. español?
   estudió

2. How long have you been studying English?
   ¿Cuánto tiempo hace que _____   estudió/estudia
   Ud. inglés?
   estudia

3. How long have you lived here?
   ¿Cuánto tiempo hace que _____   vive/vivía
   aquí?
   vive

4. How long ago did you arrive here?
   ¿Cuánto tiempo hace que _____   llega/llegó
   aquí?
   llegó

5. How long have you had this car?
   ¿Cuánto tiempo hace que _____   tiene/tenía
   este coche?
   tiene

6. How long ago did you buy it?
   ¿Cuánto tiempo hace que lo _____ ?   compra/compró
   compró

7. How long ago were you reading this book?
   ¿Cuánto tiempo hace que _____   lee/leía
   este libro?
   leía

8. How long have you been reading it?
   ¿Cuánto tiempo hace que lo _____ ?   lee/leía
   lee

9. How long ago did you stop beating your husband?
   ¿Cuánto tiempo hace que _____   dejó/deja
   de pegarle a su esposo?
   dejó

C. *Hacer* for Action Continuing
   Over a Period (in the Past)

Study the following English-Spanish equivalents:

(Before arriving here) I had studied (had been studying) Spanish for two years.	(Antes de llegar aquí) **Hacía dos años que** estudiaba español. or: Estudiaba español (**desde**) **hacía dos años.**

Note that this type of sentence is parallel to that studied in Section B, but because here reference is made to a point in the past (i.e., "when I arrived"), both *hacer* and the main verb of the sentence (*estudiar*) are in the imperfect tense.

PRACTICE 1. Fill in the blanks to match the indicated meaning of the sentence. All the sentences refer to last year, e.g., "When I entered this school . . . ."

1. I had been living (vivir) here for ten years.
_____ diez años que _____ aquí.
hacía, vivía

2. I had been studying (estudiar) Spanish for one year.
_____ un año que _____ español.
hacía, estudiaba

3. I had studied (estudiar) English for ten years.
_____ inglés desde _____ diez años.
estudiaba, hacía

4. I had been playing (jugar) tennis for many years.
_____ al tenis desde _____ muchos años.
jugaba, hacía

5. I had known (conocer) your brother for about a year.
_____ como un año que _____ a tu hermano.
hacía, conocía

6. I had not been (estar) in Mexico for more than five years.
_____ más de cinco años que no _____ en
México.
hacía, estaba

7. My parents had supported (mantener) me for eighteen years.
Mis padres me _____ desde _____ dieciocho
años.
mantenían, hacía

8. My teachers had been advising (aconsejar) me for many years to study more.
_____ muchos años que mis profesores me
_____ estudiar más.
hacía, aconsejaban

9. I had wanted (querer) to come to this university for a long time.
_____ venir a esta universidad desde _____
mucho tiempo.
quería, hacía

PRACTICE 2. Answer the questions, telling how long you had been doing something when I saw you yesterday. Practice 3 may be done first if you wish.

1. ¿Cuánto tiempo hacía que nos conocíamos? ¿una semana?
Sí, hacía una semana que nos conocíamos.

2. ¿Cuánto tiempo hacía que pensabas salir conmigo? ¿dos días?
Sí, hacía dos días que pensaba salir contigo.

3. ¿Cuánto tiempo hacía que me esperabas? ¿treinta minutos?
Sí, hacía treinta minutos que te esperaba.

4. ¿Cuánto tiempo hacía que estabas en la esquina? ¿media hora?
Sí, hacía media hora que estaba en la esquina.

5. ¿Cuánto tiempo hacía que escuchabas el radio? ¿un cuarto de hora?
Sí, hacía un cuarto de hora que lo escuchaba.

6. ¿Cuánto tiempo hacía que estaba aquí ese señor? ¿diez minutos?
Sí, hacía diez minutos que estaba aquí.

7. ¿Cuántos minutos hacía que hervía esa sopa? ¿cinco?
Sí, hacía cinco minutos que hervía.

8. ¿Cuánto tiempo hacía que no cocinabas? ¿como tres años?
Sí, hacía como tres años que no cocinaba.

PRACTICE 3.   Give the English equivalent of each of the questions and answers of Practice 2. The equivalents are given here below.

1. How long had we known each other? A week?
Yes, we had known each other a week.

2. How long had you been planning to go out with me? Two days?
Yes, I had been planning to go out with you for two days.

3. How long had you been waiting for me? Thirty minutes?
Yes, I had been waiting for you thirty minutes.

4. How long had you been on the corner? Half an hour?
Yes, I had been on the corner for half an hour.

5. How long had you been listening to the radio? A quarter of an hour?
Yes, I had been listening for a quarter of an hour.

6. How long had that man been here? Ten minutes?
Yes, he had been here for ten minutes.

7. How many minutes had that soup been boiling? Five?
Yes, it had been boiling for five minutes.

8. How long had it been since you cooked? About three years?
Yes, it had been about three years since I cooked.

PRACTICE 4.   Review of Sections A, B, and C. Select the proper form of the verbs to match the meaning of the sentence.

1. I have been trying to get the waiter's attention for twenty minutes.
_____ (Hace, Hacía) veinte minutos que _____
_____ (trato, trataba, traté) de captar la atención del mesero.
Hace, trato

2. The last time he spoke to me was thirty minutes ago.
La última vez que me _____ (habla, hablaba, habló) fue
_____ (hace, hacía) treinta minutos.
habló, hace

3. I arrived at this restaurant more than an hour ago.
_____ (Llegué, Llego, Llegaba) a este restaurante
_____ (hace, hacía) más de una hora.
Llegué, hace

4. They gave me this table about forty-five minutes ago.
Me _____ (dan, dieron, daban) esta mesa _____
_____ (hace, hacía) cuarenta y cinco minutos.
dieron, hace

5. I had been waiting for it about fifteen minutes.
La _____ (espero, esperaba, esperé) desde _____
_____ (hace, hacía) unos quince minutos.
esperaba, hacía

6. And the manager had been in the men's room for more than ten minutes.
Y _____ (hace, hacía) más de diez minutos que el gerente
_____ (está, estaba, estuvo) en el baño.
hacía, estaba

7. I was finally able to speak to him about five minutes ago.
Por fin _____ (logré, logro, lograba) hablarle
_____ (hace, hacía) unos cinco minutos.
logré, hace

8. And he was going into the bathroom again about fifteen minutes ago.
Y _____ (hace, hacía) quince minutos, de nuevo _____
_____ (entro, entraba, entra) al baño.
hace, entraba

9. Imagine! I had been wanting to come to this place for more than a year.
Imagínate. _____ (Hacía, Hace) más de un año que
_____ (quiero, quería, quise) venir a este lugar.
Hacía, quería

D. *Llevar* as an Equivalent of *Hacer* in Time Expressions

A Spanish construction using the verb *llevar* is exactly equivalent to the *hacer* time expressions practiced in Sections B and C. Study the *llevar* sentences below, with their Spanish and English equivalents.

Llevo dos años estudiando español. = **Hace dos años que estudio español.**

        = I have studied Spanish for two years.

Llevaba dos años estudiando español. = **Hacía dos años que estudiaba español.**

        = I had studied Spanish for two years.

Llevo dos años sin estudiar español. = **Hace dos años que no estudio español.**

        = I have not studied Spanish for two years.

Llevaba dos años sin estudiar español. = **Hacía dos años que no estudiaba español.**

        = I had not studied Spanish for two years.

Llevo tres años en Honolulu. = **Hace tres años que estoy en Honolulu.**

        = I have been in Honolulu for three years.

Note that the progressive form (*-ndo*) is used with *llevar* in the affirmative, but *sin* and the infinitive are used in the negative. Notice also that *estar* is omitted from *llevar* sentences expressing location.

PRACTICE 1. Give the *llevar* equivalent of the following affirmative *hacer* sentences.

1. Hace una hora que te espero.
   Llevo una hora esperándote.

2. Estoy aquí en la esquina desde hace una hora.
   Llevo una hora aquí en la esquina.

3. Crispín toca el piano desde hace seis años.
   Crispín lleva seis años tocando el piano.

4. Hacía cuatro años que mi papá tocaba el violín.
   Mi papá llevaba cuatro años tocando el violín.

5. José Luis fuma pipa desde hace diez años.
   José Luis lleva diez años fumando pipa.

6. Hacía seis horas que yo estaba aquí.
   Yo llevaba seis horas aquí.

7. Tú leías el periódico desde hacía dos horas.
   Tú llevabas dos horas leyendo el periódico.

8. Hace sólo quince minutos que el niño duerme.
   El niño sólo lleva quince minutos durmiendo.

9. Tú pides cigarrillos desde hace muchos años.
   Tú llevas muchos años pidiendo cigarrillos.

10. Hacía dos años que vivía en Madrid.
    Yo llevaba dos años viviendo en Madrid.

11. Estudiaba allí desde hacía dos años.
    Llevaba dos años estudiando allí.

12. Hace diez minutos que trabajo con este ejercicio.
    Llevo diez minutos trabajando con este ejercicio.

13. Esa joven baila desde hace dos horas.
    Esa joven lleva dos horas bailando.

14. Hace seis años que nos escribimos.
    Llevamos seis años escribiéndonos.

PRACTICE 2. Give the *llevar* equivalent of the following negative *hacer* sentences.

1. Hace seis días que no fumo.
   Llevo seis días sin fumar.

2. Este joven no come desde hace dos días.
   Este joven lleva dos días sin comer.

3. Hace seis meses que no le escribo.
   Llevo seis meses sin escribirle.

4. Hacía seis semanas que Carlos no trabajaba.
   Carlos llevaba seis semanas sin trabajar.

5. Mi tío no tomaba tequila desde hacía mucho tiempo.
   Mi tío llevaba mucho tiempo sin tomar tequila.

6. ¿Cuánto tiempo hace que no juegas al tenis?
   ¿Cuánto tiempo llevas sin jugar al tenis?

7. Hacía mucho tiempo que Toni no lo veía.
   Toni llevaba mucho tiempo sin verlo.

8. No hablo con él desde hace mucho tiempo.
   Llevo mucho tiempo sin hablar con él.

9. ¿Hace mucho tiempo que no vas allá?
   ¿Llevas mucho tiempo sin ir allá?

10. ¿Cuánto tiempo hace que no te compras un sombrero nuevo?
    ¿Cuánto tiempo llevas sin comprarte un sombrero nuevo?

11. Hacía veinte horas que el piloto no dormía.
    El piloto llevaba veinte horas sin dormir.

PRACTICE 3. Give the *llevar* equivalent of the following *hacer* sentences, which have affirmative and negative, present and past mixed together.

1. ¿Cuántas semanas hace que estás enfermo?
   ¿Cuántas semanas llevas enfermo?

2. Hacía dos años que Benito vendía zapatos.
   Benito llevaba dos años vendiendo zapatos.

3. Colón no veía tierra firme desde hacía dos meses.
   Colón llevaba dos meses sin ver tierra firme.

4. ¿Cuánto tiempo hace que usted no toma su medicina?
   ¿Cuánto tiempo lleva usted sin tomar su medicina?

5. Hacía doce horas que me sentía mal.
   Llevaba doce horas sintiéndome mal.

6. Hace media hora que canta esa chica.
   Esa chica lleva media hora cantando.

7. Esa chica no deja de cantar desde hace media hora.
   Esa chica lleva media hora sin dejar de cantar.

8. ¿Hace mucho tiempo que tocas el piano?
   ¿Llevas mucho tiempo tocando el piano?

9. Lo estudio desde hace cinco años.
   Llevo cinco años estudiándolo.

10. ¿Hacía muchas horas que lo buscabas?
    ¿Llevabas muchas horas buscándolo?

11. Sí, hacía tres horas que no lo encontraba.
    Sí, llevaba tres horas sin encontrarlo.

12. Mi papá está en California desde hace una semana.
    Mi papá lleva una semana en California.

13. Hacía tres semanas que yo trataba de leer la novela.
    Llevaba tres semanas tratando de leer la novela.

14. Hacía tres semanas que yo no la terminaba.
    Yo llevaba tres semanas sin terminarla.

15. Nosotros no probamos agua desde hace dos días.
    Llevamos dos días sin probar agua.

16. Hacía cuatro días que estábamos en el desierto.
    Llevábamos cuatro días en el desierto.

17. Hace diez minutos que trato de terminar esta tarea.
    Llevo diez minutos tratando de terminar esta tarea.

El diablo más sabe por viejo que por diablo.

UNIT 16

Por and Para

Este regalo es **para** tu hermano, no **para** ti.	Se lo doy **por** respeto a la familia, no **por** amor a él.
	I'm giving it to him out of respect for the family, not out of liking for him.
Mañana nos vamos **para** el norte.	No vamos **por** el norte sino **por** el sur.
Tomorrow we're heading north.	*We aren't going through the northern part, we're going through the south.*
¿**Para qué** sirve este aparato?	¿**Por qué** compraste este chisme?
What is this gadget good for?	*Why did you buy this gadget?*
—¿**Para qué** me llamas?	—¿**Por qué** me llamas?
—**Para que** me ayudes.	—**Porque** llegó una carta para ti.
Todos sus hijos estudian **para** abogado.	Algunos van a la universidad sólo **por** divertirse.
All his children are studying to be lawyers.	*Some go to the university just to have a good time.*
Algunos estudian **para** no tener que trabajar.	**Por** no trabajar, unos visten mal y a veces no comen.
Some study so they won't have to work.	*Because they don't work, some dress badly and at times don't eat.*
He trabajado incansablemente **para** descubrir la verdad.	He trabajado incansablemente **por** descubrir la verdad.

Most uses of *para* express some type of destination or direction in which an action is aimed: a place, a goal, a recipient. *Por* is used to express motive, the reason behind an action (not the goal up ahead). This distinction accounts for many of the cases where *para* and *por* contrast. (Although in some cases the distinction is only theoretical.) However, these two prepositions have other uses not easily accounted for by the basic distinction. *Por*, especially, has a variety of uses and enters into many idiomatic phrases.

A. *Para*

Study the following summary of usages of *para*.

General Meaning	English Equivalent	Examples
Purpose or goal	a. for b. in order to	Esta gasolina es para mi motocicleta. Esa botella es para leche. Yo como dulces para no fumar.
Destination or direction in space	a. toward, to, for	Carlos salió para el centro. Iba para el parque. Vamos para viejos.
Destination or deadline in time	a. by b. for	Termine usted esta tarea para el martes. Esta lección es para mañana.
Comparison	a. for . . . , considering that he is . . .	Para un niño de tres años, su hijo habla muy bien.
Other usages	a. to be about to b. in the opinion of c. to work for d. toward or with e. forever	Estoy para salir. Para mí, tu idea no vale mucho. Mi papá trabajaba para la United Fruit. Es muy amable (para) con sus empleados. No volverán. Se fueron para siempre.

PRACTICE. This is an exercise to give you general familiarity with *para*. Answer the questions, concentrating on the meaning given to the sentence by *para*.

1. ¿Para dónde vas? ¿Para el centro?
   Sí, para el centro.

2. ¿Para quién es ese paquete? ¿Para tu hermano?
   Sí, para mi hermano.

3. ¿Por qué te levantas a las seis? ¿Para llegar temprano?
   Sí, para llegar temprano.

4. ¿Para qué sirve esa máquina? ¿Para limpiar calles?
   Sí, para limpiar calles.

5. ¿Para qué estudias? ¿Para ser médico?
   Sí, para ser médico.

6. ¿Para quién haces esa tarea? ¿Para tu profesor de español?
   Sí, para mi profesor de español.

7. ¿Para cuándo debes terminarla? ¿Para mañana?
   Sí, para mañana.

8. ¿Para qué título estás estudiando? ¿Para el B.A.?
   Sí, para el B.A.

9. ¿Para cuándo es esta lección? ¿Para la semana que viene?
   Sí, es para la semana que viene.

10. ¿Para qué compañía trabaja tu papá? ¿Para Coca Cola?
    Sí, para Coca Cola.

11. ¿Para qué es esta herramienta? ¿Para sacar corchos?
    Sí, es para sacar corchos.

12. Para ti, ¿cuál es el mejor profesor? ¿El señor Hidalgo?
    Sí, para mí es el señor Hidalgo.

13. Para ser profesor, parece muy joven, ¿no?
    Sí, para ser profesor, parece muy joven.

14. ¿Cómo es el profesor para contigo? ¿Generoso?
    Sí, es generoso (para) conmigo.

15. ¿Por cuánto tiempo me vas a querer? ¿Para siempre?
    Sí, para siempre.

16. Este ejercicio es muy fácil para ti, ¿no?
    Sí, es muy fácil para mí.

B. *Por*

Study the following *por* usages.

General Meaning	English Equivalent	Examples
Cause, motive	a. because of, on account of, due to	**Fuimos a Arizona por mi enfermedad.** **Llegamos tarde por mi culpa.**
	b. for the sake of, in the attempt to	**Voy a la universidad solo por divertirme.**

269 Por and Para

General Meaning	English Equivalent	Examples
Route	a. through, down, along, by way of	Hay que entrar por la puerta de atrás. Daban paseos por el parque.
General location of the action	b. around	Mi hijo estaba jugando por aquí.
Time duration	a. for	Trabajé por seis horas ayer.
Agent of passive	a. by	Este cuento fue escrito por Quiroga.
Substitution, exchange	a. in place of	Mañana trabajaré por ti.
	b. for, in exchange for	Le doy veinte dólares por el radio.
Rate	a. per	Hay aviones que vuelan a 1.500 millas por hora. Trabajo cinco días por semana. Le daré un descuento del diez por ciento.
Espressions of sentiment	a. toward, for	Siento una gran amistad (aversión, odio, simpatía, etc.) por el jefe.
Other uses	a. yet to be done	Tengo tres cartas por escribir.
	b. be in favor of	Todos están por la paz.
	c. after, to get (for)	Van a la tienda por pan.
	d. no matter how much . . .	Por mucho que pidan, no iré.
	e. for the first (last) time	¡Por primera (última) vez llegas a tiempo!

PRACTICE 1. Familiarization with uses of *por*. Answer the questions, concentrating on the meaning carried by *por*. If you do not understand any of the meanings, look them up in the above listing.

1. ¿Por quién fue escrita esta carta? ¿Por María Elena?
   Sí, fue escrita por María Elena.

2. ¿Cuántos libros quedan por leer? ¿Dos?
   Sí, quedan dos libros por leer.

3. ¿Por qué partido está usted? ¿Por los demócratas?
   Sí, estoy por los demócratas.

4. ¿Cuánto dinero me dará usted por mi coche? ¿Doscientos dólares?
   Sí, le daré doscientos dólares por su coche.

5. ¿Por quién hace usted este trabajo? ¿Por su hermano?
   Sí, lo hago por mi hermano.

6. ¿Por cuánto tiempo estuvo usted en México? ¿Cuatro meses?
   Sí, estuve en México por cuatro meses.

7. ¿Por qué se quedó usted en casa ayer? ¿Por el frío?
   Sí, me quedé en casa ayer por el frío.

8. ¿Por qué cosa fue usted al centro? ¿Por leche?
   Sí, fui al centro por leche.

9. ¿Qué siente usted por sus padres? ¿Respeto?
   Sí, siento respeto por mis padres.

10. ¿A qué velocidad iba usted en su coche? ¿A noventa millas por hora?
    Sí, iba a noventa millas por hora.

11. ¿Por dónde iba usted? ¿Por el parque?
    Sí, iba por el parque.

12. ¿Cuántas cuentas están por pagarse? ¿Tres?
    Sí, tres cuentas están por pagarse.

13. ¿Qué porcentaje pide usted por su servicio? ¿El diez por ciento?
    Sí, pido el diez por ciento.

14. ¿Por quién preguntó la policía? ¿Por Miguel?
    Sí, la policía preguntó por Miguel.

PRACTICE 2. Replace the italicized portion of the sentence with either *por* or *para*, depending on the sense.

1. Tendremos vacaciones *alrededor de* la segunda semana de abril.
   por

2. *No importa lo* interesante que sea, el libro cuesta demasiado.
   por

3. El público ha contribuido bastante dinero *destinado a* la Cruz Roja.
   para

4. Yo tuve que asistir a la clase *en lugar de* mi hermano.
   por

5. Jorge fue a la farmacia *en busca de* medicina.
   por

6. Mi papá está *a favor del* movimiento feminista.
por

7. El caballero se levantó *con intención de* hablar a la joven.
para

8. A los jóvenes les gusta jugar *a lo largo de* la playa.
por

9. *Considerando* su edad, ese señor juega magníficamente al tenis.
Para

10. *Cerca de* aquí, cultivan muchas fresas.
Por

11. Haré lo que pueda *con el propósito de* encontrarte trabajo.
para

12. Tu hijo siempre viene *a buscar* dulces.
por

13. Ustedes deben leer este capítulo *antes de* la semana próxima.
para

14. Ha venido el portero *a fin de* pedir su salario.
para

15. Quisiera preguntarte *acerca de* tu familia.
por

PRACTICE 3. Continue substituting *por* and *para* as appropriate.

1. Si quieres te doy esta revista *a cambio de* la chilena.
por

2. Yo tengo mucha lástima *a* los pobres indios.
por

3. Mi suegra estará con nosotros *durante* varios meses.
por

4. El ladrón salió *a través de* la ventana.
por

5. Suspendieron el partido *a causa de* la lluvia.
por

6. Se me perdió la llave y tuvimos que entrar *a través de* la ventana.
por

7. Te sacaré la foto *a fin de* que veas cómo estás.
para

8. *Considerando* su edad, sabe mucho el chico.
   Para

9. Fui a tu casa *en busca de* mi dinero.
   por

10. ¿Cuánto dinero pagarás *a cambio de* este traje?
    por

11. Carlos no deja que nadie hable *en lugar de* él.
    por

12. Espero que ustedes aprendan esto *antes de* mañana.
    para

13. La criada se fue *en dirección a* la iglesia.
    para

14. Todos lo escuchan *a causa de* ser muy elocuente.
    por

15. Las hormigas avanzaban *a lo largo de* la huerta.
    por

16. Este libro lo compré *como regalo a* Francisco.
    para

17. *Antes del* verano ustedes sabrán español muy bien.
    Para

PRACTICE 4.   Continue the practice substituting *por* or *para* as appropriate.

1. Al terminar la clase los estudiantes se van *camino a* la cafetería.
   para

2. Van *a buscar* café.
   por

3. No pudo venir a clase *a causa de* estar enfermo.
   por

4. Encontramos una carta *destinada a* mi padre.
   para

5. *Teniendo en cuenta que es* persona tan simpática tiene pocas amistades.
   Para

6. Me invitaron *a quedarme* una semana.
   por

7. Le dieron cien dólares *a cambio de* su estéreo.
   por

8. El muchacho estudió música *a fin de* complacer a su padre.
   para

9. Las decoraciones de Navidad empiezan *a eso de* Octubre.
   por

10. *En la opinión de* los estudiantes esto es una pérdida de tiempo.
    para

PRACTICE 5. Choose *por* or *para* (or expressions using them) to convey the indicated meaning given in parentheses. If you miss any, check back to the usage lists for review.

1. Me gustaría trabajar sólo cuatro días _____ semana. (per)
   por

2. ¿Qué me darías _____ esta pluma Parker? (in exchange for)
   por

3. El profesor ya salió _____ su casa. (in the direction of)
   para

4. Mis padres estarán de viaje _____ dos semanas. (during)
   por

5. El edificio fue destruido _____ el fuego. (by)
   por

6. ¿_____ qué hiciste eso? (to what end? in order to gain what?)
   para

7. No digas nada. Yo hablaré _____ los dos. (in behalf of)
   por

8. ¿_____ qué hiciste eso? (for what reason? why?)
   Por

PRACTICE 6. Continue the practice as before.

1. Mañana vendré _____ mi cámara. (to get)
   por

2. Mi novia se marcha _____ España. (to)
   para

3. Usted es muy amable _____ con nosotros. (toward)
   para

4. Estoy muy agradecido _____ su cooperación. (for, because of)
   por

5. No fueron a Europa _____ la devaluación del dólar. (due to)
   por

6. _____ lo que dijo el profesor, tendremos el examen mañana.
   (judging from)
   por

7. Estaré de regreso _____ las doce. (by)
   para

8. Este año ahorraré dinero _____ ir a México. (in order to)
   para

9. Hay que ir al laboratorio al menos dos veces _____ semana.
   (per)
   por

10. Aquí tienes esta propina _____ tus buenos servicios. (in ex-
    change for)
    por

PRACTICE 7. Answer the questions as indicated, using *por* or *para*
according to the meaning.

1. ¿Con qué propósito te levantaste tan temprano? (estudiar francés)
   Para estudiar francés.

2. ¿En lugar de quién trabajaste anoche? (mi hermano)
   Trabajé por mi hermano.

3. ¿Hacia dónde ibas esta tarde? (el teatro Diana)
   Iba para el teatro Diana.

4. ¿Durante cuánto tiempo hiciste cola? (dos horas)
   Hice cola por dos horas.

5. ¿Cuánto dinero diste a cambio de los boletos? (seis dólares)
   Di seis dólares por ellos.

6. ¿Con qué fin compraste ese vestido? (ir a la Opera)
   Para ir a la Opera.

7. ¿Quién pasará por ti? (Ramón)
   Ramón pasará por mí.

8. ¿Alrededor de cuándo regresarás? (las once de la noche)
   Regresaré por las once de la noche.

9. ¿Cuándo, exactamente, estarás de regreso? (la medianoche)
   Para la medianoche estaré de regreso.

10. ¿A favor de qué filosofía estás? (trabajar poco y divertirme mucho)
    Estoy por trabajar poco y divertirme mucho.

El hábito no hace al monje.

UNIT 17

Personal A

A. *A* Marks Direct Object Persons

> 1. Vimos una película española anoche.
> 2. Vimos **a** tu compañera de cuarto anoche.
> 3. El muchacho que ayudó Ramón es mi sobrino.
>   *The boy that Ramón helped is my nephew.*
> 4. El muchacho que ayudó **a** Ramón es mi sobrino.
>   *The boy that helped Ramón is my nephew.*

One of the reasons why Spanish word order can be more variable than English is the fact that the preposition *a* is used to mark the direct object when it is a definite person. In examples (3) and (4), *Ramón* appears in the same position. The presence or absence of *a*, however, makes it clear that Ramón is the subject in (3) but the object in (4).

PRACTICE 1. Repeat the sentence, inserting *a* before the object of the verb if the object is a person. Cover the answers.

1. El gato pasa horas mirando _____ el canario.

   _____

2. El gato pasa horas mirando _____ la cocinera.
   a

3. A las once tenemos que llevar _____ mamá al aeropuerto.
   a

4. Creo que bombardearon _____ la capital.

   _____

5. Ayer trajeron _____ mi caballo.

   _____

6. Visitamos _____ mis primos este verano.
a

7. Ese fue el perro que mordió _____ mi padre.
a

8. Agarraron _____ el ladrón que nos robó _____ el estéreo.
a, _____

9. Cortaron _____ el gran árbol de la esquina.

_____

10. A Ramón le gusta llamar _____ la atención.

_____

PRACTICE 2. Continue the practice as before.

1. En la olla ponga _____ la carne, las legumbres, sal, pimienta.

_____

2. Por favor, llame _____ el doctor.
a

3. Salude _____ su madre en mi nombre.
a

4. Se llevó _____ un pan.

_____

5. Echamos a perder _____ nuestro plan.

_____

6. Se saludó _____ los nuevos congresistas.
a

7. Estamos esperando _____ los invitados.
a

8. Nombraron como gobernador _____ un idiota.
a

B. A with Pronouns Denoting Persons

A is also used before such pronouns as the following when they refer to persons: *ése, alguien, nadie, ninguno, uno, quién, cuál, el que, el cual.*

PRACTICE 1. Use *a* as required. Cover the answers.

1. No conozco _____ nadie que tenga ese nombre.
   a

2. ¿ _____ Quién te dijo eso?
   _____

3. ¿ _____ Quién ayudaste?
   a

4. Estaba de mal humor. No quería ver _____ nadie.
   a

5. Estaba enfermo. No quería comer _____ nada.
   _____

6. Saluda _____ cualquiera que se encuentra en la calle.
   a

7. ¿Los García que viven en la plaza? No, _____ ésos no los conozco.
   a

8. ¿Rosa o María? No sé _____ cuál te refieres.
   a

9. ¿Has visto _____ alguien más desmemoriado que yo?
   a

10. ¿Tu vestido azul? _____ ése no lo he visto.
    _____

11. ¿Mandaste las cartas? No, no mandé _____ ninguna.
    _____

12. Ayer vimos _____ uno de los González.
    a

13. ¿Saludaste _____ los dos chicos?
    a

14. No, no saludé _____ ninguno.
    a

15. ¿_____ cuál prefieres?
    a

C. *A* Omitted with Indefinite Persons

1. Busco secretaria.
2. Busco a mi secretaria. ¿La has visto?
3. Vimos un montón de gente en la calle.
4. Ahora vas a conocer el resto de la familia.
5. Vamos a llamar un médico.
6. Vamos a llamar al médico.
7. Voy a enviar unos muchachos.
8. Tengo tres hermanos.
9. Hay veinte estudiantes en esta clase.

When the person referred to with a direct object noun is a vague and indefinite one, **a** is ordinarily omitted. This happens when the person is any one of a *class* of people [as in examples 1 and 5 above] rather than a specific individual. It also happens when a numerical or quantitative expression precedes the noun, as in 3 and 4, or when the identity and definiteness of the people are lost in a mass situation, as in 7.

The objects of **haber** and **tener** are not marked with **a** (except in certain restricted cases with **tener**). See examples 8 and 9.

There are many cases where the use of **a** is optional. For example, animals may be spoken of as we speak of people (pets, etc.). To the degree that nonhuman objects are personified, **a** will likely be used.

1. Patriota es el hombre que **ama a su patria** sobre todas las cosas.
2. Los italianos del renacimiento casi **deificaban a la belleza.**
3. (Sam es mi perro.) Mira, tenemos que **llevar al perro** al veterinario. Tiene una herida en esta pata.

PRACTICE 1. Supply *a* if needed, then check the answers. In cases where it is optional, *a* is shown in parentheses.

1. Visitamos _____ los enfermos de ese hospital.
   (a) los enfermos

2. Había _____ médicos y enfermeras competentes.
   _____

3. Vimos _____ médicos generales y especializados.

_____

4. Dejamos _____ los niños con la abuela.
(a) los niños

5. Necesitamos _____ jardineros competentes.

_____

6. Vi _____ la muchedumbre en la plaza.

_____

7. Compré _____ el perro de que te hablé.

_____

8. Mira _____ mi hermosa gata.
(a) mi hermosa gata

9. Tenemos _____ hijas que estudian en Francia.

_____

10. Envió _____ la mitad de los empleados a casa.

_____

PRACTICE 2.   Continue the practice as before.

1. Midieron y pesaron _____ los niños.
(a) los niños

2. Llevaron _____ los soldados heridos al hospital.
(a) los soldados heridos

3. Encontraron _____ las víctimas del accidente aéreo.
(a) las víctimas

4. Trajeron _____ los perros a la Sociedad Protectora de Animales.

_____

5. Llame _____ los estudiantes que estén ahí.
(a) los estudiantes

6. Buscan _____ trabajadores que sean solteros.

_____

7. Encontré _____ mi gato comiéndose el queso.
a mi gato

8. Aceptaba _____ la pobreza y bendecía _____ su comunidad de monjas.
(a) su comunidad

9. Había _____ unos niños con hambre.

_____

10. Lleven _____ el bebé a la cuna.
(al) bebé

11. Examinaron _____ todos los heridos.
(a) todos los heridos

12. La niña peina _____ su muñeca.
(a) su muñeca

General Practice 1. Read the English sentence. Then say the Spanish sentence, supplying *a* if needed so as to express the meaning given.

1. This is the girl who insulted the profesor.
Esta es la chica que insultó el profesor.
al profesor

2. They ordered him to close the Museum.
Le ordenaron cerrar el museo.

_____

3. He took my friend and showed him the house.
Llevó mi amigo y le mostró la casa.
a mi amigo

4. We visited my father, then my aunt Bertha, and last my cousin Alice.
Visitamos mi padre, luego mi tía Bertha y por último mi prima Alice.
a mi padre, a mi tía, a mi prima

5. We introduced Charles to our friends.
Presentamos Charles a nuestros amigos.
a Charles

6. They have two uncles and six cousins.
Tienen dos tíos y seis primos.

_____

7. The man cut himself with a knife.
Se cortó el hombre con el cuchillo.

_____

8. You see the same beggar that Velázquez painted.
   Ves el mismo mendigo que pintó Velázquez.
   al mismo mendigo

9. They found three survivors of the crash.
   Encontraron tres sobrevivientes del choque.
   (a) tres sobrevivientes

10. There are children hurt in the crash.
    Hay niños heridos en el choque.

———

General Practice 2. Continue as before.

1. This is the girl the professor insulted.
   Esta es la chica que insultó el profesor.

———

2. That was the horse that kicked the trainer.
   Ese fue el caballo que pateó el entrenador.
   al entrenador

3. I'm looking for the girl who speaks German.
   Busco la chica que habla alemán.
   a la chica

4. They worship the Dead.
   Adoran los muertos.
   (a) los muertos

5. The man was hurt by the bullet.
   Se hirió el hombre con la bala.
   al hombre

6. The police caught a bunch of thieves.
   La policía agarró un grupo de ladrones.
   (a) un grupo de ladrones

7. You see the same beggar that painted Velázquez.
   Ves el mismo mendigo que pintó Velázquez.
   al mismo mendigo, pintó a Velázquez

8. They brought wounded soldiers to the hospital.
   Trajeron soldados heridos al hospital.

———

9. He doesn't want to see anybody.
   No quiere ver nadie.
   a nadie

10. You can't avoid death.
    No se puede evitar la muerte.
    (a) la muerte

Un hombre con pereza es un reloj sin cuerda.

UNIT **18**

Prepositions:
Use and Non-Use

It is not possible to generalize very much about the use of prepositions. Constructions involving them have to be learned one by one. We present here the most common ones. See also the Units on **Personal** *A* and *Por* **vs.** *Para*.

A. Spanish Preposition vs. English No Preposition

Spanish uses a preposition in these constructions but there is none in the corresponding English phrase.

PRACTICE 1. Read the first sentence, observing the prepositional usage. Then read and complete the second sentence. Then check your answer.

1. No me atrevo a decir nada porque se enojan.
   El gato no se atrevía _____ salir a causa de los perros.
   a

2. Si yo me casara con tu hermana, sería el tío de tus hijos.
   Hace veinte años que mi padre se casó _____ mi madre.
   con

3. Si uno deja de usar un idioma, no lo olvida pero pierde fluidez.
   La compañía no deja _____ enviar cuentas hasta que pagas lo que debes.
   de

4. Las niñas no cesaban de cantar en voz baja.
   ¿Nunca cesarán los hombres _____ pelear?
   de

5. En España se entra en la casa pero en Hispanoamérica se entra a un lugar.
   Cuando suena el timbre, todos los niños entran _____ la sala de clase.
   a, en

6. Hay que fijarse en los usos de las preposiciones.
   Fíjate _____ el color de los ojos de ese gato.
   en

7. En tales casos siempre vamos (corremos, nos detenemos, venimos, subimos, bajamos—any verb of motion) a consultar el diccionario.
   A las seis en punto el viejo bajaba _____ tomar el desayuno.
   a

8. La edad del individuo no debe influir en su credibilidad.
   Es inevitable que el dinero influya _____ las opiniones de los políticos.
   en

9. Muchos de los que se oponían a la guerra huyeron del país.
   ¿Tus padres se oponen _____ que te cases?
   a

10. La vieja no deja que sus gatos salgan de la casa.
    ¿A qué hora sales _____ la universidad?
    de

PRACTICE 2.   Complete the sentence, using the correct preposition.

1. ¿Se atreve usted _____ saltar con paracaídas?
   a

2. ¿_____ cuál de las hermanas te quieres casar?
   con

3. Ese perro no deja _____ ladrar en toda la noche.
   de

4. Las palomas siempre vuelven y entran directamente _____ el palomar.
   en, a

5. Fíjate _____ el color de los ojos de ese chico.
   en

6. A las 6:30 en punto los viejos bajan _____ desayunar.
   a

7. Las esposas a veces influyen mucho _____ las decisiones de los presidentes.
   en

8. Yo me opongo _____ que den armas a los dictadores.
   a

9. La niña todavía no ha salido _____ su dormitorio.
   de

10. Los viejos nunca cesan _____ dar consejos.
de

PRACTICE 3. Translate using the verbs just practiced.

1. It isn't possible for you to marry your sister.
   No es posible que te cases con tu hermana.
2. The actors enter the theater by this door.
   Los actores entran al (en el) teatro por esta puerta.
3. I don't dare translate some of these words.
   No me atrevo a traducir algunas de estas palabras.
4. Many students oppose the study of foreign language.
   Muchos estudiantes se oponen al estudio de las lenguas extranjeras.
5. I noticed that there are no birds here.
   Me fijé en que no hay pájaros aquí.
6. Pollution influences every aspect of our life.
   La polución influye en todos los aspectos de nuestra vida.
7. There are people who never cease learning.
   Hay gente que nunca cesa de aprender.
8. Go and buy me a newspaper.
   Ve a comprarme un periódico.
9. Come sit by me.
   Ven a sentarte junto a mí.
10. We get out of class at 4:30.
    Salimos de la clase a las 4:30.
11. They have to stop talking in class.
    Tienen que dejar de hablar en clase.
12. Run and turn off that light!
    ¡Corre a apagar esa luz!

B. English Preposition vs. Spanish No Preposition

Spanish uses no preposition in these constructions but the corresponding English construction does.

PRACTICE 1. Read the Spanish sentence, noticing its construction. Then translate the English sentence. Finally, check your answer.

1. *to look for*   buscar
   Busco ejemplos de estas preposiciones.
   He's looking for his dog.
   Busca su perro.

2. *to be grateful for*   agradecer
   Les agradezco lo que han hecho por mí.
   I'm grateful for your help. (*you* = tú)
   Te agradezco tu ayuda.

3. *to listen to*   escuchar
   Escuche usted esa música.
   I like to listen to the birds.
   Me gusta escuchar los pájaros.

4. *to wait for*   esperar
   Esa gente espera el autobús.
   We have to wait for the other plane.
   Tenemos que esperar el otro avión.

5. *to be impossible, possible, difficult, etc.*   es posible, difícil, . . .
   Es imposible saberlo todo.
   It is impossible to learn everything.
   Es imposible aprenderlo todo.

6. *to pretend to*   fingir
   La chica fingió desmayarse.
   The policeman pretended to know her.
   El policía fingió conocerla.

7. *to manage to*   conseguir
   Si consigo terminar este capítulo iré al cine.
   Did you manage to see the professor?
   ¿Conseguiste ver al profesor?

8. *to need to*   necesitar
   El país necesita desarrollar más fuentes de energía.
   You don't need to spend any money.
   No necesitas gastar dinero.

9. *to try to*   procurar
   Procuren hacer este ejercicio bien.
   Try to concentrate on your reading.
   Procuren concentrarse en su lectura.

10. *to try to*   intentar
    Intentaron robar el Banco Nacional anoche.
    My friend tried to fix his car but he couldn't.
    Mi amigo intentó componer su coche pero no pudo.

11. *to want to*   querer
    No quiero pasar toda la vida en una oficina.
    I want to spend a year abroad.
    Quiero pasar un año en el extranjero.

12. *to want to*   desear
    Desean terminar este ejercicio pronto.
    We want to help the poor.
    Deseamos ayudar a los pobres.

13. *to be sorry for*   sentir
    Siento tener que molestarte.
    I'm sorry for the inconvenience.
    Siento mucho la molestia.

14. *to be afraid of*   temer
    Temo no llegar a tiempo al aeropuerto.
    He's afraid of telling the truth.
    Teme decir la verdad.

15. *to keep from*   impedir
    Tengo que impedir que mi perro persiga los gatos.
    The rain kept me from arriving on time.
    La lluvia impidió que llegara a tiempo.

16. *to hope to*   esperar
    Esperan terminar el trabajo hoy.
    He hopes to return home soon.
    Espera regresar a casa pronto.

17. *to seem to*   parecer
    Parecen no tener vergüenza.
    He doesn't seem to understand English.
    Parece no entender inglés.

18. *to promise to*   prometer
    Prometió manejar con cuidado.
    She promised to go to the movies with me.
    Prometió ir al cine conmigo.

19. *to know how to*   saber
    El profesor sabe nadar pero no sabe esquiar.
    Do you know how to dance flamenco?
    ¿Sabes bailar flamenco?

20. *to advise to*   aconsejar
    Les aconsejo no perder tiempo.
    He advises us to save energy.
    Nos aconseja ahorrar energía.

21. *to decide to*   resolver, decidir
    Resolvimos mudarnos a Hawaii.
    She decided to sell me her car.
    Resolvió venderme su coche.

22. *to like to*   gustar
    No me gusta escribir composiciones.
    I like to read stories by Agatha Christie and Dorothy Sayers.
    Me gusta leer cuentos de Agatha Christie y Dorothy Sayers.

23. *to continue to*   seguir + -ndo
    Siguen haciendo ruido.
    They continue to grow even in the shade.
    Siguen creciendo, aun a la sombra.

PRACTICE 2.   Using the verb given in parentheses, express in Spanish the following ideas:

1. They want to go to Japan. (querer)
   Quieren ir al Japón.

2. I need to buy more stamps. (necesitar)
   Necesito comprar más estampillas.

3. She hopes to get married this year. (esperar)
   Espera casarse este año.

4. We are sorry for interrupting your dinner. (sentir)
   Sentimos interrumpir su cena.

5. We managed to save enough for the trip. (conseguir)
   Conseguimos ahorrar (lo) suficiente para el viaje.

6. We want to express our condolences. (desear)
   Deseamos expresar nuestras condolencias.

7. We don't try to judge your actions. (intentar)
   No intentamos juzgar sus acciones.

8. She likes to ride horses. (gustar)
   Le gusta montar a caballo.

9. We promise not to make too much noise. (prometer)
   Prometemos no hacer demasiado ruido.

10. He's afraid of not finishing on time. (temer)
    Teme no terminar a tiempo.

11. Prices continue to rise. (seguir)
    Los precios siguen subiendo.

12. The thieves tried to open the back window. (intentar)
    Los ladrones intentaron abrir la ventana de atrás.

13. We should try not to make so much noise. (procurar)
    Debemos procurar no hacer tanto ruido.

14. They decided to spend the summer abroad. (decidir)
    Decidieron pasar el verano en el extranjero.

15. We like to go out for dinner once a week. (gustar)
    Nos gusta salir a cenar una vez por semana.

16. They advised us to come earlier to class. (aconsejar)
    Nos aconsejaron venir más temprano a clase.

17. She knows how to play several instruments. (saber)
    Sabe tocar varios instrumentos.

18. We are grateful to him for his help. (agradecer)
    Le agradecemos su ayuda.

19. He was looking for a good guitar. (buscar)
    Buscaba una buena guitarra.

20. They were waiting for the results of the exam. (esperar)
    Esperaban los resultados del examen.

21. They listen to the news every evening. (escuchar)
    Escuchan las noticias todas las noches.

22. It's impossible to study with so much noise. (Es imposible)
    Es imposible estudiar con tanto ruido.

23. The girls pretended to be sleeping soundly. (fingir)
    Las chicas fingieron estar durmiendo profundamente.

C. Contrasting Prepositions—Spanish vs. English

The verbs in the following group require a preposition in both languages but the prepositions do not correspond.

PRACTICE 1. Read the Spanish sentence, noticing its construction. Then translate the English sentence. Finally, check your answer.

1. *to consent to*   consentir en
   El profesor consintió en darme otro examen.
   My father consented to lend me his car tonight.
   Mi padre consintió en prestarme su coche esta noche.

2. *to say good-bye to*   despedirse de
   Mi madre siempre llora cuando se despide de nosotros.
   I finally had to say good-bye to my old shoes.
   Finalmente tuve que despedirme de mis zapatos viejos.

3. *to consist of*   consistir en
   La familia consiste en el padre, la madre y los hijos.
   My problem consists of too much work and too little time.
   Mi problema consiste en mucho trabajo y poco tiempo.

4. *to count on*   contar con
   Siempre puedo contar con la ayuda de mi familia.
   It's good to be able to count on a good friend like you.
   Es bueno poder contar con un buen amigo como tú.

5. *to worry about*   preocuparse por
   No quiero que te preocupes por mis problemas.
   He doesn't worry about money. His father pays his bills.
   El no se preocupa por dinero. Su padre paga sus cuentas.

6. *to make an effort to*   esforzarse por
   Tenemos que esforzarnos más por terminar este trabajo.
   The students should make an effort to keep this room clean.
   Los estudiantes deben esforzarse por mantener esta sala limpia.

7. *to depend on*   depender de
   Aquí podemos depender del servicio telefónico.
   You can depend on Fidel. He's an excellent watch dog.
   Puede depender de Fidel. Es un perro guardián excelente.

8. *to be in love with*   estar enamorado de
   to fall in love with   enamorarse de
   Mi hermano está locamente enamorado de su novia.
   Your sister is in love with that eccentric art professor.
   Tu hermana está enamorada de ese excéntrico profesor de arte.

9. *to laugh at*   reírse de
   Las chicas se reían de los piropos de Ramón, el español.
   He never laughs at my jokes.
   Nunca se ríe de mis chistes.

10. *to be the first (last) to*   ser el primero (último) en
    ¿Quién fue el primero en poner pie en la luna?
    We were the last ones to get the news.
    Fuimos los últimos en recibir las noticias.

11. *to try to*   tratar de
    Siempre trato de terminar mi trabajo a tiempo.
    Why don't you try to get to class earlier?
    ¿Por qué no trata de llegar a clase más temprano?

12. *to deal with*   tratar de
    Esta película trata del incendio de un rascacielos en Nueva York.
    This book deals with the problems of the drug addicts.
    Este libro trata de los problemas de los drogadictos.

13. *to be at*   estar en
Tengo que estar en el aeropuerto a las ocho.
We'll be at the tennis court all morning.
Estaremos en las canchas de tenis toda la mañana.

14. *to dream of*   soñar con
No me gusta soñar con serpientes ni gatos negros.
What did you dream about?
¿Con qué soñaste tú?

15. *to be hard (easy) to (do)*   ser difícil (fácil) de
Esa novela es muy difícil de entender.
My house is easy to find.
Mi casa es fácil de encontrar.

PRACTICE 2. Choose the correct preposition if one is needed. Then check your answer.

1. The lecture will deal with the sex life of the chameleon.
   La conferencia tratará _____ la vida sexual del camaleón.
   de

2. Unless you are a biologist, it is hard to get interested in that subject.
   A menos que uno sea biólogo es difícil _____ interesarse en ese tema.
   _____

3. Because the lecturer is my friend, I'll be at the auditorium.
   Porque el conferencista es mi amigo estaré _____ el auditorio.
   en

4. Why don't you try to come also?
   ¿Por qué no tratas _____ venir también?
   de

5. Let's try to be the first ones to get there.
   Tratemos _____ ser los primeros _____ llegar.
   de, en

6. We can not depend on the bus service.
   No podemos depender _____ el servicio de autobuses.
   de

7. My brother consented to lend me his car tonight.
   Mi hermano consintió _____ prestarme su coche esta noche.
   en

8. And we always can count on my father's help.
   Y siempre podemos contar _____ la ayuda de mi padre.
   con

9. The lecture will consist of his talk and a film.
   La conferencia consistirá _____ su charla y _____ una película.
   en

10. There go Chuck and Sally. They are very much in love with each other.
    Ahí van Chuck y Sally. Están muy enamorados el uno _____ el otro.
    de

11. Your friend left without saying good-bye to anybody.
    Tu amigo partió sin despedirse _____ nadie.
    de

12. He fell on the stairs, and some silly girls laughed at him.
    Se cayó en las escaleras y unas chicas tontas se rieron _____ él.
    de

13. He worries too much about such details.
    El se preocupa mucho _____ tales detalles.
    por

D.   Contrasting Prepositions in Spanish

The verbs in this group have more than one common construction, some using one preposition, some another, and some using no preposition.

1. **to think**
   a. asking for somebody's opinion about   *pensar de*
      ¿Qué piensas de esa chica?
      What do you think of that girl?
   b. to think about/of   *pensar en*
      Esa chica sólo piensa en divertirse.
      That girl only thinks of having fun.
   c. to plan on/to   *pensar + infinitivo*
      Esa chica piensa divertirse esta noche.
      That girl is planning on having fun tonight.
   d. think about + object pronoun   *pensar + pronombre objeto directo*
      Piénsalo bien antes de comprometerte.
      Think about it before you commit yourself.
2. **to forget**
   a. *olvidar*
      Olvidé las llaves.
      I forgot the keys.
   b. *olvidarse de*
      Me olvidé de las llaves.
      I forgot the keys.

c. *olvidársele algo a uno*
Se me olvidaron las llaves.
I forgot the keys.

3. **to complain**

a. to complain about   *quejarse de*
No te quejes de todo.
Don't complain about everything.

b. to complain to   *puejarse a/ con*
Los estudiantes se quejaron al decano.
The students complained to the dean.

4. **to taste like, to know**

a. to taste like   *saber a*
Este pastel sabe a limón.
This cake tastes like lemon.

b. to know   *saber + objeto*
Mi hermano menor sabe mucha aritmética.
My little brother knows a lot of math.

PRACTICE 1.   Express the following ideas in Spanish.

1. I forgot my wallet.
Olvidé mi billetera.
Me olvidé de mi billetera.
Se me olvidó la billetera.

2. This bread tastes like garlic.
Este pan sabe a ajo.

3. I'm going to complain about my grades.
Voy a quejarme de mis notas.

4. I plan to go abroad this year.
Pienso ir(me) al extranjero este año.

5. What does he think of his new job?
¿Qué piensa él de su nuevo trabajo?

6. He already went to complain to his boss.
Ya fue a quejarse a (con) su jefe.

7. I don't know your telephone number.
No sé el número de tu teléfono.

8. I plan to invite some friends to dinner.
Pienso invitar a algunos amigos a cenar.

9. Do you know where I live?
¿Sabes dónde vivo?

10. I forgot to pay that bill.
    Olvidé pagar esa cuenta.
    Me olvidé de pagar esa cuenta.
    Se me olvidó pagar esa cuenta.

11. Don't think about it any more.
    No lo pienses más.

12. He's planning on taking you to dance.
    Piensa llevarte a bailar.

General Practice 1.   Complete the following sentences with the right preposition if one is needed.

1. No deje que mis opiniones influyan _____ su decisión.
   en

2. Mucha gente no se atreve _____ salir de noche.
   a

3. Por favor, deje _____ molestarme con sus quejas.
   de

4. Estoy buscando _____ una buena novela.

   _____

5. Es difícil _____ estudiar con tanto ruido.

   _____

6. Van a salir _____ clase a las doce.
   de

7. Estamos esperando _____ el café.

   _____

8. El tráfico me impidió _____ llegar a tiempo.

   _____

9. No te preocupes _____ nosotros.
   por

10. ¿Quieres _____ venir a almorzar conmigo?

    _____

11. Nos agradeció _____ la visita que le hicimos.

    _____

12. Se opuso _____ que regresáramos a pie.
    a

13. Le pedimos _____ flores y frutas.

    _____

14. Tratamos _____ no quedarnos hasta muy tarde.
de

15. Se despidió _____ nosotros muy amablemente.
de

16. Nos reímos muchísimo _____ ese idiota.
de

17. Esta sopa no sabe _____ nada.
a

18. Piensan _____ terminar este trabajo pronto.

_____

19. Mi perro se enamoró _____ la perrita vecina.
de

General Practice 2. Express in Spanish the following ideas

1. They were asking for money in the street.
Pedían dinero en la calle.

2. The police pretended not to notice.
La policía fingía no darse cuenta.

3. We were sorry to see their poverty.
Sentíamos ver su pobreza.

4. Many don't know how to read or write.
Muchos no saben leer ni escribir.

5. They thanked us for the few coins with a sad smile.
Nos agradecieron las pocas monedas con una sonrisa triste.

6. We hope to be able to help in some way.
Esperamos poder ayudar de algún modo.

7. But we want to hear what the government says about them.
Pero queremos oír lo que el gobierno dice de ellos.

8. They need to eat and to have some place to sleep.
Necesitan comer y tener un lugar para dormir.

9. In order to enter the country, one must pay an enormous tax.
Para entrar al país, hay que pagar un impuesto enorme.

10. Many people don't dare criticize the government.
Mucha gente no se atreve a criticar al gobierno.

11. I don't want to leave with a bad impression.
No quiero irme con una mala impresión.

12. It's not that I complain about everything.
No es que yo me queje de todo.

General Practice 3. Complete the following sentences with the right preposition if needed.

1. Salimos a mirar _____ las vitrinas de las tiendas.

   _____

2. No buscábamos _____ nada en particular.

   _____

3. Prometimos _____ regresar antes de la comida.

   _____

4. Podemos contar _____ la cooperación de mi abuelo.
   con

5. El se casó _____ mi abuela cuando tenían veinte años.
   con

6. Los padres de mi abuela se oponían _____ el matrimonio.
   a

7. Los dos intentaron _____ escaparse pero no pudieron.

   _____

8. Mi abuela temía _____ disgustar a sus padres.

   _____

9. Prefirieron _____ esperar.

   _____

10. Finalmente los viejos consintieron _____ dejarlos casar.
    en

11. Prometieron no _____ mencionar el asunto jamás.

    _____

12. Mi abuelo nos aconseja _____ obedecer a nuestros padres.

    _____

13. Me gusta _____ estar en casa de mi abuelo.

    _____

14. Pero mi abuela se preocupa _____ todos nosotros.
    por

15. Y siempre se olvida _____ mi nombre.
    de

Más vale maña que fuerza.

UNIT 19

Comparisons

A. Comparison of Inequality

The most frequently used forms for making comparisons in Spanish are *más* (more) and *menos* (less). They are used alone or in combination with nouns, adjectives, or adverbs. Study the following examples:

Tú tienes más tiempo que yo.

Carmen es más guapa que Josefina.

Tu caballo corre más rápidamente que el mío.

Yo tengo mucha suerte pero tú tienes más.

Tú tienes menos dinero que yo.

Carmen es menos inteligente que Josefina.

Pero Carmen siempre llega más temprano que Josefina.

José tiene poco dinero pero yo tengo menos.

PRACTICE 1. Answer the question according to the model.

Model: ¿Quién es más alto, *tu papá* o tu hermano?
Mi papá es más alto que mi hermano.

¿Quién es menos fuerte, *tú* o tu papá?
Yo soy menos fuerte que mi papá.

¿Quien tiene más dinero, *Paco* o Pepe?
Paco tiene más dinero que Pepe.

1. ¿Quién llega más tarde, *el profesor* o los estudiantes?
   El profesor llega más tarde que los estudiantes.

2. ¿Quién sabe menos, *los estudiantes* o el profesor?
   Los estudiantes saben menos que el profesor.

3. ¿Quién trabaja más, *tú* o tu hermanito?
   Yo trabajo más que mi hermanito.

4. ¿Cuál corre más rápidamente, *el caballo* o el perro?
   El caballo corre más rápidamente que el perro.

5. ¿Cuál es menos inteligente, *la vaca* o el hombre?
   La vaca es menos inteligente que el hombre.

6. ¿Quién se levanta más temprano, *tu mamá* o tu papá?
   Mi mamá se levanta más temprano que mi papá.

7. ¿Quién se queja menos, *tu hermana* o tu hermano?
   Mi hermana se queja menos que mi hermano.

8. ¿Qué te gusta más, *la cerveza* o el vino?
   Me gusta más la cerveza.

9. ¿Qué está menos lejos, la playa o *el parque*?
   El parque está menos lejos.

10. ¿Cuándo llueve más, en *la primavera* o en el otoño?
    Llueve más en la primavera.

PRACTICE 2. Answer the questions according to the truth of the matter.

1. ¿Cuál es más grande, Bolivia o Argentina?
   Argentina es más grande que Bolivia.

2. ¿Cuál es menos alto, Popocatépetl o el Monte Everest?
   Popocatépetl es menos alto que el Monte Everest.

3. ¿Qué ciudad tiene más habitantes, Buenos Aires o La Paz?
   Buenos Aires tiene más habitantes que La Paz.

4. ¿Qué ciudad recibe menos sol, Londres o Madrid?
   Londres recibe menos sol que Madrid.

5. ¿Qué país es más grande, China o el Japón?
   China es más grande que el Japón.

6. ¿Qué país es más rico, Alemania o México?
   Alemania es más rica que México.

7. ¿Cuál era más avanzada, la civilización de los Apaches o la de los Mayas?
   La civilización de los Mayas era más avanzada que la de los Apaches.

8. ¿Cuál es más antigua, la civilización griega o la romana?
   La civilización griega es más antigua que la romana.

9. ¿Dónde hay más anglosajones, en Inglaterra o en España?
   Hay más anglosajones en Inglaterra que en España.

10. ¿Dónde se habla francés más, en Francia o en Inglaterra?
    Se habla francés más en Francia que en Inglaterra.

11. ¿Dónde se encuentran menos nombres de origen español, en Minnesota o en California?
    Se encuentran menos nombres de origen español en Minnesota que en California.

12. ¿Cuál está más cerca de California, Nevada o Colorado?
    Nevada está más cerca que Colorado.

13. ¿Cuál está más lejos de California, Hawai o México?
    Hawai está más lejos (de California) que México.

14. ¿Qué cuesta más, un avión o un coche?
    Un avión cuesta más que un coche.

15. ¿Qué cuesta menos, un Cadillac o un Ford?
    Un Ford cuesta menos que un Cadillac.

B. Irregular Comparative Forms

Mejor (better) and *peor* (worse) are normally used as the comparative forms for both the adjectives *bueno* and *malo* and the adverbs *bien* and *mal*. (*Más bueno* and *más malo* are occasionally used when the emphasis is on character traits of people, especially in such phrases as *más bueno que el pan* and *más malo que el diablo*. (These usages will not be practiced here.) Study these examples:

> Ese coche es **bueno**, pero el mío es **mejor**.
> Ese muchacho juega **bien**, pero tú juegas mucho **mejor**.
> Paco cuenta chistes **malos**, pero los tuyos son **peores**.
> El jefe canta muy **mal**, pero tú cantas **peor** que él.

Mayor and *menor*, when applied to things rather than to people are roughly equivalent to English **major** and **minor** (e.g., *Asia Menor, Plaza Mayor*). When applied to people, however, they refer to relative age, although the adjectives *joven* and *viejo* take the regular comparative with *más* and *menos*. Consequently, *mayor* and *más viejo* often are interchangeable, as are *menor* and *más joven*.

> Me parece que soy **mayor** que tú. (i.e., older)
> Pepe es mi hermano **menor**. (younger, youngest)
> Mi abuelo es **más joven** que mi abuela.
> Yo soy el **más joven** de mi familia.
> Tu perro es **más viejo** que el mío.

PRACTICE. Complete the sentence using the proper form of the comparative.

1. Tu español es malo, pero el de tu amigo es _____.
   peor

2. Estos discos son buenos, pero esos otros son _____.
   mejores

3. Guillermo toca el piano bastante bien, pero su hermana lo toca
   _____.
   mejor

4. Este hijo mío parece muy joven, pero el otro es el _____.
   menor

5. Este café es malo pero el africano es _____.
   peor

6. Ese hombre es viejo, pero su hermana es _____.
   mayor

7. Carmen es de veras simpática, pero Consuelo es todavía
   _____.
   más simpática

8. Carlos es inteligente, pero José es un hombre mucho _____
   _____.
   más inteligente

9. Tu hermanito es joven, pero el mío es _____.
   menor

10. Cuentas malos chistes a veces, pero ése fue el _____
    de todos.
    peor

11. Ayer llegaste tarde, pero el profesor llegó todavía _____.
    más tarde

12. Hablando de edad, Concha me parece _____ que su
    hermana.
    mayor/menor

13. Jesse James fue malo, pero tú eres _____ que él.
    peor

14. De las buenas sinfonías de Beethoven, la quinta es una de las
    _____.
    mejores

15. Mi abuelo es viejo, pero mi abuela es _____ que él.
    mayor/más vieja

16. Mi novia baila bien, pero tú bailas _____ que ella.
    mejor

17. Los toros mexicanos son bravos, pero los toros españoles son
    _____.
    más bravos

18. Entre las personas que juegan mal, usted es la _____.
    peor

19. Carlitos sólo tiene siete años. Es mi hijo _____.
    menor

20. A la gente vieja también se le llama gente _____.
    mayor

MAS DE AND MENOS DE

In affirmative sentences, *de* is used instead of *que* when making comparisons if a number or other expression of quantity follows. If the sentence is in any way negative, either *de* or *que* can be used.

Tengo más de trescientos dólares en el banco.
Llegó menos de la mitad de los invitados.

PRACTICE.   Complete the sentence using *de* or *que*, as appropriate.

1. El equipo de México ha perdido más _____ tres partidos
   este mes.
   de

2. No, gracias. Ya he tomado más _____ dos vasos de
   vino.
   de

3. No creo que el viaje tarde menos _____ dos horas.
   de

4. Por lo general, yo trabajo más _____ mi hermano.
   que

5. Tú debiste comprar más _____ un kilo de harina.
   de

6. Me trajiste menos _____ seis pesos de cambio.
   de

7. Te di más _____ diez pesos para hacer la compra.
   de

8. No debiste pagar más _____ cuatro pesos.
   de

9. No puedo aceptar menos _____ cinco pesos.
   de

10. Tú tardaste más _____ tu hermano en regresar a casa.
    que

11. Parece que perdiste más _____ un tercio.
    de

12. Tú tienes más dinero _____ juicio.
    que

13. Me parece difícil trabajar más _____ doce horas seguidas.
    de

14. Ya lo he hecho más _____ cuatro veces.
    de

15. Menos _____ ocho horas sería preferible.
    de

16. El jefe no trabaja más _____ seis horas.
    de

17. Mañana no trabajaré más _____ el jefe.
    que

There is a negative construction in Spanish that is similar to the ones studied before but is different in meaning.

The phrase **no más que** followed by a numeral or by a numerical expression is the equivalent of *only* in English.

No necesito más que cuatro días para terminar este trabajo.
I need only four days to finish this job.
No había más que veinte personas en el teatro.
There were only twenty people in the theater.

This construction should not be confused with **no más de** plus a quantity, which is comparative in meaning.

Creo que puedo terminar este trabajo en dos días, quizá tres, pero de seguro, no necesito **más de cuatro días.**
I think I can finish this job in two days, perhaps three, but, for sure, no more than four.
Quizá había quince o dieciocho personas en el teatro, pero **no más de veinte.**
Maybe there were fifteen or eighteen people in the theater, but no more than twenty.

PRACTICE.   Transform the sentence given into another with similar meaning using *no más que* or *no más de* accordingly.

Model: Tengo solamente tres dólares.
No tengo más que tres dólares.
No sé cuántos invitados hay; ¿ocho, diez? Máximo, doce.
No hay más de doce invitados.

1. Compra sólo media docena de huevos.
   No compres más que media docena de huevos.

2. No traigas cinco botellas de vino, solamente tres.
   No traigas más que tres botellas de vino.

3. Seis fue el mayor número de aspirinas que tomé.
   No tomé más de seis aspirinas.

4. Unicamente invitaré a mis tres tías a la boda.
   No invitaré más que a mis tres tías a la boda.

5. El número total de invitados no pasará de veinte.
   El número total de invitados no será más de veinte.

6. Mis padres piensan servir champaña exclusivamente.
   Mis padres no piensan servir más que champaña.

7. Creo que la recepción durará entre tres y cuatro horas.
   La recepción no durará más de tres o cuatro horas.

8. El novio no ha cumplido treinta años todavía.
   El novio no tiene más de treinta años.

9. Pero la novia es más joven. Acaba de cumplir dieciocho años.
   Pero la novia no tiene más que dieciocho años.

10. Pasarán en Acapulco sólo tres semanas, y luego irán a Bermuda.
    No pasarán en Acapulco más que tres semanas y luego irán a Bermuda.

MÁS AND *MENOS DEL QUE, DE LA QUE, DE LO QUE,* ETC.

When comparative expressions (with *más* or *menos* or with the irregulars *mejor, peor, mayor, menor*) are followed by a clause, instead of *que* one uses *de* followed by the definite article (*el, la*) plus *que*.

1. If the comparison involves a noun, the definite article takes the gender and number of the noun.

La tienda me ha enviado **más libros de los que** compré.
Ha venido **más gente de la que** invitamos.

---

2. If the comparison involves an adverb, an adjective, or an idea (none of which have gender), the neuter article *lo* is used.

Era **más inteligente de lo que** parecía.
Hablas **más claramente de lo que** había esperado.
La biblioteca tiene **más libros de lo que** pensábamos.

In the last example, the number of books is not being compared with another number of books, as was the case in (1) above, but with the *idea* we had about the books.

PRACTICE 1.   Fill in the blanks as appropriate.

1. Tú hablaste más _____ yo quería.
   de lo que

2. Yo estoy ganando más _____ había esperado.
   de lo que

3. Mi profesor es mejor _____ yo pensaba.
   de lo que

4. El español es más fácil _____ yo creía.
   de lo que

5. He perdido más dinero _____ he ganado.
   del que

6. Tú has comprado más botellas _____ necesitamos.
   de las que

7. Mi primo es más inteligente _____ yo me suponía.
   de lo que

8. Pedro bebe más cerveza _____ parece razonable.
   de la que

9. Los niños hablan más fuerte _____ es necesario.
   de lo que

10. Mi novia resultó mayor _____ me imaginaba.
    de lo que

11. He recibido más paquetes _____ mandaron.
    de los que

12. Los futbolistas han jugado mejor _____ esperaban.
    de lo que

13. Hay más gente aquí _____ cabe sin incomodidad.
    de la que

14. Este apartamento tiene más habitaciones _____
    necesitamos.
    de las que

15. La novia pesaba más _____ había pensado el novio.
    de lo que

16. Gritaba mucho más _____ había creído.
    de lo que

17. Pero por fin vivieron felices más tiempo _____ habían
    supuesto sus padres.
    del que

18. La señora baila aún peor _____ yo había supuesto.
    de lo que

PRACTICE 2. Review of Sections A—E. Fill in the blank, as appropriate, with *que*, *de*, or the correct form of *del que*.

1. Aunque no lo parece, este niño es mayor _____ ése.
   que

2. Tiene más _____ nueve años.
   de

3. El otro no tiene más _____ siete.
   que

4. El primero es más fuerte _____ parece.
   de lo que

5. Siempre juega más _____ quiere su mamá.
   de lo que

6. Este niño siempre tiene menos juguetes _____ quiere.
   de los que

7. Su apetito es más grande _____ su estómago.
   que

8. Siempre pide más comida _____ puede comer.
   de la que

9. Por lo general, come menos _____ su hermano.
   que

10. Esta tarde no comió más _____ dos o tres bocados.
    que

11. La mamá le habló más _____ cinco veces.
    de

12. Al fin, el niño comió más _____ quería.
    de lo que

13. La escuela le gusta más _____ a su hermano.
    que

14. Suele recibir mejores notas _____ él.
    que

15. A veces estudia más horas _____ le permite su mamá.
    de las que

16. En realidad es menos inteligente _____ piensa su mamá.
    de lo que

C. Comparison of Equality

Spanish uses **tan(to)** . . . **como** (English *as . . . as*, or *as much . . . as . . .*) to express equality or equivalence. The form **tan** is used with adjectives and adverbs; the indeclinable **tanto** is used alone as an adverb; and **tanto, tanta, tantos,** and **tantas** are used in agreement with nouns:

Carlos es **tan simpático como** su hermana.
Habla **tanto como** tú.
Pero no habla español **tan bien como** tú.
Y no tiene **tantos amigos como** su hermana.

PRACTICE 1. Make a comparison with *tan(to)* . . . *como* out of the two parts of each sentence.

1. Mi hermano es alto y el tuyo es alto también.
   Mi hermano es tan alto como el tuyo.

2. Pedro sabe mucho y Carlos sabe mucho también.
   Pedro sabe tanto como Carlos.

3. Los estudiantes llegan tarde y el profesor llega tarde también.
   Los estudiantes llegan tan tarde como el profesor.

4. Federico tiene muchas ideas y Gonzalo también.
   Federico tiene tantas ideas como Gonzalo.

5. Federico tiene muchas ideas y tiene habilidad para realizarlas.
   Federico tiene tantas ideas como habilidad para realizarlas.

6. Guadalajara es hermosa y es agradable también.
   Gudalajara es tan hermosa como agradable.

7. Tiene muchas flores y tiene muchos árboles también.
   Tiene tantas flores como árboles.

8. Su clima es ameno y el de Hawaii es ameno también.
   Su clima es tan ameno como el de Hawaii.

9. Los tapatíos (ciudadanos de Guadalajara) juegan mucho al fútbol y los otros mexicanos juegan mucho al fútbol también.
   Los tapatíos juegan tanto al fútbol como los otros mexicanos.

10. Hay muchas chicas por la calle y hay muchos chicos también.
    Hay tantas chicas por la calle como chicos.

11. Las chicas son muy alegres y los chicos son muy alegres también.
    Las chicas son tan alegres como los chicos.

12. Las chicas son muy alegres y son muy hermosas también.
    Las chicas son tan alegres como hermosas.

13. Los viejos se ríen mucho y los jóvenes se ríen mucho también.
    Los viejos se ríen tanto como los jóvenes.

14. A los viejos les gusta divertirse mucho y a los jóvenes les gusta divertirse mucho también.
    A los viejos les gusta divertirse tanto como a los jóvenes.

15. En Guadalajara hay muchos días hermosos en el invierno y hay muchos días hermosos en el verano también.
    En Guadalajara hay tantos días hermosos en el invierno como en el verano.

PRACTICE 2. Review of *más . . . que* and *tanto . . . como.* For each of the following sentences, first ask a question with *tanto . . . como* then answer it with *más . . . que.*

1. Carlos llegó _____ tarde _____ ayer.
   ¿Carlos llegó tan tarde como ayer?
   Carlos llegó más tarde que ayer.

2. Paco tiene _____ amigos _____ su hermano.
   ¿Paco tiene tantos amigos como su hermano?
   Paco tiene más amigos que su hermano.

3. Carmen es _____ inteligente _____ su mamá.
   ¿Carmen es tan inteligente como su mamá?
   Carmen es más inteligente que su mamá.

4. Sarita canta _____ bien _____ su hermano.
   ¿Sarita canta tan bien como su hermano?
   Sarita canta mejor que su hermano.

5. Georgina juega _____ mal _____ Patricia.
   ¿Georgina juega tan mal como Patricia?
   Georgina juega peor que Patricia.

6. Eduardo ha traído _____ dólares _____ pesos.
   ¿Eduardo ha traído tantos dólares como pesos?
   Eduardo ha traído más dólares que pesos.

7. Eduardo ha traído _____ dólares _____ pedimos.
   ¿Eduardo ha traído tantos dólares como pedimos?
   Eduardo ha traído más dólares de los que pedimos.

8. Lola ha pagado _____ cuentas _____ mandé.
   ¿Lola ha pagado tantas cuentas como mandé?
   Lola ha pagado más cuentas de las que mandé.

9. Jorge resulta _____ inteligente _____ suponían.
   ¿Jorge resulta tan inteligente como suponían?
   Jorge resulta más inteligente de lo que suponían.

10. Ese proyecto salió _____ mal _____ el nuestro.
    ¿Ese proyecto salió tan mal como el nuestro?
    Ese proyecto salió peor que el nuestro.

11. La obra salió _____ mal _____ decía el patrón.
    ¿La obra salió tan mal como decía el patrón?
    La obra salió peor de lo que decía el patrón.

12. Sergio jugó un partido _____ bueno _____ el del domingo.
    ¿Sergio jugó un partido tan bueno como el del domingo?
    Sergio jugó un partido mejor que el del domingo.

13. Sergio escribió un ensayo _____ bueno _____ esperaba el profesor.
    ¿Sergio escribió un ensayo tan bueno como esperaba el profesor?
    Sergio escribió un ensayo mejor de lo que esperaba el profesor.

14. La novia de Paco baila con _____ gracia _____ su hermana.
    ¿La novia de Paco baila con tanta gracia como su hermana?
    La novia de Paco baila con más gracia que su hermana.

15. Tiene _____ plata _____ parece.
    ¿Tiene tanta plata como parece?
    Tiene más plata de lo que parece.

Barco en que mandan muchos pilotos pronto va a pique.

UNIT 20

Relatives

An adjective clause is formed, in Spanish as in English, when a sentence is used to modify a noun. Thus, in the sentence **Los estudiantes que vienen de Venezuela a veces encuentran dificultades con nuestro sistema de educación,** the adjective clause **que vienen de Venezuela** modifies **los estudiantes** much as the adjective **venezolanos** would in the same position.

Relatives (or relative conjunctions) are used in both Spanish and English to connect adjective clauses to the nouns they modify (i.e., to their antecedents). The English relatives *who, which* and *that* have similar, but not identical uses to the Spanish relatives **que, quien, el que,** and **el cual. (Lo que** and **lo cual** are neuter variants of **el que** and **el cual.)**

Notice that, although relatives are frequently omitted in certain positions in conversational English (e.g., the man I saw last night; the man *that* I saw last night), relatives are almost never omitted in Spanish.

A. *Que*

Que is by far the most frequent of the Spanish relatives.

---

1. La chica que conocí anoche es muy simpática.
2. El coche que atropelló a Ramón fue un Fiat.

PRACTICE. Combine the following pairs of simple sentences to form one compound sentence having an adjective clause with *que*. This drill and all of the others in this unit are best done with books open. Cover the answers.

1. El deporte es un tema de conversación. Este tema les gusta mucho a los españoles.
   El deporte es un tema de conversación que les gusta mucho a los españoles.
2. Prefiero jugar con ese muchacho. Ese muchacho juega muy bien.
   Prefiero jugar con ese muchacho que juega muy bien.

3. Mi hermano conoce a una chica. Ella es campeona de yudo.
Mi hermano conoce a una chica que es campeona de yudo.

4. El fútbol es un deporte. Este deporte se juega con 22 jugadores.
El fútbol es un deporte que se juega con 22 jugadores.

5. El fútbol cuenta millones de aficionados. Estos aficionados llegan a ser fanáticos a veces.
El fútbol cuenta millones de aficionados que llegan a ser fanáticos a veces.

6. Una vez vi un partido. Marcaron 10 goles en éste partido.
Una vez vi un partido en que marcaron 10 goles.

7. El árbitro hizo muchas decisiones erradas. Estas decisiones enfurecieron al público.
El árbitro hizo muchas decisiones erradas que enfurecieron al público.

8. El resultado del partido causó un desorden. En este desorden muchos sufrieron heridas.
El resultado del partido causó un desorden en que muchos sufrieron heridas.

B. *Que* vs. *Quien*

> El muchacho **que** vino ayer se llama Ernesto.
> El muchacho **con quien** vine ayer se llama Ernesto.

Que applies to people and things alike. *Quien* and its plural *quienes*, however, only apply to people. They are used instead of *que* after prepositions when the antecedent is a person.

Although *que* is sometimes used to refer to people when the preposition is *de*, *en*, or *a*, this usage is not always considered good. The best procedure, therefore, is to avoid *que* after any preposition when referring to people.

PRACTICE.

1. Aquí tiene una navaja con _____ puede abrir el paquete.
que

2. Acabo de conocer a las chicas de _____ hablabas ayer.
quienes

3. No ha llegado la carta en _____ me enviaron el cheque.
que

4. No volverás a ver al hombre a _____ prestaste tanto dinero.
   quien

5. Voy a visitar a mi abuelo por _____ siento gran respeto.
   quien

6. Aquella es la casa en _____ vive mi abuelo.
   que

7. No quiero hablar con ese ingrato por _____ tanto hice.
   quien

8. Aquí llega el candidato con _____ tendrá que debatir.
   quien

9. No entiendo el tema de _____ van a hablar.
   que

10. Este es el profesor de química de _____ los estudiantes están
    quejándose.
    quien

C. *Quien* May Replace *Que* in Nonrestrictive Clauses

In some sentences, the adjective clause is essential to the meaning of the
sentence. In others, it has only an explanatory role. Compare these sentences.
Notice that intonation and punctuation separate the nonrestrictive clause
from the rest of the sentence.

Restrictive	*Nonrestrictive (or explanatory)*
Compramos las frutas **que estaban medio maduras.**	Compramos las frutas, **que estaban medio maduras.**
We bought only that fruit which was half ripe.	We bought the fruit, all of which, incidentally, was half ripe.
Siempre llegaban tarde los alumnos **que tenían clases en otro edificio.**	Siempre llegaban tarde Antonio y Jaime, **quienes tenían clases en otro edificio.**
El dueño de la casa **que compramos** era un viejo avaro y antipático.	El dueño de la casa, **quien estaba en el extranjero,** había dejado las llaves con su hija.

When the reference is to persons and when the clause is nonrestrictive, that
is, merely explanatory, either *que* or *quien* may be used. In restrictive clauses,
quien is not used. Because English uses "who" in both types of clauses, students tend to use *quien* where it is inadmissible.

PRACTICE.   Use *quien* to replace *que* where possible. When it is not possible, simply repeat the sentences as given.

1. El vecino que toca la guitarra es argentino.
   El vecino que toca la guitarra es argentino.

2. Respetaban a mi padre, que era un hombre honrado.
   Respetaban a mi padre, quien era un hombre honrado.

3. Compré el coche que tanto me gusta.
   Compré el coche que tanto me gusta.

4. Mi padre, que es muy generoso, me dio el dinero.
   Mi padre, quien es muy generoso, me dio el dinero.

5. La secretaria que entrevisté ayer comenzará a trabajar mañana.
   La secretaria que entrevisté ayer comenzará a trabajar mañana.

6. ¿Te gustó la artista que debutó anoche?
   ¿Te gustó la artista que debutó anoche?

7. José, que es mi mejor amigo, está enfermo.
   José, quien es mi mejor amigo, está enfermo.

8. ¿Te acuerdas de ese cómico francés que vino el año pasado?
   ¿Te acuerdas de ese cómico francés que vino el año pasado?

9. Mi hermana, que vive cerca de tu casa, quiere invitarte a comer.
   Mi hermana, quien vive cerca de tu casa, quiere invitarte a comer.

10. El cartero que tiene esta ruta siempre llega a las diez.
    El cartero que tiene esta ruta siempre llega a las diez.

D. *Cuyo*

The relative *cuyo*, restricted in its usage to the more complex sentences associated with written style, is used to express the idea of possession. Thus:

Estas son flores tropicales.
Su perfume es muy penetrante.

may be combined to form a longer sentence as follows:

Estas son flores tropicales cuyo perfume es muy penetrante.

Note that *cuyo* agrees in number and gender with the noun that follows:

Díaz es el pintor **cuyos cuadros** se exhiben en la Galería Moderna.
Esta es la casa **cuyo jardín** es de estilo japonés.

PRACTICE 1.   Combine the following sentences, using a form of *cuyo.*

1. Eligieron presidente a Gloria. Sus ideas son feministas.
   Eligieron presidente a Gloria cuyas ideas son feministas.

2. El gobernador es un viejo político. Su filosofía es racista.
   El gobernador es un viejo político cuya filosofía es racista.

3. Trataban de cancelar las elecciones. Su resultado podría causar una sublevación.
   Trataban de cancelar las elecciones, cuyo resultado podría causar una sublevación.

4. No dieron permiso para un desfile. Su efecto llegaría a ser grave.
   No dieron permiso para un desfile, cuyo efecto llegaría a ser grave.

5. Los sindicatos laborales son fuerzas sociales. Su poder aumenta cada día.
   Los sindicatos laborales son fuerzas sociales cuyo poder aumenta cada día.

6. Las mujeres por fin lograron el sufragio. Su valor político y social es inestimable.
   Las mujeres por fin lograron el sufragio, cuyo valor político y social es inestimable.

7. Uno de los recursos políticos es el dinero. Su importancia es definitiva.
   Uno de los recursos políticos es el dinero, cuya importancia es definitiva.

8. Jefferson es uno de los personajes de la historia de los E.E.U.U. Se siente todavía su influencia.
   Jefferson es uno de los personajes de la historia de los E.E.U.U. cuya influencia se siente todavía.

9. Lincoln es otro gran norteamericano. Su fama es mundial.
   Lincoln es otro gran norteamericano cuya fama es mundial.

10. John F. Kennedy fue un gran estadista. Su personalidad encantó a millones.
    John F. Kennedy fue un gran estadista cuya personalidad encantó a millones.

In dealing with **cuyo,** you should keep in mind that, although **cuyo** is often paralleled by the English *whose* and vice versa, the English interrogative *whose,* as in *Whose book is this?,* is *never* equivalent to Spanish **cuyo.** Interrogative *whose* is always ¿**De quién?** (or ¿**De quiénes?**) in Spanish: ¿**De quién es este libro?** = Whose book is this?

PRACTICE 2.   Fill in the blanks with *de quién* or the proper form of *cuyo*.

1. I don't like a bar whose prices are too high.
   No me gusta un bar _____ precios sean demasiado altos.
   cuyos

2. Whose drink is this?
   ¿_____ es esta bebida?
   De quién

3. I don't know whose it is.
   No sé _____ es.
   de quién

4. Here comes the man whose drink you just drank.
   Ahí viene el hombre _____ bebida acabas de tomar.
   cuya

5. Who's the one who drank my drink?
   ¿_____ se me tomó la bebida?
   Quién

6. A man whose name I don't know did it.
   Lo hizo un hombre _____ nombre no sé.
   cuyo

7. A man whose friends are like you doesn't need enemies.
   Un hombre _____ amigos son como usted no necesita enemigos.
   cuyos

8. Tell him whose friend I am.
   Dígale _____ soy amigo.
   de quién

E. *El que* and *El cual*

The relatives *el que* and *el cual* alternate with the relative *que*. They are found most often after prepositions and in nonrestrictive clauses. They are usually associated with a more elevated style than the *que* variant. The following three sentences thus have the same meaning:

> Se le rompió el palo con **que** iba a remar.
> Se le rompió el palo con **el que** iba a remar.
> Se le rompió el palo con **el cual** iba a remar.

Note that *el que* and *el cual* must agree with their antecedent in gender and number. This characteristic permits these relatives to resolve ambiguities when there are two or more possible antecedents, a function which *que* is unable to fulfill.

Compare the ambiguity of:

La hija de mi vecino, que es muy inteligente, no trabaja nunca.

with the lack of ambiguity of:

La hija de mi vecino, *la cual* (or *la que*) es muy inteligente, no trabaja nunca.

El Cual *Preferred with Longer Prepositions*

El presidente y sus ministros avanzaron hasta la estatua **delante de la cual** (or **la que**) depositaron una corona.

The president and his ministers went up to the statue before which they placed a wreath.

La vieja sonrió y se puso unos anteojos de oro **sin los cuales** (or **los que**) no leía ni una letra.

The old lady smiled and put on a pair of gold spectacles without which she couldn't read a thing.

Nunca olvidaré el título de esa película **por causa de la cual** (but not **la que**) perdí mi novia.

I shall never forget the title of that picture on account of which I lost my fiancée.

With longer prepositions, *el cual* is preferred to *que* or *quien*. *El cual* is also used with short prepositions, especially *por, sin,* and *para*. Because *el cual* (*la cual, los cuales, las cuales*) shows the number and gender of its antecedent, it is often used in longer and more complex sentences in order to contribute to clarity.

Many sentences that admit *el cual* could also have *el que* (*los que, la que, las que*) but not all. The conditions that allow *el cual* but not *el que* are subtle, and it seems better not to deal with them here.* The student will always produce well-formed sentences if he uses *el cual* with longer prepositions. Comprehension of sentences using *el que* offers no problem.

PRACTICE. Replace the italicized words with the proper article plus *cual* or *cuales* and combine the two sentences. Do this excercise with your book open.

* See Gili y Gaya, S. *Curso superior de sintaxis española* (Barcelona: Vox, 1964), p. 307, for analysis of the distinction in use.

Example: Los amigos se encontraron en medio de la plaza. Alrededor de *la plaza* había edificios muy altos.

Los amigos se encontraron en medio de la plaza alrededor de la cual había edificios muy altos.

1. El verano pasado hice una gira por Latinoamérica con varios amigos. Entre *ellos* había un profesor de antropología y otro de sociología. Los demás éramos estudiantes de español, arte, y ciencia política.

   El verano pasado hice una gira por Latinoamérica con varios amigos entre los cuales había un profesor de antropología y otro de sociología. Los demás éramos estudiantes de español, arte, y ciencia política.

2. De Nueva York volamos a Los Angeles donde esperamos a dos de los muchachos que habían hecho el viaje en coche y sin *ellos* no podíamos comenzar el viaje.

   De Nueva York volamos a Los Angeles donde esperamos a dos de nuestros amigos que habían hecho el viaje en coche y sin los cuales no podíamos comenzar el viaje.

3. Tenochtitlán, la capital del imperio azteca, estaba en medio de una isla a una altura de 2.380 metros en el lago Texcoco. Sobre *este lago* los españoles más tarde construyeron la ciudad de México.

   Tenochtitlán, la capital del imperio azteca, estaba en medio de una isla a una altura de 2.380 metros en el lago Texcoco sobre el cual los españoles más tarde construyeron la ciudad de México.

4. A veintiocho millas de México están las pirámides de Teotihuacán que fueron contruídas alrededor del siglo I D.C. (después de Cristo) Entre *ellas* se destaca la Pirámide del Sol que está sobre las ruinas de la que probablemente fue la ciudad más grande del mundo antes de su decadencia en el siglo X.

   A veintiocho millas de México están las pirámides de Teotihuacán que fueron construídas alrededor del siglo I D.C. y entre las cuales se destaca la Pirámide del Sol que está sobre las ruinas de la que probablemente fue la ciudad más grande del mundo antes de su decadencia en el siglo X.

5. La ciudad de Taxco en México es centro de artesanía y otras industrias manuales. Entre *estas industrias* sobresalen los trabajos de plata y alfarería.

   La ciudad de Taxco en México es centro de artesanía y otras industrias manuales entre las cuales sobresalen los trabajos de plata y alfarería.

6. En Guatemala visitamos la ciudad de Antigua. Cerca de *esta ciudad* queda el hermoso lago de Atitlán.

   En Guatemala visitamos la ciudad de Antigua cerca de la cual queda el hermoso lago de Atitlán.

7. Luego fuimos a Costa Rica ya que queríamos ver el volcán Irazú. Sobre las faldas de *este volcán* está la capital del país, San José de Costa Rica.

Luego fuimos a Costa Rica ya que queríamos ver el volcán Irazú sobre las faldas del cual está la capital del país, San José de Costa Rica.

8. En Puerto Rico gozamos mucho en los barrios del viejo San Juan. En *éstos* se puede apreciar la influencia de España tanto en la arquitectura como en las costumbres.

En Puerto Rico gozamos mucho en los barrios del viejo San Juan en los cuales se puede apreciar la influencia de España tanto en la arquitectura como en las costumbres.

9. En uno de los cerros que rodean a Bogotá está la iglesia colonial de Monserrate. A *esta iglesia* se puede llegar por el teleférico o por el funicular.

En uno de los cerros que rodean a Bogotá está la iglesia colonial de Monserrate a la cual se puede llegar por el teleférico o por el funicular.

10. De Bogotá pasamos a Zipaquirá a visitar las minas de sal. Dentro de *las minas* han construído una catedral subterránea con capacidad para 15.000 personas.

De Bogotá pasamos a Zipaquirá a visitar las minas de sal dentro de las cuales han construido una catedral subterránea con capacidad para 15.000 personas.

11. En la Ciudad Universitaria en Caracas hay magníficas obras de escultura. Sobre *éstas*, desafortunadamente, los estudiantes colocan anuncios y carteles.

En la Ciudad Universitaria en Caracas hay magníficas obras de escultura sobre las cuales, desafortunadamente, los estudiantes colocan anuncios y carteles.

12. El desarrollo, la educación, y el adelanto técnico en Latinoamérica son motivo de interés de muchas organizaciones internacionales. Entre *éstas* se encuentran la UNESCO en educación, la FAO en alimentación, la UNICEF en el bienestar de la niñez, la WHO en la salud, y otras.

El desarrollo, la educación y el adelanto técnico en Latinoamérica son motivo de interés de muchas organizaciones internacionales entre las cuales se encuentran la UNESCO en educación, la FAO en alimentación, la UNICEF en el bienestar de la niñez, la WHO en la salud, y otras.

F. *Lo Que* and *Lo Cual*

The relatives *lo cual* and *lo que*, essentially identical in meaning and usage, are neuter variants of *el cual* and *el que*. They are used when the antecedent is a whole clause instead of a single word having gender and number. Compare the following sentence with its English equivalent:

> No sabe nadar, **lo cual** (or **lo que**) quiere decir que no debe jugar en la canoa.
> *He doesn't know how to swim, which means he shouldn't play in the canoe.*

PRACTICE 1. Combine the following pairs of sentences, using the relatives *lo cual* and *lo que* in alternate sentences.

1. Juan Carlos logra sacar buenas notas sin estudiar. Esto les interesa mucho a los profesores.
   Juan Carlos logra sacar buenas notas sin estudiar, lo cual les interesa mucho a los profesores.

2. Terminó su examen final muy temprano. Esto llamó la atención de los demás estudiantes.
   Terminó su examen final muy temprano, lo que llamó la atención de los demás estudiantes.

3. Salió y fumó un cigarrillo. Después de esto, regresó para esperar a sus amigos.
   Salió y fumó un cigarrillo, después de lo cual regresó para esperar a sus amigos.

4. Todo el mundo lo felicitó por su éxito. Juan Carlos agradeció esto con una sonrisa indulgente.
   Todo el mundo lo felicitó por su éxito, lo que agradeció Juan Carlos con una sonrisa indulgente.

5. Los jóvenes apreciaban el éxito intelectual de Juan Carlos. Esto le aseguraba su éxito social.
   Los jóvenes apreciaban el éxito intelectual de Juan Carlos, lo cual aseguraba su éxito social.

6. Desgraciadamente, se descubrió más tarde que Juan Carlos había hecho trampas en el examen. Esto fue un fuerte desengaño para todos.
   Desgraciadamente, se descubrió más tarde que Juan Carlos había hecho trampas en el examen, lo que fue un fuerte desengaño para todos.

7. Juan Carlos rehusó confesar el delito. Esto no ayudó su caso.
   Juan Carlos rehusó confesar el delito, lo cual no ayudó su caso.

8. Pero la evidencia era aplastante. Esto exigía consideraciones disciplinarias.
   Pero la evidencia era aplastante, lo que exigía consideraciones disciplinarias.

9. El profesor sólo dispuso que Juan Carlos se suspendiera en el examen. Esto sorprendió a muchos.
   El profesor sólo dispuso que Juan Carlos se suspendiera en el examen, lo cual sorprendió a muchos.

10. Pero Juan Carlos no fue suspendido en el curso. Por esto pensó que se había escapado sin castigo alguno.
    Pero Juan Carlos no fue suspendido en el curso, por lo que pensó que se había escapado sin castigo alguno.

11. Pero perdió el respeto de todos. Esto es, en realidad, el peor castigo.
    Pero perdió el respeto de todos, lo cual es, en realidad, el peor castigo.

PRACTICE 2.   Review. Fill in the blanks with the appropriate form of *quien*, *el cual*, *el que*, *lo cual*, *cuyo*, or *que*. In cases where more than one answer is possible, all answers are given.

1. Mi compañero de cuarto, para _____ tengo un gran afecto, ronca como tres tigres.
   quien, el que, el cual

2. Cuando viven juntas dos personas, una de _____ tiene ciertas idiosincrasias, hay que tener cuidado.
   las cuales

3. En fin, todos tenemos nuestros defectos, _____ quiere decir que hay que ser humilde.
   lo cual, lo que

4. El problema a _____ me refiero es el de vivir juntos sin reñirse.
   que, (a)l que, (a)l cual

5. Una persona _____ ropa sucia se ve por todos lados causa problema.
   cuya

6. La persona a _____ me refiero es mi compañero de cuarto.
   quien, la que, la cual

7. Mi compañero, _____ nombre es Edgardo, no tiene una voz exactamente angélica.
cuyo

8. La persona con _____ paso la tercera parte de cada día es Edgardo.
quien, la que, la cual

9. El cuarto en que vivimos, dentro de _____ no se podría meter ni un solo libro más, es ameno.
(d)el cual, (d)el que

10. Los sábados generalmente salimos los dos para ver alguna película de segunda categoría, _____ preferiblemente trate del oeste norteamericano.
que

11 O sea, buscamos películas sin moraleja ni valor social, _____ _____ indica que no estamos buscando educación sino diversión.
lo cual, lo que

12. Un actor por _____ sentimos gran predilección es James Stewart.
quien, el que, el cual

13. Tampoco nos parece muy mal Raquel Welch, _____ es de veras nuestra actriz favorita.
que, quien, la cual, la que

14. Un día oímos hablar de una película _____ dos personajes principales eran compañeros de cuarto.
cuyos

15. Naturalmente nos parecía que era una película a _____ no debíamos dejar de asistir.
que, la que, la cual

16. Sin otros amigos con _____ salir, fuimos sólo los dos.
quienes

17. Compramos las entradas y pasamos por una espesa cortina, detrás de _____ nos encontramos en una sala muy oscura.
la cual, la que

18. En seguida vimos que habíamos escogido una película _____ _____ no nos iba a gustar mucho.
que

19. Hasta mi compañero, a _____ no suele molestarle nada, sufrió un grave desengaño por la baja categoría de la película.
quien, (a)l que, (a)l cual

20. La película no resultó ser de nuestra acostumbrada segunda categoría sino, a lo mejor, de la cuarta o quinta, _____
prueba que no hay que escoger las películas sólo por el título.
lo cual, lo que

21. Por esa película de tan mala categoría, _____ nunca
olvidaremos, decidimos dejar de ir tanto al cine.
que, la cual

22. Hoy en día pasamos muchas tardes en _____ no hacemos sino estudiar. ¡Qué horror!
que, las que, las cuales

G. Nominalized *El que*

Compare the use of **el que** in the following two sentences:

> Me han robado el libro de gramática, sin **el que** no podré prepararme para mañana.
> Este libro de gramática es **el que** recomendó el profesor.

In the first sentence, **el que** (equivalent here to English *which*) is a simple relative, in which the article is an integral part. This relative is replaceable without essential change in meaning by **que** or **el cual.**

In the second sentence, however, **el que** is equivalent to English *the one that.* **El que** here is not a simple relative but a compound structure in which the article represents the antecedent **mi libro de gramática** and the **que** is a relative, connecting the antecedent with the following relative clause. Because the article stands in place of a noun phrase in this structure, it can be said to be nominalized.

The most convenient way to remember this usage is perhaps to associate it with English *the one(s) that* or *the one(s) who.*

PRACTICE 1. Answer the questions according to the indicated pattern.

1. ¿Qué veneno prefiere Juan?
Prefiere el que recomendó usted.

2. ¿Qué pistola compró Fidel?
Compró la que recomendó usted.

3. ¿Qué cigarrillos fuma el gordo?
   Fuma los que recomendó usted.

4. ¿Qué tipo de marihuana buscan los chicos?
   Buscan el que recomendó usted.

5. ¿Qué whiskey beben los viejos?
   Beben el que recomendó usted.

6. ¿Qué explosivos han empleado los revolucionarios?
   Han empleado los que recomendó usted.

7. ¿En qué auto van a la manifestación?
   Van en el que recomendó usted.

8. ¿Qué modo de comunicación usaron?
   Usaron el que recomendó usted.

9. ¿Por qué calle huyeron?
   Huyeron por la que recomendó usted.

10. ¿Qué explicaciones utiliza el alcalde?
    Utiliza las que recomendó usted.

PRACTICE 2.   Answer the questions following the indicated pattern.

1. ¿Vas a comprar un auto nuevo?
   No, me gusta el que tengo.

2. ¿Quieres probar estos nuevos cigarrillos?
   No, me gustan los que tengo.

3. ¿No vas a buscar nuevos amigos?
   No, me gustan los que tengo.

4. Aquí tienes una pluma que te servirá mejor.
   No, me gusta la que tengo.

5. ¿Quieres esta otra corbata?
   No, me gusta la que tengo.

6. ¿No te parece que otras ideas pueden ser mejores?
   No, me gustan las que tengo.

7. ¿No quieres que te cambie tu sándwich por otro?
   No, me gusta el que tengo.

8. ¿Aceptarás una nueva camisa si te la regalo?
   No, me gusta la que tengo.

9. ¿Quieres comprar otro libro de gramática?
   No, me gusta el que tengo.

10. ¿No preferirías otro profesor de español?
No, me gusta el que tengo.

H. *Lo que* as Equivalent of "What"

---

1. Mi perro no quiere comer, **lo que (lo cual)** significa que no está bien.
My dog doesn't want to eat, which means that he isn't feeling good.
2. **Lo que** quiero es una nota de A.
What I want is an A grade.

As it is used in sentence 1 (practiced in Section G), **lo que** is a relative that functions like English *which* to refer to an idea just expressed. **Lo que** is interchangeable with **lo cual** in this use.

Lo que, but not **lo cual**, is also used as we use *what* in English. Whenever *what* is not interrogative (as in "What do you mean?"), it is to be translated by **lo que**.

PRACTICE 1.   Answer the questions according to the pattern.

1. ¿Qué quieres? ¿Más dinero?
Sí, lo que quiero es más dinero.
2. ¿Qué necesitas? ¿Una idea nueva?
Sí, lo que necesito es una idea nueva.
3. ¿Qué viene allá? ¿Un autobús?
Sí, lo que viene allá es un autobús.
4. ¿Qué se vende aquí? ¿Tabaco?
Sí, lo que se vende aquí es tabaco.
5. ¿Qué están diciendo? ¿Que Paco es un idiota?
Sí, lo que están diciendo es que Paco es un idiota.
6. ¿Qué deben hacer? ¿Probar el coche otra vez?
Sí, lo que deben hacer es probarlo otra vez.
7. ¿Qué dijo tu hermano? ¿Que vengamos a las ocho?
Sí, lo que dijo mi hermano es que vengamos a las ocho.
8. ¿Qué le gusta más? ¿Ir a la playa?
Sí, lo que le gusta más es ir a la playa.
9. ¿Qué prefieren? ¿Comer ahora?
Sí, lo que prefieren es comer ahora.

PRACTICE 2. Fill in the blank, being careful to distinguish interrogative *¿qué?* from nominalized *lo que*.

1. What are you doing?
   ¿_____ estás haciendo?
   Qué

2. What you are doing is ridiculous.
   _____ estás haciendo es ridículo.
   Lo que

3. What I want is a happy life.
   _____ quiero es una vida feliz.
   Lo que

4. What makes you say that?
   ¿_____ te hace decir eso?
   Qué

5. He asked me "What do you want?"
   Me preguntó "¿_____ quieres?"
   Qué

I. Adverbial Relatives

Besides the relative pronouns studied in previous sections, there are other relative words which function in a similar manner. **Donde** is perhaps the most common of these. It is equivalent to the English *where* or *in which*, as in *the house where I live . . .* or *the house in which I live . . .*

PRACTICE. Follow the example.

Example: La casa *en que* vivo es de dos pisos.
         La casa donde vivo es de dos pisos.

1. ¿Preguntas por el lugar en el que pasé mis vacaciones?
   ¿Preguntas por el lugar (en) donde pasé mis vacaciones?

2. Fue en el pueblo *del cual* te envié la tarjeta postal.
   Fue en el pueblo de donde te envié la tarjeta postal.

3. Este era un pueblo en *el que* nada pasaba.
   Este era un pueblo (en) donde nada pasaba.

4. Había un hotel *al que* nadie llegaba.
   Había un hotel a donde nadie llegaba.

5. Y un parque en *el que* se paseaban las chicas.
Y un parque (en) donde se paseaban las chicas.

6. Y un teatro en *el que* sólo presentaban películas mexicanas.
Y un teatro (en) donde sólo presentaban películas mexicanas.

7. Pero tenían un museo (en) *el que* había un dinosaurio.
Pero tenían un museo en donde había un dinosaurio.

8. Cerca quedaba un bosque espeso en *el cual* mi amigo y yo nos perdimos.
Cerca quedaba un bosque espeso (en) donde mi amigo y yo nos perdimos.

9. Más allá del bosque había una pradera en *la que* vimos muchos venados.
Más allá del bosque había una pradera (en) donde vimos muchos venados.

10. Luego nos dimos cuenta de que la caverna en que pasamos la noche estaba sólo a ochenta metros del coche.
Luego nos dimos cuenta de que la caverna (en) donde pasamos la noche estaba sólo a ochenta metros del coche.

11. Regresamos al pueblo en *el que* nadie había notado nuestra ausencia.
Regresamos al pueblo (en) donde nadie había notado nuestra ausencia.

12. Como dije antes, es un pueblo en *el que* nunca pasa nada.
Como dije antes, es un pueblo (en) donde nunca pasa nada.

13. La próxima vez iré a un lugar en *el que* al menos se den cuenta de que existo.
La proxima vez iré a un lugar (en) donde al menos se den cuenta de que existo.

J. *Quien* and *El Que* Equivalent to *La Persona Que* ("He who")

Quien and *el que* (but not *el cual*) are used in sentences containing no specific antecedent.

Quien no ha visto a Sevilla no ha visto maravilla.
Anybody who hasn't seen Seville hasn't seen a marvellous thing.
El que no ha visto a Granada no ha visto nada.

PRACTICE 1. Follow the example

Example: *La persona que* no vota no tiene responsabilidad civil
El que no vota no tiene responsabilidad civil.
Quien no vota no tiene responsabilidad civil.

1. *La persona que* se acueste último debe apagar la luz.
El que se acueste último debe apagar la luz.
Quien se acueste último debe apagar la luz.

2. *A *la persona que* madruga, Dios le ayuda. (Ignore the asterisk for now.)
Al que madruga, Dios le ayuda.
A quien madruga, Dios le ayuda.

3. *Las personas que* llegaron tarde perdieron sus reservaciones.
Los que llegaron tarde perdieron sus reservaciones.
Quienes llegaron tarde perdieron sus reservaciones.

4. *El hombre que* no oye consejo, no llega a viejo.
El que no oye consejo, no llega a viejo.
Quien no oye consejo, no llega a viejo.

5. *Cualquiera que* tenga hambre, que venga a comer.
El que tenga hambre, que venga a comer.
Quien tenga hambre, que venga a comer.

6. *La gente que* tira papeles en la calle merece una multa.
Los que tiran papeles en la calle merecen una multa.
Quienes tiran papeles en la calle merecen una multa.

7. Y dijo Jesús: "*Cualquiera que* mira a una mujer para codiciarla, ya adulteró con ella en su corazón . . . (San Mateo V, 28.)
Y dijo Jesús: El que mira a una mujer para codiciarla, ya adulteró con ella en su corazón.
Y dijo Jesús: Quien mira a una mujer para codiciarla, ya adulteró con ella en su corazón.

8. *Al hombre que* tenga hambre, dadle de comer, y al hombre que tenga sed, dadle de beber.
Al que tenga hambre, dadle de comer, y al que tenga sed, dadle de beber.
A quien tenga hambre, dadle de comer, y a quien tenga sed, dadle de beber.

9. *La persona que* canta sus males espanta.
El que canta sus males espanta.
Quien canta sus males espanta.

10. *La persona que* mal anda, mal acaba.
    El que mal anda, mal acaba.
    Quien mal anda, mal acaba.

11. Y dijo Jesús: Y *cualquiera que* tenga oídos para oír, que oiga.
    Y dijo Jesús: "Y el que tenga oídos para oír, que oiga." (San Marcos VI, 16.)
    Y dijo Jesús: Quien tenga oídos para oír, que oiga.

12. *La persona que* a cuchillo vive, a cuchillo muere.
    El que a cuchillo vive, a cuchillo muere.
    Quien a cuchillo vive, a cuchillo muere.

13. *La persona que* interrumpe una conversación es descortés.
    El que interrumpe una conversación es descortés.
    Quien interrumpe una conversación es descortés.

14. *La persona que* calla, otorga.
    El que calla, otorga.
    Quien calla, otorga.

15. *Cualquiera que* llegue a mi puerta, siempre será bien recibido.
    El que llegue a mi puerta, siempre será bien recibido.
    Quien llegue a mi puerta, siempre será bien recibido.

PRACTICE 2. The Spanish language is unusually rich in proverbs. In the previous exercise there are a number of them which occur. They are marked with an asterisk. Here we give a paraphrase of the meaning of those proverbs. See if you can pick out from Practice 1 the proverb that expresses the idea given. The answers are listed on the following page.

a. Si alguien no expresa una opinión negativa sobre algo, su silencio se interpreta como asentimiento.

b. Aquellas personas que viven fuera de la ley generalmente no terminan sus días en forma muy feliz.

c. Quien no presta atención a otros que tienen más experiencia es tonto, y su vida no será muy larga.

d. Quien se levanta temprano y es diligente recibe la ayuda de Dios.

e. Aquellas personas que viven en forma violenta generalmente mueren de la misma manera.

f. La música y las canciones son medios buenos para combatir la tristeza.

a. El que calla otorga.

b. Quien mal anda, mal acaba.

c. El que no oye consejo, no llega a viejo.

d. Al que madruga, Dios le ayuda.

e. El que a cuchillo vive, a cuchillo muere.

f. El que canta sus males espanta.

A buena hambre no hay pan duro.

UNIT 21

The Position
of Descriptive Adjectives

Descriptive adjectives are often placed after the noun they modify, but they may also precede. It sometimes happens that either position is possible, with little difference in meaning. The following generalizations are offered as guides for the variation in position.

The fundamental principle involved is based on the *amount of descriptive information* which the adjective provides. The more informative and essential the adjective is to the meaning of the phrase, the more likely it is to follow. The more quantitative or affective the meaning (i.e., the less descriptive), the more likely it is that the adjective will precede. Adjectives that only remind us of obvious or well-known qualities also precede; they are decorative, not informative.

Affective	Informative
Quantitative ⟷	Essential
Decorative	Selective

Compare:

Raras veces comemos pescado.
(Quantitative meaning, like **pocas**)
Ese amigo tuyo es un **chico raro.**
(Selective, descriptive, essential to the meaning)
Ese **maldito perro** ensució el piso otra vez.
(Affective, expressing speaker's emotion)
Los **altos picos** de los Andes son de origen reciente.
(Decorative. We all know they are high. Adjective could be omitted.)
Tengo un **buen diccionario** pero me falta un atlas.
(As much affective as descriptive)
Han sobrevivido por **razones históricas y geográficas.**
(Essential, informative. Without them the sentence is meaningless.)

El anciano le dio unos **suaves golpecitos** (unos **golpecitos suaves**) en el hombro.

> (There is no perceptible difference. The adjective gives some information but not much because **golpecitos** could scarcely be hard. The adjective is midway on the scale.)

Los **trágicos** acontecimientos de la época de Hitler serán un cargo de conciencia para toda la raza humana.

> (Everyone knows they were tragic. The adjective is decorative, not informative.)

Certain types of adjectives almost invariably have the essential, selective function and are found after the noun. Typical of this kind are those expressing nationality (*una profesora mexicana*), religion (*la iglesia católica*), color (*un vestido negro*), shape (*la mesa redonda*), branches of learning (*un concepto sociológico*), and other technical terms (*un problema mecánico, una variación topográfica*). It would be difficult to conceive of a sentence referring to *un sociológico concepto* or *un mecánico problema*.

Other adjectives typically serve affectively to praise or criticize the noun they modify, in other words, to express subjective judgements. Consequently, words such as *bueno, malo, mejor, peor, grande, maldito, condenado, mero* are often found before the noun. In the case of *bueno, malo, mejor,* and *peor,* they follow only when heavily stressed. *Maldito* and *condenado* follow when their meaning is literally "accursed," "condemned." *Grande* occurs either before or after the noun in the meaning "large." When used affectively (i.e., "great," that is, approval), it precedes.

B. Adjectives Whose Meanings Shift Because of Position

The factors examined above, plus others, have brought about differences in meaning with certain adjectives depending upon their position. In several of these cases, the adjective is truly descriptive when it follows the noun but has a numerical, figurative, or an affective sense when it precedes.

pobre to be pitied	**pobre** penniless
Los pobres soldados tenían que marchar todo el día.	Los ciudadanos pobres recibían medicinas gratis.
raro infrequent	**raro** odd, strange
Con raras excepciones, los tiburones no atacan en estas aguas.	Ese señor tiene unas ideas raras.
único only	**único** unique
Ese gato es el único amigo que tienen.	Leonardo da Vinci tuvo un talento único.

cierto certain (i.e., some)	**cierto** sure, true
Ciertas personas no hacen más que quejarse.	Dicen que las únicas cosas ciertas en el mundo son la muerte y los impuestos.
mismo same; very, -self	**mismo** very, -self
El mismo diablo no pudo aprender la lengua vasca, tan difícil es.	El presidente mismo nos abrió la puerta.
Ese es el mismo diablo que sale en la primera escena.	
medio half	**medio** average
media hora	La temperatura media es de 15°C.
Sólo quiero media porción. Estoy a dieta.	
propio own	**propio** of ones' own; characteristic
Este es mi propio coche; el otro es de mis padres.	Los casados necesitan casa propia.
	Esta es una construcción propia de muchos climas cálidos.

PRACTICE 1.   Repeat the sentences, inserting the adjective either before or after the indicated nouns. If they are essential and informative, place them after the noun. If they are merely decorative or affective, place them before.

1. Me dicen que Carlos se ha casado con una *jovencita* (española)
   Me dicen que Carlos se ha casado con una jovencita española.

2. Un *muchacho* seguía interrumpiéndome (maleducado)
   Un muchacho maleducado seguía interrumpiéndome.

3. Esa no es una *idea* (mala)
   Esa no es una mala idea.

4. Pediremos la ayuda de un *servicio* (técnico)
   Pediremos la ayuda de un servicio técnico.

5. Lo que sugieres me parece una *solución* (fantástica)
   Lo que sugieres me parece una fantástica solución. (o una solución fantástica.)

6. La India ya tiene un *número* de habitantes (astronómico)
   La India ya tiene un número astronómico de habitantes.

7. Un *coche* así debe costar muchísimo (estupendo)
   Un estupendo coche así debe costar muchísimo. (o un coche estupendo)

8. Los *beisbolistas* juegan cada vez mejor (latinoamericanos)
   Los beisbolistas latinoamericanos juegan cada vez mejor.

9. ¡No puedo encontrar la *llave* (maldita)
   ¡No puedo encontrar la maldita llave!

10. Mi *abuela* me regaló esto (vieja)
    Mi vieja abuela me regaló esto.

11. En esta *época* la moralidad está cambiando rápidamente (moderna)
    En esta época moderna la moralidad está cambiando rápidamente.

12. La Secretaría de *Obras* ha hecho el cambio (Públicas)
    La Secretaría de Obras Públicas ha hecho el cambio.

13. El hermano de Carlos es un *pintor* (famoso)
    El hermano de Carlos es un famoso pintor. (o un pintor famoso)

14. Tu hermanito no tiene esa *costumbre* de fumar (mala)
    Tu hermanito no tiene esa mala costumbre de fumar.

15. Lo que quiero es un *café* (caliente)
    Lo que quiero es un café caliente.

16. Este ha sido el *día* de mi vida (peor)
    Este ha sido el peor día de mi vida.

PRACTICE 2. Continue as in Practice 1.

1. Me he comprado unos *zapatos* (blancos)
   Me he comprado unos zapatos blancos.

2. La esposa de mi jefe es una *mujer* (delicada)
   La esposa de mi jefe es una mujer delicada.

3. Los filólogos trabajan más con la *lengua* (escrita)
   Los filólogos trabajan más con la lengua escrita.

4. ¡Mil gracias! ¡Tú eres un *amigo* (grande)
   ¡Mil gracias! ¡Tú eres un gran amigo.

5. Hay que entrar por la *puerta* (principal)
   Hay que entrar por la puerta principal.

6. La *Sierra Nevada* fue un obstáculo para los pioneros (alta)
   La alta Sierra Nevada fue un obstáculo para los pioneros.

7. Ese *hombre* que ves allí es un criminal (alto)
   Ese hombre alto que ves allí es un criminal.

8. Paquito es mi *hijo* (mayor)
   Paquito es mi hijo mayor.

9. Me gustan más los *relojes* (pequeños)
   Me gustan más los relojes pequeños.

10. Nuestro senador propone soluciones a todos los problemas (ilustre)
    Nuestro ilustre senador propone soluciones a todos los problemas.

11. Un *hombre* debe hacer ejercicio moderado (viejo)
    Un hombre viejo debe hacer ejercicio moderado.

12. Mi *esposa* está bailando con otro hombre (querida)
    Mi querida esposa está bailando con otro hombre.

13. Los niños se reían de *gusto* (puro)
    Los niños se reían de puro gusto.

14. El *río* impedía unos viajes y facilitaba otros (ancho)
    El ancho río impedía unos viajes y facilitaba otros.

15. No se portan así los *niños* (buenos)
    No se portan así los niños buenos.

16. El torero recibió aplausos por su manejo del capote (hábil)
    El torero recibió aplausos por su hábil manejo del capote.

PRACTICE 3.   Continue as before.

1. Las *ruinas* de los incas atraen a muchos turistas (antiguas)
   Las antiguas ruinas de los incas atraen a muchos turistas.

2. Aquel fue el *invierno* que pasé con mis *amigos* (único, peruanos)
   Aquel fue el único invierno que pasé con mis amigos peruanos.

3. La *cabaña* de mis amigos se encontraba en la *parte* del valle (rústica, alta)
   La rústica cabaña de mis amigos se encontraba en la parte alta del valle.

4. Los *picos* de los Andes me hacían sentir muy pequeño (enormes)
   Los enormes picos de los Andes me hacían sentir muy pequeño.

5. A lo lejos se oían *voces* que cantaban *villancicos* de Navidad (infantiles, alegres)
   A lo lejos se oían voces infantiles que cantaban alegres villancicos de Navidad.

6. Ya era muy tarde y las pocas luces de la *aldea* se apagaban una tras otra (pequeña)
   Ya era muy tarde y las pocas luces de la pequeña aldea se apagaban una tras otra.

7. Amaneció un día domingo claro y sereno. El *aire* de aquella mañana llenaba mis pulmones con la alegría de la vida (fresco)
   Amaneció un día domingo claro y sereno. El aire fresco de aquella mañana llenaba mis pulmones con la alegría de la vida.

PRACTICE 4. Place the adjective appropriately.

1. Me aconsejaron que tratara de encontrar las virtudes hasta de mis
   _____ enemigos _____. (peor)
   peores enemigos

2. Mi _____ madre _____ me sacó del apuro.
   (buena)
   buena madre

3. El amigo de José me pareció un _____ chico _____
   _____. (raro)
   chico raro

4. Esa _____ chica _____ a pesar de su mucho
   dinero no tenía suerte en el amor. (pobre)
   pobre chica

5. En ese _____ accidente _____ murieron
   doce personas. (desafortunado)
   desafortunado accidente

6. No hay nada cierto en lo que dicen. Son _____ rumores
   _____. (meros)
   meros rumores

7. La _____ parte _____ de la fiesta fue
   cuando nos quedamos sin luz. (buena)
   parte buena

8. Churchill es uno de los _____ estadistas _____
   _____ de este siglo. (grandes)
   grandes estadistas

9. La única _____ tía _____ de Ramón hizo
   su dinero en la Bolsa. (rica)
   tía rica

10. ¡Eres un _____ niño _____! ¿Por qué
    maltratas así al perrito? (malo)
    niño malo

11. Ya quedan muy pocos ríos con _____ agua _____
    _____. (pura)
    agua pura

12. No quiero volver a saber nada de Ambrosio. Es un _____
    amigo _____. (falso)
    falso amigo o amigo falso

13. Han ocurrido tantas desgracias ahí. Por eso la llaman "la _____
    _____ casa _____ ". (maldita)
    casa maldita

14. Mira, lo que estás diciendo son _____ tonterías _____
    _____. (puras)
    puras tonterías

15. ¿No crees que los Rockefeller tengan _____ parientes
    _____ ? (pobres)
    parientes pobres

16. Los _____ vinos _____ de California son
    superiores a los _____ vinos _____ de
    España. (buenos)
    vinos buenos/vinos buenos

17. Mi _____ suerte _____ parece que no me
    deja nunca. (mala)
    mala suerte

18. ¡Estoy harto de estas _____ frases _____ !
    (ridículas)
    ridículas frases o frases ridículas

PRACTICE 5.   Place the two elements given so as to complete the sentence
in a meaningful way.

1. El nuevo profesor usaba botas de estilo tejano y traía un sombrero
   de _____ . (alas, anchas)
   (alas anchas)

2. La ciudad tiene dos partes, una moderna y una antigua, pintoresca.
   Las casas de la _____ son incómodas tal vez, pero
   tienen mucho más carácter, más arte. (antigua, sección)
   (sección antigua)

3. Uno de nuestros _____ debe ser la _____ .
   (bienes, espirituales/paz, interior)
   (bienes espirituales/paz interior)

4. Con gran confianza en su _____ el ladrón salió por la
   _____ . (disfraz, magnífico/puerta, principal)
   (magnífico disfraz/puerta principal)

5. La _____ entre los indios ha sido muy práctica. (labor,
   educativa)
   (labor educativa)

6. El valor de esa obra depende más del sentido personal de _____
   _____ que de _____ . (apreciación, estética/cues-
   tiones, morales)
   (apreciación estética/cuestiones morales)

7. Los _____ no sirven en los _____ . (altos,
   árboles/jardines, pequeños)
   (árboles altos/jardines pequeños)

8. Mi hijo vive y trabaja ahora en _____ . (Alemania,
   Occidental)
   (en Alemania Occidental)

9. El compadrazgo es una costumbre de todos los países donde predo-
   mina la _____ . (católica, religión)
   (religión católica)

10. Las _____ de Siberia se van poblando a pesar del am-
    biente poco hospitalario. (frías, estepas)
    (frías estepas)

11. La _____ es más importante que los parques y las
    fuentes de la capital. (agraria, reforma)
    (reforma agraria)

PRACTICE 6.   Complete the Spanish sentence. Follow the model.

The poor soldiers had to march all day long. (soldados, pobres)
Los _____ tenían que marchar todo el día.
Los pobres soldados tenían que marchar todo el día.

1. That eclipse was a strange phenomenon. (raro, fenómeno)
   Ese eclipse fue un _____ .
   fenómeno raro/raro fenómeno

2. She wears the same kind of perfume Lisa does. (clase, misma)
   Ella usa la _____ de perfume que Lisa usa.
   misma clase

3. The poor people of the town live on the banks of the river. (pobre,
   gente)
   La _____ del pueblo vive en las orillas del río.
   gente pobre

4. My poor dog lost his tail. (pobre, perro)
   Mi _____ perdió la cola.
   pobre perro

5. The professor himself wrote this exam. (profesor, mismo)
   El _____ escribió este examen.
   profesor mismo

6. A large part of the house was destroyed. (parte, buena)
   Una _____ de la casa fue destruída.
   buena parte

7. The two old soldiers walked slowly through the park. (soldados, viejos)
   Los dos _____ caminaban despacio por el parque.
   viejos soldados (*soldados viejos* is possible, but less likely)

8. There's a certain mystery about his origin. (cierto, misterio)
   Hay _____ sobre su origen.
   cierto misterio

9. The only person who saw the accident was my brother. (única, persona)
   La _____ que vio el accidente fue mi hermano.
   única persona

10. There were several students who spent the summer in Spain. (estu-diantes, varios)
    Hubo _____ que pasaron el verano en España.
    varios estudiantes

11. He's such a clown. Even his own sister says so. (propia, hermana)
    Es un payaso. Aun su _____ lo dice.
    propia hermana

12. Look at this orchid. It's a unique specimen found only in Colombia. (único, ejemplar)
    Mira esta orquídea. Es un _____ que se encuentra sólo en Colombia.
    ejemplar único

13. That is not a legend. It's a true fact which took place twelve years ago. (cierto, hecho)
    Eso no es una leyenda. Es un _____ que ocurrió hace doce años.
    hecho cierto

14. That is an attitude characteristic of the people of the mountains. (propia, actitud)
    Esa es una _____ de la gente de las montañas.
    actitud propia

15. The average salary of construction workers is considerable. (salario, medio)

El _____ de los obreros de construcción es considerable.

salario medio

16. My grandmother has an old medallion which I would like to have some day. (medallón, antiguo)

Mi abuela tiene un _____ que me gustaría tener algún día.

medallón antiguo o antiguo medallón

C. Placement of More than One Adjective

1. a. Viven en una casa **verde**.
   b. Viven en una casa **grande**.
   c. Viven en una **gran** casa **verde**.
   d. Viven en una casa de **ladrillos**.
   e. Viven en una **gran** casa **de ladrillos**.
2. a. Llevaba botas **altas** y pantalones de estilo tejano.
   b. Llevaba **altas** botas **militares** y pantalones de estilo tejano.
3. a. El viejo nos miraba fijamente con sus ojos **vidriosos** mientras sus labios repetían en silencio el mismo nombre.
   b. El viejo nos miraba fijamente con sus **vidriosos** ojos **azules**.
   c. El viejo nos miraba fijamente con sus ojos **azules vidriosos**.
4. Hombres y mujeres, todos necesitamos hacer ejercicio **físico moderado**.
5. Estudiamos la literatura **inglesa contemporánea**.
6. ¿Es muy diferente de la literatura **contemporánea americana**?
7. Su padre era un hombre **alto, robusto, bien plantado** que imponía respeto y admiración.

To some extent, the principles that govern the placement of a single adjective apply to more than one. However, there is a conflicting tendency to balance the phrase by placing one adjective before and one after. An adjectival phrase (i.e., a prepositional phrase such as *de ladrillos, de campo*) counts as a modifier in this matter.

The adjective that is less essential, more capable of preceding the noun, will then go before, as in examples 1c, 1e, 2b, and 3b.

However, if two or more adjectives are equally essential and selective, all will follow. In this case, there are two possibilities: either the noun plus one adjective forms a psychological unit, and the other adjectives describe that unit, or all of the adjectives modify the noun independently. In example 5, *literatura inglesa* is a unit which can be modified by such adjectives as *contemporánea, moderna, antigua, renacentista*, etc. In sentence 6, however, the unit is *literatura contemporánea*, which may be *americana, inglesa, española, narrativa*, and so on.

In example 7, all of the adjectives modify the noun equally. They are separated by commas or by *y* in writing and by a different intonation in speech. We are not saying that this is a "robust tall man," that is, a tall man who is robust. We are saying that this is a man who is tall and robust and good-looking and who commanded respect and admiration.

PRACTICE.   The adjectives given in parentheses should modify the italicized noun. Place them appropriately.

1. (japonesa, hermosa) La *actriz* se presentó por primera vez en Radio City.
   La hermosa actriz japonesa se presentó por primera vez en Radio City.

2. (delicada, diplomática) Era una *misión* de gran importancia para el país.
   Era una delicada misión diplomática de gran importancia para el país.

3. (joven, ciego) Conocí a un *escritor* en la tertulia.
   Conocí a joven escritor ciego en la tertulia.

4. (pequeño, tipográfico) No encontré en el libro más que un *error*.
   No encontré en el libro más que un pequeño error tipográfico.

5. (bueno, barato) Buscamos un *restaurante*.
   Buscamos un restaurante bueno y barato. (also possible: un buen restaurante barato)

6. (grandes, tecnológicos) Los *avances* de hoy han mejorado mucho la vida.
   Los grandes avances tecnológicos de hoy han mejorado mucho la vida.

7. (mejores, disponibles) Vamos a utilizar los *procedimientos*.
   Vamos a utilizar los mejores procedimientos disponibles.

8. (nuevo, negro) Mi *abrigo* ya está en la lavandería.
   Mi abrigo negro nuevo ya está en la lavandería.

9. (terrible, fatal) La víspera de Año Nuevo tuvimos un *accidente*.
   La víspera de Año Nuevo tuvimos un terrible y fatal accident (also: un accidente terrible y fatal)

10. (ricos, persas) Mis *parientes* me regalarán un elefante.
    Mis ricos parientes persas me regalarán un elefante.

11. (larga, difícil) Esta es una *lección*.
    Esta es una lección larga y difícil.

12. (altos, gruesos) Los troncos de los árboles del Parque Sequoia son como columnas de un templo al dios de la naturaleza.
    Los altos y gruesos troncos de los árboles del Parque Sequoia son como columnas de un templo al dios de la naturaleza (also: los troncos altos y gruesos . . .)

Como se viene se va.

UNIT 22

Problems
in English-Spanish
Word Association

Although students are encouraged to think entirely in Spanish, it often happens that English words and structures induce them to make errors. For example, when one word is associated with two or more Spanish words of differing meanings, students usually find it necessary to study and practice these special problem words in order to avoid misusing them. This unit presents some of the most common items of this type. (Note that there is no attempt to treat all of the Spanish equivalents of the words in this unit. Only the problem equivalents are considered.)

Study the generalizations in each section before doing the exercises.

A. Verb Equivalents

ask: **pedir**—to ask for something, to request (Note that *por* is not used.)
  Voy a pedirle una cita.
  Voy a pedirle que me ayude.
preguntar—to ask for information
  Me preguntó qué hora era.
preguntar por—to ask about somebody, inquire
  El profesor preguntó por ti y le dije que estabas en el hospital.
hacer una pregunta—to ask a question (**Preguntar una pregunta** is not used.)
  ¡No hagas tantas preguntas!

play: **jugar (a)**—to play a game
  Ayer jugué al golf.
tocar—to play a musical instrument.
  Su mamá toca muy bien el piano.

know: **conocer**—to be acquainted or familiar with a person, a place, or a thing
    ¿Conoce usted a mi novia?
    ¿Conoce usted a Madrid?
    ¿Conoces esa marca de automóvil?
saber—to know a fact
    ¿Sabe usted mi nombre?
    ¿Sabía usted que mañana es mi cumpleaños?

leave: **dejar**—to leave something or someone some place
  Dejé mi pistola en casa.
  Dejé a las chicas en el cine.
salir (de)—to leave, to go or come out (i.e., of some enclosure)
  ¿A qué hora saldrás del examen?
irse or **marcharse**—to leave, to go away
  Pito no está aquí. Se fue (o se marchó) hace media hora.

realize: **darse cuenta (de)**—to be (or become) aware of
  No me di cuenta de que estabas aquí.
realizar—to make real, to bring into existence, to carry out
  Al ser elegido, el nuevo senador realizó los sueños de su juventud.
  La ceremonia se realizó de acuerdo con el programa preparado.

PRACTICE 1.   Pick the word which correctly matches the meaning given.

1. What time are we going to play tennis?
  ¿A qué hora vamos a _____ (tocar/jugar) al tenis?
  jugar

2. Do you know what time it is?
  ¿_____ (sabe/conoce) usted qué hora es?
  Sabe

3. I didn't realize it was so late.
  No _____ (realicé/me daba cuenta de) que era tan tarde.
  me daba cuenta de

4. Your fiancée left an hour ago.
  Su novia _____ (dejó/se fue) hace una hora.
  se fue

5. I don't know your friend's name.
  No _____ (sé/conozco) el nombre de su amigo.
  sé

6. I don't know your friend.
  No _____ (sé/conozco) a su amigo.
  conozco

7. I'm sorry, but the plane will not leave until tomorrow.
  Lo siento, pero el avión no va a _____ (dejar/salir) hasta mañana.
  salir

8. Your cousin asked me for money.
  Tu primo me _____ (pidió/preguntó) dinero.
  pidió

9. The professor has left his whip here.
   El profesor ha _____ (salido/dejado) su látigo aquí.
   dejado

10. You didn't realize that I had left?
    ¿Usted no _____ (se daba cuenta de/realizaba) que yo
    me había ido?
    se daba cuenta de

11. They were asking about you yesterday.
    Ayer _____ (preguntaban/pedían) por ti.
    preguntaban

12. Do you know when we will finish?
    ¿_____ (conoce/sabe) usted cuándo terminaremos?
    Sabe

13. He left the building several hours ago.
    _____ (dejó/salió de) el edificio hace varias horas.
    Salió de

14. I'd like to ask a question.
    Yo quisiera _____ (preguntar/hacer una pregunta).
    hacer una pregunta

15. When do you leave for México?
    ¿Cuándo _____ (deja/se va) usted para México?
    se va

16. I asked him if he was going.
    Le _____ (pedí/pregunté) si iba.
    pregunté

17. I don't know your telephone number.
    No _____ (conozco/sé) su número de teléfono
    sé

18. How much are you asking for this painting?
    ¿Cuánto _____ (pide/pregunta) usted por este cuadro?
    pide

19. I realized a profit of 10 percent on this property.
    _____ (Realicé/me di cuenta de) una ganancia de un 10
    por ciento en esta propiedad.
    Realicé

20. Do you know Spain very well?
    ¿_____ (conoce/sabe) usted España muy bien?
    Conoce

21. He doesn't realize the time.
    No _____ (realiza/se da cuenta de) la hora.
    se da cuenta de

PRACTICE 2. Test your mastery of the problem words you have been practicing by providing the correct form of the proper verb (including the correct prepositions).

1. Do you know where my racket is?
   ¿_____ usted donde está mi raqueta?
   Sabe

2. Frank left the house at 11:00.
   Francisco _____ la casa a las 11:00.
   salió de

3. Did you remember to ask about my parents?
   ¿Se acordó usted de _____ mis padres?
   preguntar por

4. Unfortunately, the train had already left.
   Desgraciadamente, el tren ya había _____.
   salido

5. Do you know how to play checkers?
   ¿Sabes _____ las damas?
   jugar a

6. May I ask a question?
   ¿Puedo _____?
   hacer una pregunta

7. May I ask a favor?
   ¿Puedo _____?
   pedir un favor

8. I left my heart in San Francisco.
   _____ mi corazón en San Francisco.
   Dejé

9. I know that type of person.
   _____ ese tipo de persona.
   Conozco

10. I realized that this was the last chance.
    _____ ésta era la última oportunidad.
    Me di cuenta de que

11. My son asked me for a new bicycle.
    Mi hijo me _____ una bicicleta nueva.
    pidió

12. I'm sorry but she left ten minutes ago.
    Lo siento pero _____ hace diez minutos.
    (se fue o se marchó)

13. Do you know this neighborhood very well?

¿_____ usted muy bien este barrio?
Conoce

14. I'm sorry but I didn't realize what I was doing.

Lo siento pero no _____ lo que hacía.
me daba cuenta de

15. Will you please play a song for us?

¿Quieres _____ nos una canción, por favor?
tocar

16. He asked me if what I said was true.

Me _____ si lo que dije era verdad.
preguntó

17. Do you know Paco Gómez?

¿_____ usted a Paco Gómez?
Conoce

18. Do you know who José Martí was?

¿_____ tú quién fue José Martí?
Sabes

19. What did you ask for in your letter?

¿Qué _____ usted en su carta?
pidió

20. What time are you going to leave?

¿A qué hora vas a _____ ?
marcharte o irte

21. Your roommate called to ask about you.

Tu compañero de cuarto llamó para _____ ti.
preguntar por

22. I don't dare ask that question.

No me atrevo a _____ esa pregunta.
hacer

23. Yesterday the professor left the classroom in a bad humor.

Ayer el profesor _____ la sala de clase de mal humor.
salió de

24. Who did you play bridge with?

¿Con quién _____ usted al bridge?
jugó

25. I'm going to ask for a raise.

Voy a _____ un aumento de salario.
pedir

26. Where did she leave the shotgun?
    ¿Dónde _____ la escopeta?
    dejó

27. Who asked you that?
    ¿Quién te _____ eso?
    preguntó

28. Who is playing that blasted drum?
    ¿Quién está _____ ese maldito tambor?
    tocando

B. Become (Get)

entristecerse	to become sad
enriquecerse	to get rich
empobrecerse	to become poor
envejecerse	to get old
alegrarse	to become happy (also *to be happy*: Me alegro de saberlo.)
enojarse	to get angry
enfurecerse	to become furious
enloquecerse	to become insane (go mad)
calmarse	to become calm, calm down
tranquilizarse	to become calm, calm down
callarse	to become quiet, keep silent
cansarse	to get tired
enfermarse	to get sick (also, in Spain, **enfermar**)
mejorarse	to get better, improve

ponerse (+ **frío, enojado, triste**, and other adjectives expressing *involuntary* and passing psychological and physical states): to become or get (cold, angry, sad, etc.)

Al oír la noticia, mi papá se puso muy triste.

hacerse (+ **abogado, médico**, and other nouns expressing professions): to become (a lawyer, a doctor, etc.)

Me dijo que estaba pensando hacerse abogado.

llegar a ser (+ nouns or adjectives expressing generally an important personal status): to become, get to be (e.g., after considerable effort)

Después de años de ejercicio, mi tío llegó a ser campeón de tenis.

convertirse (en): to become, turn into (i.e., change in physical properties)

El agua se convierte en hielo a los 32° F.

meet: **conocer**—to make someone's acquaintance

Nunca he conocido a tu prima.

encontrar—to come across ("bump into") someone
   Ayer encontré a tu hermana en la calle.
reunirse—to get together by prearrangement
   El comité se reúne todos los días.

learn: **aprender**—to acquire knowledge by study or intent
   No he aprendido todas estas palabras todavía.
   enterarse (de)—to find out about something accidentally
   Ayer me enteré de que tú te marchabas hoy.
   saber (especially in the preterit)—same as **enterarse**
   Supe que estuviste enferma ayer.

PRACTICE 1.   Give a brief sentence using the "become" word associated with each of the adjectives. Use as a model: *Ese hombre va a enriquecerse.*

1. pobre
   Ese hombre va a empobrecerse.

2. rico
   Ese hombre va a enriquecerse.

3. viejo
   Ese hombre va a envejecerse.

4. callado
   Ese hombre va a callarse.

5. alegre
   Ese hombre va a alegrarse.

6. enojado
   Ese hombre va a enojarse.

7. triste
   Ese hombre va a entristecerse.

8. enfermo
   Ese hombre va a enfermarse.

9. mejor
   Ese hombre va a mejorarse.

10. cansado
   Ese hombre va a cansarse.

11. furioso
   Ese hombre va a enfurecerse.

12. loco
   Ese hombre va a enloquecerse.

13. tranquilo
    Ese hombre va a tranquilizarse.

14. calmado
    Ese hombre va a calmarse.

PRACTICE 2. Practice with verbs expressing English "become." Give a short answer to the question following the pattern.

1. ¿Su mamá se puso triste?
   Sí, se entristeció.

2. ¿Su hermanita se puso alegre?
   Sí, se alegró.

3. ¿Su tío se hizo rico?
   Sí, se enriqueció.

4. ¿También se hizo viejo?
   Sí, se envejeció.

5. ¿El profesor se puso enojado?
   Sí, se enojó.

6. ¿La esposa de Macbeth se volvió loca?
   Sí, se enloqueció.

7. ¿Su hija se puso enferma?
   Sí, se enfermó.

8. ¿Y después se puso mejor?
   Sí, se mejoró.

9. El padre se quedó pobre, ¿no?
   Sí, se empobreció.

10. ¿El profesor se puso furioso contigo?
    Sí, se enfureció.

11. ¿Llegó a estar callado por fin?
    Sí, se calló.

12. ¿Y también estaba cansado al final?
    Sí, se cansó.

13. El paciente estaba tranquilo por fin?
    Sí, se tranquilizó.

14. Pero, llegó a estar mejor, ¿no?
    Sí, se mejoró.

15. ¿La familia se puso alegre?
    Sí, se alegró.

PRACTICE 3.   Choose the proper form of *ponerse, hacerse, llegar a ser* or *convertirse* to match the meaning of English "become" or "get."

1. She turned pale when she heard the news.
   _____ pálida al oír la noticia.
   Se puso

2. Your garden is becoming a paradise!
   ¡Tu jardín está _____ en un paraíso.
   convirtiéndose

3. My daughter wants to become a doctor.
   Mi hija quiere _____ médico.
   hacerse

4. After many years, the colonel became a general.
   Después de muchos años el coronel _____ general.
   llegó a ser

5. She became green with envy.
   _____ verde de envidia.
   Se puso

6. The prince will never become king.
   El infante nunca _____ rey.
   llegará a ser

7. This road becomes a swamp when it rains.
   Este camino _____ en pantano cuando llueve.
   se convierte

8. One solution is to become a monk.
   Una solución es _____ monje.
   hacerse

9. Upon hearing the news she became very happy.
   Al oír la noticia _____ muy contenta.
   se puso

10. One day he finally became president of the club.
    Un día por fin _____ presidente del club.
    llegó a ser

11. At midnight, Cinderella's horses became rats again.
    A medianoche, los caballos de la Cenicienta _____ de nuevo en ratas.
    se convirtieron

12. They say that your old boy friend got really rich.
    Dicen que tu antiguo novio _____ muy rico.
    se hizo

13. I wonder if she will become sad when she reads this.
Me pregunto si _____ triste al leer esto.
se prondrá

14. Unfortunately, kittens become cats.
Desgraciadamente, los gatitos _____ en gatos.
se convierten

15. Your brother has become a real gentleman.
Tu hermano _____ un cumplido caballero.
se ha hecho/se ha convertido en

16. Have you ever noticed how little boys become angels when there is
some candy to be gotten?
¿Se ha fijado en cómo los niños _____ en ángeles
cuando hay algún dulce que conseguir?
se convierten

17. How would you like to become a movie actor?
¿Qué tal te gustaría _____ artista de cine?
hacerte

18. Not all graduate students eventually become professors.
No todos los estudiantes graduados con el tiempo _____
profesores.
llegan a ser

PRACTICE 4. Select the correct word to match the proper equivalents of
English "learn," "meet," and "become" (or "get").

1. I met your sister for the first time yesterday.
_____ a tu hermana por primera vez ayer.
(Conocí/Encontré)
Conocí

2. I met your sister in the park again yesterday.
_____ a tu hermana en el parque otra vez
(Conocí/Encontré)
ayer.
Encontré

3. The Dean became furious when he heard their demands.
El decano _____ furioso cuando oyó sus peti-
(se puso/se hizo)
ciones.
se puso

4. He learned about the demonstration by chance.
   _____ de la manifestación por casualidad.
      (Aprendió/Se enteró)
   Se enteró

5. The faculty committee will meet this afternoon.
   El comité del profesorado _____ esta tarde.
                                (se reunirá/encontrará)
   se reunirá

6. You will learn a lot about human nature in this confrontation.
   _____ mucho sobre la naturaleza humana en
     (Aprenderás/Te enterarás de)
   esta confrontación.
   Aprenderás

7. You say you met (i.e., came across) the leader of the group in the
   café this morning?
   ¿Dices que _____ al jefe del grupo en el café
                (encontraste/conociste)
   esta mañana?
   encontraste

8. When did you learn about their intention?
   ¿Cuándo _____ de su propósito?
              (supiste/aprendiste)
   supiste

9. No matter how hard you try, you will never become the boss.
   Por mucho que te esfuerces nunca _____ jefe.
                                     (llegarás a ser/te convertirás en)
   llegarás a ser

10. When am I going to meet your new sweetheart?
    ¿Cuándo voy a _____ a tu nueva novia?
                    (conocer/encontrar)
    conocer

11. When will we learn the results of the game?
    ¿Cuándo vamos a _____ el resultado del
                       (saber/conocer)
    partido?
    saber

12. If we aren't careful, that boy will become a thief.
    Si no tenemos cuidado, ese joven va a _____
                                            (hacerse/ponerse)
    ladrón.
    hacerse

13. When should we meet again?
    ¿Cuándo debemos _____ de nuevo?
    (conocernos/reunirnos)
    reunirnos

14. I'm glad they haven't learned about this situation yet.
    Me alegro de que todavía no _____ de esta
    (se hayan enterado/hayan aprendido)
    situación.
    se hayan enterado

15. I haven't yet had the pleasure of meeting her.
    Todavía no he tenido el gusto de _____ .
    (encontrarla/conocerla)
    conocerla

16. Have you really learned the whole lesson?
    ¿De veras has _____ toda la lección?
    (aprendido/sabido)
    aprendido

17. I'm afraid she'll get sick.
    Temo que se _____ enferma.
    (ponga/haga)
    ponga

18. I'd like to meet with you again on Monday.
    Quisiera _____ contigo de nuevo el lunes.
    (reunirme/encontrarme)
    reunirme

19. By the way, I met your brother in the street again this morning.
    A propósito, _____ a tu hermano otra vez en
    (conocí/encontré)
    la calle esta mañana.
    encontré

20. Water becomes ice at 32° Fahrenheit.
    El agua _____ hielo a los 32 grados Fahrenheit.
    (se convierte en/se hace)
    se convierte en

21. My sister wants to become a nun.
    Mi hermana quiere _____ monja.
    (hacerse/ponerse)
    hacerse

22. I finally learned the truth of the matter.
    Por fin _____ la verdad del caso.
    (supe/aprendí)
    supe

23. Will you never learn to behave yourself?

¿Nunca _____ portarte bien?
        (aprenderás a/te enterarás de)

aprenderás a

24. Do you think our governor will ever become president?

¿Crees que nuestro gobernador algún día _____
                                                 (se pondrá/llegará a ser)

____ presidente?

llegará a ser

25. I didn't think she would ever learn about our plans.

No creía que jamás _____ nuestros planes.
                        (supiera/aprendiera)

supiera

26. You should have seen how he became pale when he heard the truth.

Hubieras visto cómo _____ pálido cuando oyó
                            (se hizo/se puso)

la verdad.

se puso

C. What

¿**Qué es** ... ? = What is ... ? (asking for a definition)
    ¿Qué es la vida?

¿**Cuál es** ... ? = What is ... ? (asking for an identification or specification)
    ¿Cuál es tu número de teléfono?
    ¿Cuál es la diferencia?

¿**Qué** ... ? = What? (asking to identify something through a question which has a noun expressed or implied)
    ¿Qué película viste anoche? (*What movie* ...)
    ¿Qué ciudades visitaste en Europa?
    ¿Qué [cosa] vamos a cenar esta noche?
    ¿Qué [vestido] te pondrás para la fiesta?

¿**Cómo**? = What? What did you say? (asking for a repitition)
    ¿Cómo? or ¿Cómo dice usted?

lo que = what (not used in questions)
    Lo que usted quiere es imposible.

PRACTICE. Select the correct completion to match the meaning of English "what."

1. What is your name?

¿_____ es tu nombre?
    (Cuál/Qué)

Cuál

2. What is your answer?

¿_____ es tu respuesta?
    (Cuál/Qué)

Cuál

3. What you say is not true.

_____ usted dice no es verdad.
    (Qué/Lo que)

Lo que

4. What is that thing on the table?

¿_____ es esa cosa en la mesa?
    (Cuál/Qué)

Qué

5. What? Please repeat!

¿_____? ¡Repita, por favor!
    (Cómo/Cuál)

Cómo

6. I can't give you what you asked for.

No puedo darte _____ pediste.
                    (qué/lo que)

lo que

7. What is the difference between this one and that other one?

¿_____ es la diferencia entre éste y aquel otro?
    (Cuál/Qué)

Cuál

8. What is your address?

¿_____ es tu dirección?
    (Cuál/Qué)

Cuál

9. What is a picaresque novel? Do you know?

¿_____ es una novela picaresca? ¿Sabe usted?
    (Cuál/Qué)

Qué

10. What? What did you say?

¿_____? ¿Qué dijo usted?
    (Cómo/Qué)

Cómo

11. What we need is more pay and less work.

_____ nos hace falta es más dinero y menos trabajo.
    (Que/Lo que)

Lo que

12. What is it that you want?

¿_____ es lo que usted quiere?
    (Cuál/Qué)

Qué

13. I prefer what I ate yesterday.

Prefiero _____ comí ayer.
        (lo que/que)

lo que

14. What is this?

¿_____ es esto?
    (Cuál/Qué)

Qué

15. What? You don't say!

¿_____? ¡No me digas!
    (Cómo/Qué)

Cómo/Qué

16. What is the problem here?

¿_____ es el problema aquí?
    (Cuál/Qué)

Cuál

17. What is your idea on this matter?

¿_____ es tu idea en esto?
    (Cuál/Qué)

Cuál

18. What is the definition of the word *fracaso*?

¿_____ es la definición de la palabra "fracaso"?
    (Cuál/Qué)

Cuál

19. What else can I do?

¿_____ más puedo hacer?
    (Qué/Cuál)

Qué

20. What book are you reading now?

¿_____ libro estás leyendo ahora?
    (Qué/Cuál)

Qué

21. What is the real value of this work?

¿_____ es el verdadero valor de su trabajo?
    (Qué/Cuál)

Cuál

22. You have the girl's telephone number. What is it?
Tú tienes el teléfono de la chica. ¿_____ es?
(qué/cuál)

cuál

D. But

Pero and **mas** are interchangeable, both meaning *but nevertheless.* (**Mas** is used only in literary style.)

La chica no es bonita pero tiene dinero.

Este restaurante es bueno, pero es muy caro.

Me acusan, señor juez, mas soy inocente.

sino = but on the contrary. **Sino** is used to introduce a positive sentence in direct contrast with a negative one. The same verb that precedes is understood but not repeated after it.

El coche no es doméstico sino importado.

(El coche no **es** doméstico.) (El coche **es** importado.)

No tengo sueño sino hambre.

(No **tengo** sueño.) (**Tengo** hambre.)

No voy a cantar sino a tocar el piano.

(No **voy** a cantar.) (**Voy** a tocar el piano.)

sino que = but rather, but on the contrary. **Sino que** is used instead of **sino** when clauses containing different verb forms are contrasted.

No es que no quiera ir al cine **sino que** no tengo dinero.

No vendí el coche **sino que** se lo presté a Ramón.

excepto, menos = but, except

Contesté todas las preguntas excepto/menos dos.

Todos van al paseo excepto/menos Luisa.

PRACTICE. Select the correct completion to match the meaning of English "but."

1. But I don't want to know who committed the crime!
¡_____ no quiero saber quién cometió el crimen!
(Pero/Sino)

Pero

2. I have read everything but the last chapter.
Lo he leído todo _____ el último capítulo.
(sino/pero/excepto)

excepto

3. I bet the one who did it was not the butler, but the gardener.
   Apuesto a que el que lo hizo no fue el mayordomo _____
   (pero/sino)
   el jardinero.
   sino

4. The detective talked with everyone but the chauffeur.
   El detective habló con todos _____ con el chófer.
   (sino/menos)
   menos

5. The maid talked a lot, but the head housekeeper kept quiet.
   La criada habló mucho _____ el ama de casa se calló.
   (sino/pero)

   pero

6. The policemen did not seem nervous, but rather asked their questions quietly.
   Los policías no se mostraron nerviosos, _____ hicieron
   (sino que/pero)
   sus preguntas con calma.
   sino que

7. The tenants wanted to help, but weren't able to offer much.
   Los inquilinos querían ayudar, _____ no podían ofrecer
   (sino que/pero)
   mucho.
   pero

8. The chief of police wanted to arrest everyone except the dead man.
   El jefe de policía quería detener a todos _____ al muerto.
   (pero/menos)
   menos

9. He talked a lot, but said little.
   Habló mucho _____ dijo poco.
   (sino/sino que/pero)
   pero

10. It wasn't the chief but the youngest rookie who found the solution.
    No fue el jefe el que encontró la solución, _____ el
    (pero/sino)
    joven novato.
    sino

11. The criminal had not tried to escape, but rather stayed hidden.
    El criminal no trató de escaparse, _____ se escondió.
    (sino que/pero)

    sino que

12. The cause of death was not the knife wound, but a blow on the head.
La causa de muerte no fue la herida de navaja, _____ un
(pero/sino)
golpe en la cabeza.
sino

13. It appeared the other way around, but this was only an illusion.
Parecía al revés, _____ esto fue sólo una apariencia.
(pero/sino)
pero

14. All of those present believed it but the doctor.
Todos los presentes lo creían _____ el médico.
(sino/menos)
menos

15. We didn't want to know the truth but just to leave in peace.
No queríamos saber la verdad _____ sólo irnos en paz.
(pero/sino)
sino

E. Because

Por and **a causa de** are used to mean "because *of*" some thing, person or circumstance.
Por llegar tarde no pudimos entrar.
A causa de su pequeña estatura no lo aceptaron como guardia civil.
Porque is used when a conjugated verb follows.
Como porque tengo hambre.

F. At

En is the usual equivalent of "at," meaning location in space or time.
Nos vemos en la fiesta. *See you at the party.*
En ese momento yo estaba dormido. *At that moment I was asleep.*
a veces—at times
lanzar, tirar a—to throw at
Le tiré el libro a la cabeza.
vender a un precio—(to sell at a price)
La gasolina se vende a más de cincuenta centavos el litro.
estar a la mesa—to be at the table
a la puerta—at (outside) the door
en la puerta—at (inside) the door
a un (el, mi) lado—at one (the, my) side

PRACTICE 1. Select the correct completion to match the meaning of English "because (of)."

1. I did that because of you.
   Hice eso ＿＿＿＿＿＿＿＿ ti.
   　　　　　(por/porque)
   por

2. I did that because I wanted to.
   Hice eso ＿＿＿＿＿＿＿＿ quería hacerlo.
   　　　(porque/a causa de)
   porque

3. He put on his overcoat because of the bad weather.
   Se puso el abrigo ＿＿＿＿＿＿＿＿ del mal tiempo.
   　　　　　　　(a causa/porque)
   a causa

4. He didn't go out because it was raining.
   No salió ＿＿＿＿＿＿＿＿ estaba lloviendo.
   　　　(porque/a causa de)
   porque

5. Because of the rain, they cancelled the game.
   ＿＿＿＿＿＿＿＿ la lluvia, cancelaron el partido.
   (Por/Porque)
   Por

6. He didn't come with us because of having to study.
   No vino con nosotros ＿＿＿＿＿＿＿＿ tener que estudiar.
   　　　　　　(porque/a causa de)
   a causa de

7. He had to study because he has a test tomorrow.
   Tenía que estudiar ＿＿＿＿＿＿＿＿ tiene un examen mañana.
   　　　　　(porque/a causa de)
   porque

8. Because of your ill manners, he left without saying a word.
   ＿＿＿＿＿＿＿＿ de su descortesía, se fue sin decir palabra.
   (A causa/Porque)
   A causa

PRACTICE 2. Select the correct completion to match the meaning of English "at."

1. I saw you at school yesterday.
   Te vi _____ la escuela ayer.
           (a/en)

   en

2. Weren't you planning to work at the office?
   ¿No pensabas trabajar _____ la oficina?
                            (a/en)

   en

3. There's a policeman at the door of your house.
   Hay un policía _____ la puerta de tu casa.
                     (a/en)

   a

4. I threw a snowball at your car, but you didn't notice.
   Lancé una bola de nieve _____ tu coche, pero no te
                               (a/en)

   fijaste.

   a

5. I thought you would be at the restaurant.
   Pensaba que estarías _____ el restaurante.
                           (a/en)

   en

6. I stopped at the side of the road to look for you.
   Me detuve _____ el lado del camino para buscarte.
                 (a/en)

   a

7. And finally, there you were, at home, waiting for me.
   Y por fin, allí estabas, _____ casa, esperándome.
                               (a/en)

   en

8. You were seated at the table, looking at me.
   Estabas sentado _____ la mesa, mirándome.
                       (a/en)

   a

9. Will you keep me waiting at the church too?
   ¿También me harás esperar _____ la iglesia?
                                 (a/en)

   en

10. See you at the library.
    Nos vemos _____ la biblioteca.
                  (a/en)

    en

11. At times I don't know what to say.

_____ veces no sé qué decir.
     (a/en)

a

12. At that time we didn't know each other.

_____ ese tiempo no nos conocíamos.
     (a/en)

en

PRACTICE 3. To test your knowledge of the meanings associated with English "but," "because," "what," and "at," fill in the blanks with the proper Spanish words.

1. *Because of* the lack of a star, they have not yet begun to film the movie.

_____ falta de una estrella, todavía no han empezado a filmar la película.
Por

2. *What* they need is a great actress.

_____ les hace falta es una gran actriz.
Lo que

3. Some actresses are never *at* home when you need them.
Algunas actrices nunca están _____ casa cuando se les necesita.
en

4. Others are frequently *at* the police station.
Otras están con frecuencia _____ la comisaría.
en

5. Raquel did not get the part *because* she is too beautiful.
Raquel no consiguió el papel _____ es demasiado hermosa.
porque

6. It wasn't that she was too tall, *but that* she was too curvy.
No era que fuera demasiado alta, _____ era muy curvilínea.
sino que

7. Did you see her *at* that nightclub recently?
¿La viste _____ ese club nocturno recientemente?
en

8. *What*? You don't like the idea?

   ¿_____ ? ¿No te gusta la idea?

   Cómo

9. *What* is your opinion of Raquel as an actress?

   ¿_____ es su opinión de Raquel como actriz?

   Cuál

10. *What* is a good actress, after all.

    ¿_____ es una buena actriz, después de todo?

    Qué

11. They could invite Nancy, *but* she wouldn't accept.

    Podrían invitar a Nancy _____ ella no aceptaría.

    pero

12. *Because* of her age, Elizabeth wouldn't be perfect.

    _____ su edad, Isabel no estaria bien.

    Por (a causa de)

13. *What* is the salary offered?

    ¿_____ es el sueldo que se ofrece?

    Cuál

14. It's not 10 million dollars *but* 10 thousand.

    No son diez millones de dólares _____ diez mil dólares.

    sino

15. They may have to accept a lesser actress *because* of the small budget.

    Es posible que tengan que aceptar a una actriz de menor categoría
    _____ el presupuesto reducido.

    a causa de

16. *What* interests me most is the publicity.

    _____ me interesa más es la propaganda.

    Lo que

17. I won't see the movie *because* it is certain to be bad.

    No quiero ver la película _____ seguramente será
    malísima.

    porque

18. It isn't the technique that bothers me, *but* the materialism.

    No es la técnica lo que me molesta, _____ el materialismo.

    sino

19. *What* is the solution to the problem?

    ¿_____ es la solución del problema?

    Cuál

20. Sit down here *at* the table and tell me *what* you think.
Siéntate aquí _____ la mesa y dime _____
piensas.
a, lo que (qué)

Vocabulary

The following types of words have been omitted from this vocabulary: (1) exact or easily recognized cognates; (2) diminutives and superlatives, unless they have a meaning which could not easily be derived from the base form; (3) days of the week and months; (4) personal pronouns; (5) demonstratives, interrogatives, and possessives; (6) most other noun-determiners including articles and numerals; (7) adverbs ending in -*mente* when the corresponding adjective is listed; (8) most prepositions; (9) regular past participles of listed infinitives; (10) individual verb forms; and (11) other common words that the student would be expected to know.

A

abogado lawyer
abrazar to embrace, hug
abrigo overcoat
aburrido boring; bored
acabar (de) to have just (done something); to finish
aceite oil; olive oil
aconsejar to advise
acordarse (de) to remember
acorde harmony; accord, agreement
acostar to put to bed; **acostarse** to go to bed, lie down
acostumbrar (a) to accustom; **acostumbrarse** to become accustomed
actual present, current
adelanto progress, improvement
aficionado devotee, fan
afuera out, outside
agarrar to seize, grasp
agradecer to show gratitude to (someone), to thank (someone); to be thankful for (something)
agradecimiento gratitude
aguja needle

ahorrar to save
ajo garlic
alambre wire
alcalde mayor
aldea village
alfarería pottery shop or factory; art of pottery
alimentación feeding; nutrition
alimento food, nourishment
almorzar to have lunch
alquilar to hire; to rent
alrededor (de) around, about
ama lady of the house
amable friendly, pleasant
ameno pleasant, agreeable
anaquel shelf
anteojos eye-glasses
antepasado ancestor
anticipación, con anticipación in advance
antipático repellant, displeasing
apagar to put out, turn off; to extinguish, quench
aparato machine, appliance, device
apellido surname
aplastar to flatten, to crush

apresurar   to hasten
apuro   a bad fix, a jam, a difficulty
árabe   Arabian
árbitro   arbiter, referee, umpire
asegurar   to make secure; to assure
asentimiento   approval, consent
asesino   murderer, assassin
asistir (a)   to be present, to attend; assist, help
asunto   matter, affair
asustar   to frighten
atenerse   to abide (by); to go (by)
a través de   across
atreverse (a)   to dare
atropellar   to run over, to knock down
aun   even
avaro   greedy, miserly
averiguar   to investigate, find out
ayudar   to help, assist

B

bañar   to bathe; **bañarse**   to take a bath; to go swimming
barba   beard
barriga   belly
barrio   city district, neighborhood
basura   rubbish
bebida   drink, beverage
beca   scholarship
belleza   beauty
bendecir   to bless
besar   to kiss
bienes   wealth, possessions, goods
bienestar   well-being
billete   ticket; bill
billetera   wallet
bocado   mouthful, small portion
boda   wedding, marriage
boleto   ticket (to gain admission)
bondadoso   kind, generous
borracho   drunk
botella   bottle
buzón   mailbox

C

caballos de fuerza   horse power (in ref. to motors)

cabaña   cabin, hut
caber   to fit, to be contained
cadena   chain
cajón   drawer
cálido   warm
callarse   to be silent, keep quiet
camaleón   chameleon
cambio   change; **a cambio de**   in exchange for
camino a   on the way to
camioneta   small truck; station wagon
campeón   champion
campeonato   championship
campesino   farmer, peasant
capote   bull-fighter's cape
cárcel   jail
cargar   to load; to charge; to entrust; to burden
cariño   love, affection
carrera   race; college studies
cartel   poster
cartero   postman
casera   house (adj.); landlady
castigar   to punish
cazar   to hunt
cenar   to eat supper
cenicienta   Cinderella (**ceniza**   ash)
cepillar   to brush
cerdo   pig
cerro   hill
cerveza   beer
césped   lawn
ciego   blind
cierto   certain; sure; true
cita   appointment; quotation
ciudadano   citizen
cobarde   coward
cobrar   to collect; to charge
cocinero   cook
codiciar   to covet, desire eagerly
coger   to pick; to catch, to seize
cola   tail; **hacer cola**   to line up, to stand in line
colgar   to hang
colocar   to place, put
comelón   glutton
comerse   to eat up
cometa   (*masc.*) comet; (*fem.*) kite

comisaría   police station
compadrazgo   godparentship
compartir   to divide
complacer   to please, humour, accomodate
complaciente   obliging, accomodating
componer   to repair, to fix; to compose
comprometer   to commit
con tal (+ de or que)   provided that
conferencia   conference, meeting; lecture
conferencista   lecturer
confianza   trust, faith
confiar   to hope; to trust
conseguir   to manage to; to get, obtain
consejo   advice, counsel
conservador   conservative
consulado   consulate
contar   to tell; to count; contar con   to count on
contraer   to contract (a sickness)
contratar   to engage, hire
contrato   contract, pact, agreement
convenir   to be suitable or appropriate for; to come to an agreement
conventillo   tenement house (Chile)
convidar   to invite
corcho   cork
corona   crown; wreath
corrida   bullfight
corromper   to corrupt
cortar   to cut
cortina   curtain
costumbrismo   literary style emphasizing description of regional manners and customs
crecer   to grow; to increase
cremallera   zipper
crudo   raw, uncooked; crude
cualquiera   any, any at all, anyone
cuanto   as much; en cuanto   with regard (to); as soon as
cubrir   to cover
cuenta   bill, account; tener en cuenta   to bear in mind
cumpleaños   birthday
culpa   blame; tener la culpa   to be to blame

culpable   at fault, guilty
cumplir   to accomplish, realize, fulfill
cuna   cradle
cuñada   sister-in-law
cuñado   brother-in-law
curar   to treat; to cure
curvilínea   curvy

CH

charco   pond, small lake
chisme   gossip; gadget
chiste   joke
choque   crash, accident

D

(las) damas   checker-game
daño   damage, hurt, harm
dar de comer (a uno)   to feed
darse prisa   to hurry up
datos   data
debutar   to make one's first appearance or debut
decano   dean
deificar   to deify, worship
dejar (de)   to stop; dejarse de   to cut out, eliminate
delito   crime
deprimente   depressing
derecho   right; law
desagradable   disagreeable, unpleasant
desarrollo   development
descansar   to rest
descifrar   to decipher
descomponerse   to break down; to get bad (of weather)
descubrir   to discover, disclose, show
desmayarse   to faint
desmemoriado   forgetful
desmontar   to dismount; to dismantle (machines, etc.)
desorden   disorder, disarray
despedirse (de)   to say goodbye (to)
despertar   to wake
despreciativo   sneering, scornful
destacarse   to stand out

detener   to stop, detain; arrest
devolver   to return
deuda   debt
dibujo   drawing; design
difunto   deceased, dead
dirigir   to direct, control, manage
disculpa   excuse, alibi
discurso   discourse; speech, lecture
disfraz   disguise
disfrutar (de)   to benefit by; enjoy
disgusto   displeasure, quarrel
disponer   to arrange, prepare; **disponer de**   to have available
disponible   available, at one's disposal
distraer   to distract; confuse
docena   dozen
doler   to ache, to hurt; **me duele la cabeza**   my head hurts
dolor   pain
dominar   to dominate, govern; to overlook
dondequiera   anywhere; wherever
dudoso   doubtful, uncertain
dueño   owner; landlord; master
dulces   candy
durar   to last, endure

E

echar   to throw; **echar a correr**   to start to run, break into a run; **echar a perder**   to spoil
elegir   to elect; select
emborrachar   to make drunk
emboscada   ambush
emocionarse   to become excited
empeñarse (en)   to insist
empleado   employee
empleo   employment, job
empobrecer   to make poor
empujar   to push, shove
en absoluto   absolutely not
enamorarse (de)   to fall in love (with)
encantar   to delight, charm; **Me encanta (comer)**   I just love (to eat)
enfermar (se)   to become sick
enfermedad   sickness

enfermera   nurse
enfurecer   to enrage, make furious
engañar   to deceive, mislead, fool
engordar   to get fat
enloquecer   to drive crazy
enojar   to make angry
enriquecer   to make rich
ensuciar   to make dirty, soil
entero   entire, whole, complete
enterrar   to inter, bury
entrada   admission ticket; entry
entrar en, a   to enter, go into
entregar   to deliver, hand over
entrenador   trainer
entristecer   to make sad, sadden
envejecer   to make old, age
envenenar   to poison
enviar   to send, transmit, convey
envidia   envy
equivocarse   to be mistaken; to make a mistake
errado   mistaken, erroneous
escalera   stairway
escena   stage (theater)
escopeta   shotgun
escultura   sculpture
esforzarse (por)   to make an effort (to)
eso   that; **a eso de (las tres)**   about three o'clock
espejo   mirror
espeso   thick, dense
espinacas   spinach
esquina   corner
estadista   statesman
estampilla   stamp
estante   shelf, stand; bookcase
estar de vuelta   to be back
estéreo   stereo
estoico   stoic—a person in control of his emotions
estropear   to mutilate; damage, ruin
evitar   to avoid
exigir   to demand, exact, require
éxito   success
extender   to extend, spread
extrañar   to miss, feel the lack of
extranjero   foreigner; **al extranjero, en el extranjero**   abroad

F

faldas   lower slopes of a hill
faltar   to be lacking; **me falta dinero**   I lack money
festejar   to entertain; celebrate
fianza   bail
fiebre   fever
fijarse (en)   to notice; pay attention to
filólogo   philologist—one who makes a study of language
fin   end; **a fin de**   in order to
fingir   to pretend
firmar   to sign
flaco   skinny
folleto   pamphlet, booklet
fonógrafo   phonograph
fracaso   disaster, a total failure
freír   to fry
frijol   (kidney) bean
fuente   source, fountain
fuerte   strong
fuerza   force, might, strength
fusilar   to execute by shooting
fútbol   soccer

G

ganancia   profit
garantizar   to guarantee
gastar   to spend (money); to use, wear out (things)
gazpacho   Spanish dish: a cold soup (with croutons, onions, tomatoes, etc.)
genio   temper
gerente   manager
gira   outing
golpe   blow
gorra   cap (headwear)
gotear   leak
grabar   to record (sound)
gratis   free (of cost)
griego   Greek
gripe   influenza
gritar   to shout, yell
grueso   thick, fat
guapo   handsome

guardar   to guard; to put away
guatemalteco   native of Guatemala

H

hada   fairy
hallar   to find
hambriento   hungry, famished
harina   flour·
harto (de)   fed up (with)
hasta   until
hazaña   exploit; heroic feat
herido   wounded, hurt
herramienta   tool
hervir   to boil
heterodoxo   heterodox, differing from accepted standards of belief (as opposed to orthodox)
historietas cómicas   funny papers
hoja   leaf (of a plant); a sheet of paper or metal
hormiga   ant
hueco   hollow; hole
huelga   strike (by workers)
hueso   bone
huir   to flee

I

impacientar   to make impatient
impedir   to impede, obstruct, prevent
imperio   empire
impermeable   raincoat
imponer   to impose or lay on (tax, fine)
impuesto   tax, duty
incansable   tireless
incendio   fire
infante   prince; infant
infierno   hell
influir (en)   to influence
ingeniería   engineering
ingeniero   engineer
ingrato   ungrateful; thankless
inquilino   tenant
intentar   to try to
inútil   useless
invento   invention

isla island
israelita Israelite

J

japonés Japanese
jardín flower-garden
jardinero gardener
joya jewel, gem
jubilarse to retire (from work)
jugada play; throw, move
juguete toy, trinket
juicio judgement, sense, opinion
justo fair; exact
juventud youth
juzgar to judge

L

ladrillos bricks
ladrón thief
lanzar to throw, toss
largo long; **a lo largo de** (all) along
lastimar to hurt, injure, damage
lata tin can; nuisance
látigo whip
lavar to wash
legumbre vegetable
lejos far
leña firewood
lengua tongue; language
ley law
leyenda legend
libra pound (weight)
libre free
lituano Lithuanian
lograr to attain; succeed in
lucir to shine, gleam; to seem
lugar place
luna moon
luto: estar de luto to be in mourning
luz light

LL

llanta tire (auto)
llave key

llegar a ser to become . . . (someone, something)
llorar to cry
lluvia rain

M

madrugar to get up early
maduro mature; ripe
maldito damned; accursed, wicked
maleducado rude, boorish
maleta suitcase
manejar to drive (car, bus, etc.)
manifestación public demonstration
mar sea
marchar to march; **marcharse** to go away, leave
marinero sailor
masa mass; dough
mascar to chew, masticate
masticar to chew, masticate
materno maternal
Matusalén Methuselah
mayordomo butler
medias stockings
medio half; average
medir to measure
mejor better; **a lo mejor** perhaps, maybe
mellizo twin
mendigo beggar
menear shake, to wag
menos less; **a menos de** unless; **a menos que** unless
menudo small, minute; **a menudo** often, frequently
mercancía merchandise
merecer to merit, deserve
mesero waiter
meter to put into, insert
miedo fear
mismo same; very, self
mitad half; middle
mojado wet
molcajete mortar (to grind spices)
molestar to bother, irritate
molino mill
moneda coin

monja nun
monje monk
mono monkey
montón heap, pile; lot
moraleja moral, lesson
morder to bite
morir to die
muchedumbre multitude, crowd, mob
muestra sign, sample, specimen
multa fine, penalty
mundial world-wide, universal
muñeca wrist; doll

N

nacer to be born
nariz nose
navaja razor; folding knife
negar to deny; refuse
negocio business
nilón nylon
niñez childhood
nombrar to name (title); to call
normandos Normans (invaded England from France)
nota note, mark; grade
noticia information; news
novato novice, rookie

O

odiar to hate, detest
odio hatred
oficio trade; function, office
ofrecer to offer
olla pot, kettle
olvidar to forget
oponer to oppose
oración sentence
oro gold
orquídea orchid
otorgar to consent; grant

P

palmera palm tree
palo stick, club; blow with a club

paloma dove
palomar dove-cote, pigeon-house
pantano swamp
paraíso paradise
parar to stop
parecer to seem, look (smell, feel) like; **parecerse (a)** to look (smell, feel, sound) like, resemble
parlante speaker
particular private; particular, special
partido party (polit.); match, game
pasear to walk or ride, take for a walk or ride
pasmado shocked
paso footstep; pace
pastilla pill, tablet
pata leg, foot (nonhuman or humorously applied to humans)
patada kick
payasada clowning, trick
payaso clown
pecar to sin
pedir to ask for
pegar to stick, glue; to hit
peinar to comb; **peinarse** to comb one's hair
pelear to fight
película movie, film
pelo hair
peluca wig
pena sorrow, suffering; pity
penoso painful, grieving
perecer to perish, die
perezoso lazy
periodista reporter, newspaperman
permanecer to stay, remain
perro guardián watch dog
persa Persian
perseguir to pursue, persecute
personaje character; important person
pesar to weigh
pescado fish
pésimo extremely bad
petición demand, request; **petición de mano** act of seeking permission to marry, asking for the hand
petrolera pertaining to petroleum; oil

picaresco roguish, rascally
pico peak (of a mountain)
piedad piety; mercy
piedra stone, rock
piel skin
pila pile, heap; dry cell battery
pimienta pepper
pintura paint; painting
pisar to step on
piso floor; story; apartment
plano flat
plata silver; money
plomero plumber
población population; small town
poder power
ponche punch (drink)
portarse to behave (oneself)
portero porter; doorman
postre dessert
potencia power
pradera meadow, prairie; pasture-land
predecir to predict, foretell
premio reward, prize
preocuparse (por) to worry (about)
preparativos preparations
presentar to put on (a play, program); introduce
prestar to lend, loan
presupuesto budget
prever to foresee, anticipate
primo cousin
principiante beginner, novice
probar to sample, taste; try out
procedimiento procedure
procurar try to
pronto soon; **tan pronto como** as soon as . . .
propaganda publicity
propina tip, gratuity
proponer to propose
propósito purpose
próximo next; close, near
puesto position, place; stand
puesto que for, since
pulmón lung
pulmonía pneumonia
puntiagudo sharp pointed

Q

quebrar to break
quedarse to remain, stay
quejarse (de) to complain (about)
quienquiera whoever, whomever
química chemistry
quizá, quizás maybe, perhaps

R

radiografía X-ray
razón reason, motive, cause
realizar to realize, fulfill
receta prescription; recipe
recibo receipt
recobrar to recover, regain
recurso recourse, resource
rechazar to reject; repel
rechinar to grate, grind, squeak
redactor editor
redondo round
referirse (a) to refer, have reference (to)
reflejar to reflect
refrescos refreshments
refugiado refugee
regalar to give, make a gift of
regalo present, gift
regar to water
regresar to return, go or come back
rehacer to redo, do over; to remake
reina queen
reírse (de) to laugh (at)
relojero watchmaker
remar to row, paddle
renacentista pertaining to the Renaissance period of Europe
renacimiento Renaissance
reñir to quarrel; reproach; argue
reo offender, culprit, criminal
requisito requirement
resolver to solve
restituir to restore, reestablish
resucitar to revive; to resurrect
resultar to result; turn out
reunirse to meet, come together

rey king
rincón (inside) corner; nook
riquísimo very wealthy; delicious
risa laugh, laughter
rodear to surround
rogar to beg, plead
romper to break; rip, tear
roncar to snore
rubio blonde
ruso Russian
ruta route

S

saber to know; **saber a** to taste like
sabio wise, learned; sage, scholar
sacacorchos corkscrew
sacar to take out
sal salt
saltar to jump, leap
salud health
saludable healthful, wholesome
saludar to greet, say hello to
salvadoreño native of El Salvador
salvar to save
seda silk
seguida: en seguida right away
seguir (+ **-ndo**) to continue
sencillo simple, plain
sentir to feel, sense; regret
ser being; **a no ser que** unless
servir to serve; be of use
sí: en sí in itself, on its own
silla de ruedas wheel chair
sobrar to exceed, to be left over; **le sobra tiempo** he has more than enough time
sobresalir to excel; stand out
sobreviviente survivor
sobrina niece
sobrino nephew
soldado soldier
soldar to weld; **soldarse** to knit (of bones)
soler to be used to; be in the habit of; **suele dormir tarde** he usually sleeps late
soltar to let go (of something)

soltero bachelor, not married
sombra shade
soñar (con) to dream (of)
sonido sound
sonreír to smile, grin
sonrisa smile
sopa soup
sorprender to surprise; amaze
sostener to support, sustain
sótano cellar, basement
subir to rise, climb, ascend; to raise, lift
súbito sudden; **de súbito** suddenly
sublevación insurrection, revolt
suceder to happen; follow
sucio dirty, filthy
sudar to sweat
sudoroso sweaty
suegra mother-in-law
sueldo salary
sufragio suffrage, vote
suponer to suppose, assume
sureño southerner
suspender to fail (as in an exam)

T

taconeo walking or dancing noisily on the heels
tal such; **con tal** (+ **de** or **que**) provided that
tambor drum
tanto ... como as well as; **tanto los hombres como las mujeres** the men as well as the women
tapatío native of Guadalajara
tardanza slowness, tardiness
tarjeta postal postcard
tarro de basura trash can
tejano Texan
tela fabric, cloth
teleférico cable car
temblar tremble, shake
temer to be afraid to
tentativa attempt
tercio third
terciopelo velvet
tertulia social gathering; talk

tiburón shark
timbre doorbell
timbre stamp, seal; official stamp
tinto red wine
tirar to throw; shoot
título title; diploma; academic degree
tocadiscos record player
tolteca Toltec (ancient Mexican Indian people)
tonto fool; foolish
tortuga tortoise, turtle
traer to bring
traje clothes, suit
trampas tricks; **hacer trampas** to cheat, play tricks
tranquilizar to make calm, calm down
tratar (de) to try (to); to deal (with)
a través de across
tristeza sadness
tubería tubing, piping; pipe line

V

vajilla table service; set of dishes
valer to be worth; to cost
vasco Basque
vascongado Basque

vecino neighbor
venado deer, stag; venison
vender to vend, sell
ventilador ventilator, fan
veras: de veras really, especially; Really?
vestir to dress
vez time, occasion; **de vez en cuando** from time to time, now and then
víbora poisonous snake
vidrioso glassy
víspera eve of a holiday (i.e., la víspera de Año Nuevo—New Year's Eve)
volcán volcano
volver en sí come to; regain consciousness
votar to vote
voz voice; **en voz alta** aloud; **en voz baja** in a low voice

Y

yudo judo

Z

zapatero shoemaker

Index